现代市场经济与管理研究

刘 欢 著

全国百佳图书出版单位
吉林出版集团股份有限公司

图书在版编目（CIP）数据

现代市场经济与管理研究/刘欢著. --长春：吉
林出版集团股份有限公司, 2022. 9
ISBN 978-7-5731-2173-8

Ⅰ.①现…Ⅱ.①刘…Ⅲ.①市场经济－研究Ⅳ.
①F014. 3

中国版本图书馆CIP数据核字(2022)第171937号

XIANDAI SHICHANG JINGJI YU GUANLI YANJIU

现代市场经济与管理研究

著　　者：刘　欢
责任编辑：许　宁
封面设计：筱　萸
开　　本：787mm×1092mm　　1/16
字　　数：255千字
印　　张：13.5
版　　次：2022年9月第1版
印　　次：2022年9月第1次印刷

出　　版：吉林出版集团股份有限公司
发　　行：吉林出版集团外语教育有限公司
地　　址：长春市福祉大路5788号龙腾国际大厦B座7层
电　　话：总编办：0431-81629929
印　　刷：吉林省创美堂印刷有限公司

ISBN 978-7-5731-2173-8　　定　　价：81.00元

前　言

　　市场经济已经渗透到社会生活的方方面面，现代企业中的技术活动与生产运作、市场营销、财务分析、质量控制、投融资等经营管理活动密不可分。掌握专精技术、具备经济思维、了解管理知识的高层次复合型人才对于我国新工业化进程的重要性日益凸显。企业的工程技术人员不仅要掌握专业技术知识，而且还应掌握一定的经济管理知识与方法，这是企业发展的要求，也是市场经济发展和社会进步对人才的要求。对理工科大学生进行经济管理基本知识的教育，提升大学生的经济意识与管理理论素养，对推动我国经济社会的进步和现代化事业的发展，具有重要而深远的意义。

　　既然经济和管理与人们的生活密切相关，对人们的生产、生活如此重要，那么，我们就必须学习和了解一些经济管理基础知识，以合理地配置和利用稀缺资源，从而对人、财、物、时间、信息等对象进行科学的管理。学习经济管理基础知识的目的，一是指导我们如何配置和利用稀缺资源，教会我们如何选择；二是让我们领悟到许多道理，体会到管理的真谛，为今后无论是管理别人还是被别人管理都奠定理解的基础。基于以上原因，本书的基本理论主要包括市场经济理论、宏观经济分析、企业管理、市场营销等方面的基础知识，主要使学生了解必备的基础知识，培养学生的经济素养和管理素养，培养学生能够利用经济管理的基本理论和一般方法来分析和解决身边的经济管理现象和问题。

　　本书系统地介绍了经济学的基本知识和管理学的基本知识，介绍了经济学与管理学的概念，并从供求理论、消费者行为理论、生产理论、成本理论、工程经济分析等方面，阐述了经济学的基本原理，以及经济问题分析方法和工具；从管理与管理者、管理决策、计划、组织与组织设计、领导与激励、管理控制等方面，阐述了管理的基本问题和管理的各项职能。通过本书的学习，使学生建立经济与管理思维，增强适应社会和市场的能力，更有效地整合技术、经济和管理等要素为顾客创造价值。

　　本书在编写过程中参考了大量的文献，在此，向其作者表示感谢。对于本书的不足之处敬请专家、读者不吝赐教。

目 录

第一章 现代市场经济理论概述

第一节 市场经济

市场经济又称为自由市场经济或自由企业经济，是一种建立在高度发达商品经济基础之上的，由个人和私人决定生产和消费的经济制度，在这种经济制度下企业生产什么、生产多少，如何生产和为谁生产完全由价格机制所引导，而不是像计划经济一般由国家指令性计划和指导性计划所引导。在市场经济里政府是"守夜人"，并没有一个中央协调的体制来指引其运作，只是依靠市场中供给和需求产生复杂的相互作用来进行调节。

一、市场经济概念、特征及缺陷

（一）市场的定义和功能

1. 市场的定义

市场属于商品经济范畴，是随着商品经济的出现、发展而产生和发展的。哪里有商品生产，哪里就有市场。早期时，人们认为狭义的市场是人们进行商品和劳务交换的场所，广义的市场是指一定经济范围内商品交换中供给和需求的关系，即一定时间、地点条件下商品交换关系的总和。市场营销学认为市场是指某种产品的现实购买者与潜在购买者需求的总和。站在销售者市场营销的立场上，同行供给者即其他销售者都是竞争者，而不是市场。销售者构成行业，购买者构成市场。市场包含三个主要因素，即某种需要的人、为满足这种需要的购买能力和购买欲望。市场的这三个要素是相互制约、缺一不可的，只有三者结合起来才能构成现实的市场。

从经济学的角度看，市场是一个复合概念。市场是商品经济运行的载体或现实表现。此定义包含了四层相互联系的含义：一是商品交换场所和领域；二是商品生产者和商品消费者之间各种经济关系的汇合和总和；三是有购买力的需求；四是现实顾客和潜在顾客。劳动分工使人们各自的产品互相成为商品，互相成为等价物，使人们互相成为市场；社会分工越细，商品经济越发达，市场的范围和容量就越扩大。经济学家根据市场上商品生产者的多少以及所生产商品的相似性把市场分为完全竞争市场、完全垄断市场、寡头垄断市场和垄断竞争市场四种基本状态。

2. 市场的功能

市场是社会分工和商品经济发展的必然产物，市场在其产生和发展过程中发挥着巨大的功能和作用。市场的功能是指商品在生产领域转移到消费领域的过程中，市场作为一种配置资源的组织结构所发挥的功能。市场的一般功能主要有三个：一是交换的功能，主要是购销两个方面的功能。交换是市场的基本功能。在交换中，最主要的是实现商品所有权的转移。在商品所有权转移过程中，市场主要发挥着商品销售与商品购买两种功能。商品销售的目的，是设法创造其商品需求并寻找购买者，按照卖主所期望的价格将商品出售。商品购买的目的，是为了取得购买者所需要的商品种类、品质及数量，并在适当时间、空间以及适当的价格供应给消费者。二是供应的功能，主要是运输和储存两个方面的功能。在一般情况下，商品需要经过运输与储存才能由生产者或经营者手里转移到消费者和购买者手里。商品运输的功能，要求按照商品合理流向，选择最方便的运输工具，最短的路线，最适合的运输方式，及时地将商品运达消费地的供应市场。商品储存的功能，是将商品通过储存设施加以保管留存，不仅能使生产继续进行，且不损坏生产成果，以待销售最佳时机，而且能够调节供求在地点和季节上的矛盾，还可将暂时超需求的商品保存到需求增大时供应，起到商品"蓄水池"作用。运输和储存都是实现商品交换功能的必要条件。三是便利功能，包括资金融通、风险负担、市场情报、商品标准化等，它是为方便商品购销双方提供的各种便利条件。便利功能是市场营销活动中的辅助功能，是为商品交换服务的。市场的这些功能是通过各种市场主体的经济活动来实现的，是互相制约的。同时，由于市场的性质不同，这些功能所起作用的性质和范围是不同的。

（二）市场经济的概念及与商品经济的关系

1. 市场经济的概念

"市场经济"概念的流行是从 19 世纪末开始的，当时以马歇尔、瓦尔拉、帕累托为代表的新古典经济学，开始转向了对消费和需求的研究，明确地把稀缺资源配置作为经济学研究的中心，并从理论上证明了以价格为中心的市场机制的完善性，使市场被看成经济运行的中枢，从而将商品经济或货币经济引向了市场经济，并使市场经济开始兴起。马克思则开创了与资本主义经济学相对立的经济学体系——马克思主义经济学，但马克思、恩格斯并没有使用"市场经济"的概念来表述他们称为"商品经济"或"货币经济"的经济形态，更没有回答"市场经济"的概念和含义。他们设想，未来的社会将实行计划经济，商品货币关系将要消失。列宁在 1906 年更为明确地指出："只要还存在着市场经济，只要还保持着货币权力和资本力量，世界上任何法律都无法消灭不平等和剥削。只有建立起大规模的社会化的计划经济，一切土地、工厂、工具都归工人阶级所有，才可能消灭剥削。"斯大林虽然承认社会主义时期存在着商品生产和商品交换，但又认为全民所有制企业生产的生产资料不是商品，计划经济是排斥商品和价值规律的。

综上所述，市场经济是指在社会化大生产的条件下，以市场机制作为资源配置基本方式，从而决定生产什么、生产多少，如何生产和为谁生产三大基本问题的经济制度。资源配置一般有两种方式：一种是市场方式；另一种是计划方式。在现代社会中，单一的、纯粹的市场方式或计划方式，一般来说是不存在的，往往是以某种方式为主，另一种方式为辅的混合式。如果某一社会经济中的资源配置方式是以计划方式为主，就叫作计划经济；如果以市场方式作为资源配置的主要方式，这种经济就称为市场经济，但当今世界各国，混合经济制度较多。

2. 市场经济与商品经济的关系

（1）市场经济与商品经济的联系

市场经济与商品经济联系紧密，市场经济是商品经济的发达形式，商品经济和市场的发展是市场经济形成的基础，商品经济的发展水平决定着市场经济的成熟程度。总之，市场经济是高度社会化的、高度发达的商品经济。从这个意义上说，市场经济也是商品经济。

（2）市场经济与商品经济的区别

首先，从历史的发展来看，商品经济形成在先，市场经济形成在后。商品经济早在原始社会末期就已经出现了，但是市场经济则是在商品经济高度发展的资本主义生产方式确立以后才形成的。其次，商品经济作为一种经济形式，主要表现在产品要作为商品来生产和交换，商品经济尽管离不开市场，但市场的地位和作用并不十分突出。而市场经济则主要侧重于经济的运行，主要体现在经济运行的机制是市场机制，市场成了组织和调节社会生产、流通以及资源配置的核心机制。

（三）市场经济的缺陷

市场的基础性调节作用不是万能的，在实际中会由于各种原因，导致市场功能失效，造成市场失灵，这就是市场经济的缺陷。

1. 自发性

自发性是指生产什么、生产多少，如何生产和为谁生产三大基本问题全部由市场经济中的价值规律来调节，政府不参与任何交易过程，全靠"看不见的手"在指挥着千千万万的厂商和个人自主参与交易形式。在交易过程中，经济主体会根据价格信号来调整自己的经济行为，当涨价时，卖方（即生产者）会自发地加大生产投入；当降价时，卖方会自发地减少生产投入。市场经济的自发性只能反映现有的生产结构和需求结构，而不能有效反映国民经济发展的长远目标和结构。

2. 盲目性

信息的不对称性使得任何市场交易主体都无法了解到全部的市场交易信息，使得市场中大多数市场交易者都无法客观地去分析观察问题，市场交易主体大多数以价格的增幅程度来决定是否参与生产以及参与的程度，没有确定性。市场经济的盲目性使单纯的市场调节只能解决微观经济的平衡问题，而难以解决宏观经济的平衡问题。

3. 滞后性

滞后性表现为在市场经济中，市场交易主体是根据价格的变化信号来调整自己的生产和交易行为，这种价格信号是一种事后分析指标。生产者根据变化后的价格指标自发地组织生产，而生产是一个相对于价格变动耗时较长的一个过程，所以经常能看到一种商品降价后，它的供应量却在上升，这就是市场经济的滞后性。而市场经济对供需之间的调整也表现为在市场价格变动之后，即市场机制对经济活动的调节是事后的。

4. 局限性

市场经济中经济主体追求自身利益最大化，忽视长期利益和社会总体利益，经济主体的经济行为无力调节经济总量和外部经济行为，只是追求个体利益的最大化；对于大的宏观方面的经济结构调整，市场机制更是显得软弱无力；市场经济不能保证公平竞争，难以处理好公平和效率的关系；同时市场经济追求个别厂商成本的最小化，往往会带来环境污染等社会问题，加大社会成本。

二、计划经济体制的特征和优缺点

（一）计划经济与计划经济体制的概念和特征

1. 计划经济

计划是合理配置资源的基本形式。"计划经济"这个概念是由弗拉基米尔·伊里奇·列宁提出来的。计划经济又称指令型经济，是相对于市场经济而言的，是指一种建立在生产资料国家所有基础上的依靠国家指令性计划或指导性计划来决定生产什么，如何生产和为谁生产等重大决策的经济制度。计划经济简单地说就是国家有规划、有计划地发展经济。计划经济能够避免市场经济发展的盲目性、不确定性，从而能够减少给社会经济发展造成的危害，如重复建设、企业恶性竞争、工厂倒闭、工人失业、地域经济发展不平衡等问题。

世界上没有任何一个国家是纯粹的计划经济，任何一个国家都或多或少地有计划经济成分，如德国经济中计划的成分就要比美国多一些。计划经济是社会主义经济的一个基本特征。社会主义国家实行的计划经济是指在生产资料公有制的基础上，根据社会主义基本经济规律和国民经济有计划按比例发展规律的要求，由国家按照经济、社会建设与发展的统一计划来管理国民经济的社会经济制度。实行计划经济，必须从国民经济实际情况和自然资源特点出发，根据社会主义建设的需要，有计划地安排国民经济各部门之间的发展比例关系，合理地分布生产力，有效地利用人力、物力、财力，搞好生产与需要之间的平衡，促进国民经济协调发展，以满足国家建设和人民日益增长的物质和文化生活的需要。

2. 计划经济体制

计划经济与计划经济体制有本质区别。计划经济体制是指以指令性或指导性计划为运行机制来作为配置社会资源基本手段的一种经济体制，是计划经济条件下的产物。计划经济体制下解决生产什么，如何生产和为谁生产三个基本经济问题的主体是政府，政府拥有社会上的大部分资源，并且由政府按照指令性计划和指导性计划来分配资源，不受市场机制的影响。

3. 计划经济体制的特征

计划经济体制往往诞生在生产力和市场经济不发达的情况下，传统的计划经济体制的主要特征是：

① 生产资料所有制结构单一化。在传统的计划经济体制下，生产资料实行单一的公有制，主要是全民所有制和集体所有制。

② 组织结构行政化，主要表现在工商企业的管理者都具有一定的行政级别，实行政企合一的行政化管理。

③ 经济调节机制和手段指令化，主要表现在依靠指令性计划或指导性计划来解决生产什么，如何生产和为谁生产三个基本经济问题。

④ 国有企业制度高度集权化，主要表现在大中小型国有企业实行高度的集权化管理，企业没有经营自主权。

⑤ 资源分配和产品流通调拨化，主要表现在资源要素在生产领域以及产品在流通领域都是实行无偿的调拨，没有实行等价交换。

⑥ 个人收入分配方式平均化，主要表现在劳动成果的分配实行平均主义，吃大锅饭。

⑦ 激励机制伦理化，主要表现在不是依靠物质和精神激励，而是依靠社会伦理实现个体道德的升华和从他律到自律的管理。

（二）计划经济体制的优缺点

计划经济体制在苏联和中国取得了巨大的成功，说明计划经济体制有其自身的优点，但与世界上大多数国家实施的市场经济体制相比，计划经济体制也有自身的缺点。

1. 计划经济体制的优点

第一，能够在全社会范围内高度有效地集中必要的人力、物力、财力进行重点建设，集中有限的资金发展重点产业。第二，对经济进行预测和规划，制定国民经济发展战略和长远规划，有利于在宏观上优化资源配置，对国民经济重大结构进行调整和生产力合理布局。第三，计划经济体制实行集权领导，容易贯彻执行，易于保证按预期计划目标实现国民经济发展的总体战略，建立比较合理的国民经济体系。第四，有利于实现国民经济重大比例关系合理化，尤其是通过有计划的收入分配来保证总供求的平衡，避免经济发展中的剧烈波动所导致的资源浪费，有利于宏观经济效益的提高和推动经济持续增长。第五，通过有计划的分配，能够保证国计民生必需品的生产和供应，有利于解决人民最紧迫的生活需要，能够合理调节收入分配，兼顾效率与公平，实现收入均等化，稳定经济和社会，保证经济和社会协调发展。

2. 计划经济体制存在的弊端

传统的计划经济体制在建立初期虽然对促进社会生产力的发展起了一定的作用，但随着时间的推移，逐渐变成一种缺乏生机与活力的僵化体制，在实践中造成了严重的消极后果。从宏观来看，计划经济在宏观仍起到主要作用，但由于制定或实施计划的主观性，使计划与微观市场相悖，就会产生计划经济失效，同时计划经济体制本身也存在着严重的弊端，主要是：第一，对微观经济活动与复杂多变的社会需求之间的矛盾难以发挥有效的调节作用，容易产生生产与需求之间的相互脱节。同时由于否定商品货币关系，忽视商品生产、价值规律和市场机制的作用，单纯依靠计划调节，缺少有效配置资源的协调机制，社会资源的配置效率低下。第二，计划经济体制下政企不分，束缚了企业的手脚，使企业缺乏经营自主权，忽视了企业和劳动者个人的利益，严重压抑了企业和职工的积极性和主动性。同时计划经济体制不能合理地调节经济主体之间的经济利益关系，容易造成动力不足、效率低下、缺乏活力等现象。第三，计划容易脱离实际，造成不必要的巨大浪费等缺陷，同时计划经济体制下的集权体制领导虽然易于贯彻执行，但往往决策成本较高，而一旦出现问题，往往无人负责，容易滋生主观主义和官僚主义。第四，计划经济体制下收入分配中的平均主义以及对风险的认识，使劳动者对资产的关切度低，资产使用效率低下；安于现状，不利于推动技术进步和革新；同时封闭式管理，妨碍全国统一市场的形成，造成市场信息不完全，容易导致供求脱节及宏观经济比例重大失调；影响国内经济与国际经济接轨，妨碍了国际最新科技成果和管理经验的引进和学习。

三、市场经济体制

（一）市场经济体制的内涵

市场经济是指市场对资源配置起基础性调节作用的经济，市场经济也可以说是以市场机制的作用为基础来配置经济资源的经济。市场经济体制是市场运行的具体制度安排或运行方式，是指以市场机制作为配置社会资源基本手段的一种经济体制。

市场经济体制是高度发达的、与社会化大生产相联系的商品经济，其最基本的特征是经济资源商品化、经济关系货币化、市场价格自由化和经济系统开放化。市场经济体制建立在高度发达的商品经济基础上，市场起主导作用，政府只能作为经济运行的调节者，对经济运行所起的作用只是宏观调控。在市场经济体制下，资源分配受消费者主权的约束，生产什么取决于消费者的需求（市场需求），生产多少取决于消费者的支付能力；经济决策是分散的，作为决策主体的消费者和生产者在经济和法律上的地位是平等的，不存在人身依附和超经济强制关系；信息是按照买者和卖者之间的横向渠道传递的。经济动力来自对物质利益的追求，分散的决策主体在谋求各自的利益中彼此展开竞争，决策的协调主要是在事后通过市场来进行的，整个资源配置过程都是以市场机制为基础的。

（二）市场经济体制的特征

凡是较为完善的市场经济体制，从宏观上讲都具有以下共同特征：一是多种所有制形式并存；二是市场机制、法制监督、社会保障有机统一；三是分散决策与集中决策相互依存；四是实行政府宏观调控。从微观上讲，市场经济体制具有以下特征：

① 一切经济活动都直接或间接地处于市场关系之中，市场机制是推动生产要素流动和促进资源优化配置的基本运行机制。

② 所有企业都具有进行商品生产经营所应拥有的全部权力，自觉地面向市场。

③ 政府部门不直接干预企业生产和经营的具体事务，而是通过各项经济政策、法规等调节和规范企业的经营活动。

④ 所有生产、经营活动都按照完整的法规体系来进行，整个经济运行有一个比较健全的法制基础。

四、社会主义市场经济理论

（一）社会主义市场经济体制的含义和表现

市场经济不是一种特定的社会制度，只是社会资源配置的手段和经济运行的方式，它可以存在于不同的社会制度下。所谓社会主义市场经济体制，是在社会主义国家宏观调控下使市场在资源配置中发挥基础性作用的经济体制。它与社会主义基本制度紧密结合在一起，因而除具有市场经济体制共性外，还具有自己的特征。其主要表现是：

① 在所有制结构上，以公有制为主体，多种所有制经济共同发展。在社会主义条件下，公有制经济不仅包括国有经济和集体经济，还包括混合所有制经济中的国有成分和集体成分，而且公有制形式可以多样化，一切反映社会化大生产规律的经营方式都可以大胆利用。

② 在分配制度上，实行以按劳分配为主体，多种分配方式并存的制度。把按劳分配和按生产要素分配结合起来，坚持效率优先，兼顾公平，有利于优化资源配置，促进经济发展，保持社会稳定。在社会主义条件下，通过运用包括市场在内的各种调节手段，既可以鼓励先进，合理拉开收入差距，兼顾公平与效率，又可以对过高的收入进行调节，防止两极分化，逐步实现共同富裕。

③ 在宏观调控上，把人民的眼前利益与长远利益、局部利益和全局利益结合起来，更好地发挥计划和市场两种手段的长处。

（二）社会主义市场经济存在的原因

1. 从生产力角度看

商品经济的历史表明，不论什么社会形态，商品生产的存在和发展，都是以社会分工为前提的。社会主义社会虽然可以消除旧式分工所造成的种种对抗性矛盾，但不可能消灭社会分工，因此，不同部门之间、经济单位之间以及劳动者个人之间，必然要求相互交换各自的劳动产品。

2. 从生产关系角度看

从社会经济关系的角度考察，市场经济是指在存在社会分工和生产者具有自身物质利益的条件下，直接以交换为目的的经济形式。社会分工决定了经济主体之间进行商品交换的必要性；物质利益差别则决定了经济主体之间的商品交换必须按照等价补偿和等价交换的原则进行。前者是市场经济存在的一般条件，后者是社会主义市场经济存在的根本原因。

（三）我国社会主义市场经济体制改革的基本框架

1. 所有制结构改革

我国社会主义市场经济体制在所有制结构上是以公有制经济为主体、多种所有制经济共同发展的所有制结构。公有制经济不仅包括国有经济和集体经济，还包括混合所有制经济中的国有成分和集体成分。

2. 分配制度改革

我国社会主义市场经济体制在分配制度上是以按劳分配为主体、多种分配方式并存的分配制度。按劳分配与按生产要素分配相结合，坚持效率优先、兼顾公平的原则。

3. 现代企业制度改革

我国社会主义市场经济体制是以现代企业制度为市场经济体制的微观基础。转换国有企业的经营机制，按照产权清晰、权责明确、政企分开、管理科学的现代企业制度的要求，对国有大中型企业实行规范的公司制改革。

4. 社会主义市场体系的建立

我国社会主义市场经济体制要建立统一、开放、竞争、有序的市场体系。建立和发展资本市场、劳动力市场、技术市场、土地市场、信息市场和产权市场等生产要素市场，形成完善的市场体系。同时，健全市场规则，加强市场管理，规范市场运行。

5. 国家宏观调控体系的完善

我国社会主义市场经济体制要完善以间接调控为特征的国家宏观调控体系。转变政府职能，实行政企分开，建立和健全以经济手段和法律手段为主的间接调控体系，保证国民经济的健康运行。

6. 建立和健全社会保障体系

我国社会主义市场经济体制要建立和健全多层次的社会保障体系。实行社会统筹与个人账户相结合的养老、医疗保险制度，完善失业保险和社会救济制度。

第二节　市场机制

一、市场机制的含义和构成

（一）市场机制的含义

市场机制是市场经济运行的基本调节机能，是通过市场竞争配置资源的方式，即资源在市场上通过自由竞争与自由交换来实现配置的机制，也是价值规律的实现形式。具体来说，它是指市场机制体内的供求、价格、竞争、风险等要素之间互相联系及作用的机理。市场机制具有相对独立性、内在自发性和普遍运动性，其作用的条件是培育市场主体、完善市场体系、健全市场法制和转变政府职能。市场机制有一般运行的市场机制和特殊运行的市场机制之分。一般市场机制是指在任何市场都存在并发生作用的市场机制，主要包括价格机制、供求机制、竞争机制、风险机制和激励机制。具体市场机制是指各类市场上特定的并起独特作用的市场机制，主要包括金融市场上的利率机制、外汇市场上的汇率机制、劳动力市场上的工资机制等。

（二）市场机制的构成

市场机制是一个有机的整体，它的构成要素主要有市场价格机制、供求机制、竞争机制、风险机制和激励机制等。

从价格机制与其他机制的关系来看，虽然各种机制在市场机制中均处于不同的地位，但价格机制对其他机制都起着推动作用，在市场机制中居于核心地位。供求机制是市场机制的保证机制。在市场机制中，首先必须有供求机制，才能反映价格与供求关系的内在联系，才能保证价格机制的形成，保证市场机制的正常运行。但价格机制对供求机制起着推动作用，价格涨落推动着生产经营者增加或减少供给量，推动消费需求者减少或增加需要量，不断调节供求关系。竞争机制是市场机制的关键机制。在市场经济中，有竞争，才会促进社会进步和经济发展。价格机制又对竞争机制起着推动作用，价格涨落能够促进生产经营者开展各种竞争，推进产品创新、技术创新、管理创新，以取得更大利润。风险机制是市场机制的基础机制。在市场经营中，任何企业在从事生产经营中都会面临着盈利、亏损和破产的风险。价格机制能影响风险机制，价格涨落能推动企业敢冒风险，去追逐利润。激励机制是市场机制的动力机制。企业生产经营要以利益为激励，推动企业开展竞争，讲求经济效益。价格机制能影响激励机制，价格变动发出信号，激励企业决定生产经营什么，不生产经营什么。

1. 价格机制

（1）价格机制的定义

价格机制是市场机制中的基本机制。所谓价格机制是指在竞争过程中，与供求相互联系、相互制约的市场价格的形成和运行机制。价格机制包括价格形成机制和价格调节机制，价格机制是在市场竞争过程中，市场上某种商品市场价格的变动与市场上该商品供求关系变动之间的有机联系。价格机制通过市场价格信息来反映供求关系，并通过这种市场价格信息来调节生产和流通，从而达到资源配置的目的。另外，价格机制还可以促进竞争和激励，决定和调节收入分配等。价格机制是市场机制中最敏感、最有效的调节机制，价格的变动对整个社会经济活动有十分重要的影响。商品价格的变动，会引起商品供求关系变化，而供求关系的变化，又反过来会引起价格的变动。

（2）价格机制的功能

① 传递信息。价格机制在市场经济中以价格的波动为信号来传递供求信息，价格变动的方向和幅度有利于调整市场的供求关系，提高生产者和消费者决策的效率。

② 调节资源配置。价格机制通过价格高低来影响供求，引导生产与消费，因而能够有效地调节资源的合理配置。

③ 调节收入分配。价格机制通过价格高低来决定生产者、消费者的经济利益，是调节收入分配的尺度。

④ 是竞争的有力工具。市场经济中，在商品同质的条件下，价格是最有力的竞争武器。

（3）价格机制的作用

在社会主义市场经济条件下，价格机制对社会主义市场经济运行和发展的作用是多方面的。

第一，价格机制能够解决社会生产什么、生产多少，如何生产，为谁生产这三大基本问题。价格机制能够根据消费者的需求来决定生产什么，根据社会资源的多少以及消费者需求来决定生产多少，调节资源在社会各个生产部门之间的分配，协调社会各生产部门按比例发展，提高了生产商品的劳动生产率和资源耗费的节约。

首先，企业生产什么，生产多少，必须以市场供求状况为导向，而市场供求状况，又必须看市场价格情况。如市场上某种产品其用途过于稀缺，其价格过高，说明供不应求，生产经营者就有多生产经营该产品的动机，而消费者就有少用或不用该产品的动机，这将引起价格下跌，直到其稀缺程度符合其用途为止。如果某种产品相对于其用途过于丰裕，说明供过于求，其价格又过低，消费者就具有多使用该产品的动机，而生产经营者则具有少生产或不生产该种产品的动机。这将带来价格上涨，直至其稀缺程度符合其用途为止。因此，生产经营者决定生产什么，生产多少，是以市场价格信号为根据做出决策的。

其次，企业解决如何生产问题，也就是企业在配置资源时必须以生产要素的价格高低为导向来决定如何使用生产要素。是多用劳动力，还是多用资本（包括机器设备）；是用普通材料，还是用高档材料；是用一般技术，还是采用较高技术，关键是要看其成本价格是高还是低。如果使用资本比使用劳动力成本低，那就采取多用资本少用劳动力的资本密集型；如果采用一般技术比采用较高技术成本高，那就采用较高技术。企业在决定如何生产问题时，必须通过成本核算，选择成本最低的方案进行生产。通过竞争，促使提高效率，降低成本，以提高市场占有率，取得更多利润。

最后，产品生产出来之后，需要考虑如何在人们之间进行分配，也就是为谁生产的问题。企业最关心的问题，是谁能买得起他们所生产的产品，它决定于市场上各种集团、家庭、个人的收入情况。产品价格的变动和作为收入的生产要素价格的变动，将决定人们对产品愿意支付的价格水平及支付结构，使产品在资源所有者之间进行分配。那些拥有资源较多，或昂贵资源的人，将是富裕的，并能购买大笔数量的产品；那些拥有资源较少的人，将是不富裕的，只能购买较少的产品。所以，价格能将产品的产量在资源所有者之间进行分配。

第二，价格机制能够调节多次收入分配。主要表现在价格能够决定和调节产业之间、行业之间、企业之间和企业内部的收入分配状况。

首先，市场价格能够决定各个产业之间的收入不同。如过去第一产业的产品价格相对较低，而第二产业的产品价格相对较高，则第一产业获得的收入比第二产业要少。以后经过价格机制的不断调整，第一产业产品的价格会逐渐提高，第二产业产品的价格相对稳定，或有些产品随着生产技术水平的不断提高还可能逐渐下降，第一产业收入增加，第二产业收入有所下降。这是价格机制对产业部门之间的收入分配，是第一次分配。

其次，价格机制能够决定行业之间、企业之间的收入不同。如在第二产业中，电子产品价格高、利润大，行业、企业收入较多，而其他有些行业、企业产品价格相对较低，其收入也较少，这是价格机制对行业之间、企业之间收入分配的调整，这是第二次分配。

最后，价格机制也可以对分给企业的那部分收入进行调整，主要是通过工资、利息和利润进行再分配，这是第三次分配。

第三，价格机制能够直接影响消费者购买行为。市场中某种商品价格的上升或下降都会影响到消费者的需求量，而价格总水平的上升或下降也能够调节市场的消费需求规模；市场中商品比价体系的变动，能够调节市场的消费需求方向和需求结构。

消费者在收入不变的情况下，某种产品价格上涨，而替代品价格稳定或下跌，将促使消费者多购买替代品，少购买或不购买某种产品。某种产品价格下跌，而替代品价格上涨，将促使消费者多购买某种产品，而少买或不购买替代品。消费者收入增加，价格相对稳定，将促使消费者增加消费量。消费者收入增幅低于价格涨幅，则消费者实际收入减少，会影响消费水平，相应减少消费量，但生存资料不会减少，而享受资料和发展资料会相应减少；消费者收入增幅高于价格涨幅，消费者实际收入增加，会相应提高消费水平，增加消费量。除了增加一些生存资料消费外，还会增加享受资料和发展资料的消费。

生存资料价格稳定，享受资料和发展资料价格下跌，将促使消费者提高消费结构，增加享受资料和发展资料的消费。生存资料价格上涨或下跌，由于生存资料的需求弹性较小，购买消费生存资料不会发生很大变化。如享受资料和发展资料价格上涨或下跌，由于其需求弹性较大，其需求量将会相应减少或增加。

第四，价格机制是宏观经济的重要调控手段。主要表现在两个方面：一方面，价格总水平的变动是国家进行宏观经济调控的根据；另一方面，价格机制推动社会总供给与总需求的平衡。

（4）价格机制与市场机制的关系

① 价格机制与市场机制是市场经济的调节机制。市场机制包含了价格机制，价格机制在市场机制中居于核心地位，所以市场机制要发挥调节作用，必须通过价格机制才能顺利实现。这是因为：首先，价格是经济信息的传播者。价格在社会生产的一切领域，社会生活的各个方面都提供和传递着各种经济信息，价格变动情况是反映社会经济活动状况的一面"镜子"，是市场经济运行的"晴雨表"。其次，价格是人们经济交往的纽带。社会产品在各个经济单位、个人之间的不停流转，必须通过价格才能实现。最后，价格是人们经济利益关系的调节者。在市场经济中，任何价格的变动，都会引起不同部门、地区、单位、个人之间经济利益的重新分配和组合。

② 价格机制的综合反映。有市场就必然有价格，如商品价格、劳务价格、资本价格、信息价格、技术价格、房地产价格等。同时，各种价值形式，如财政、税收、货币、利润、工资等，都从不同方面和不同程度上与价格发生一定的相互制约和依赖关系。财政的收支状况直接影响着价格水平，收大于支时可以稳定价格，支大于收时将促使价格上涨。价格变动又会影响到财政收支。税收、利润、利息和工资是价格的组成部分，它们的变动直接影响着价格水平，而且在一定的价格水平下，价格又制约着税收、利息、利润、工资的变动，价格的变动直接取决于货币价值的变动，如人民币贬值会促使价格上涨，反之则促使价格下跌。价格相对的稳定，又会制约着货币的发行量。所以价格的变动，不仅直接影响其他价值形式的变动，而且也是其他价值形式变动的综合反映。

2. 供求机制

（1）供求机制的定义

供求机制是通过商品、劳务和各种社会资源的供给和需求的矛盾运动来影响各种商品和劳务的均衡以及生产要素组合，使之趋于均衡的机制。供求机制通过供给与需求之间在不平衡状态时所形成的各种商品的市场价格，并借助于价格、市场供给量和需求量等市场信号来调节社会生产和需求，最终实现供求之间的基本平衡。所以，供求机制是在商品的供求关系与价格、竞争等因素之间相互制约和联系中发挥作用的，而在完全竞争市场和不完全竞争市场中供求机制发挥作用的方式是不同的。

供求机制是市场机制的主体，供求联结着生产、交换、分配、消费等环节，是生产者与消费者关系的反映与表现。市场中的供求关系受价格和竞争等因素的影响，而供求关系的变动，又能引起价格的变动和竞争的开展。供求运动是市场内部矛盾运动的核心，其他要素（如价格、竞争、货币流通等）的变化都围绕着供求变动而展开。

企业的成长与发展往往受到供求机制影响，其既是产品市场的供应者，又是生产资料市场的需求者，可以充分利用市场需求来调整自身的经营方向、战略、产品、技术、营销等，是企业抓住机遇，避开威胁的重要内容。

（2）供求机制的功能和作用

① 供求机制的功能。供求机制对社会经济的运行和发展具有重要功能，主要是调节功能。供求机制可以调节商品的价格，调节商品的生产与消费的总量和方向；供求结构的变化能够调节生产结构和消费结构的变化。

② 供求机制的作用。供求机制起作用的条件是，供求关系能够灵活地变动，供给与需求背离的时间、方向、程度应当是灵活而适当的，不能将供求关系固定化。供求关系在不断的变动中取得相对的平衡，是供求机制作用的实现形式。

供求机制的直接作用表现为以下四个方面：

第一，调节总量平衡。供不应求时，价格上涨，从而吸引更多企业增加供给；供过于求时，一部分商品的价值得不到实现，迫使部分滞销企业压缩或退出生产。

第二，调节结构平衡。供求机制通过"看不见的手"使生产资料和劳动力在不同部门之间合理转移，追求更高的效益，从而导致经济结构的平衡运动。

第三，调节地区之间的平衡。供求机制促使各个地区调剂余缺，互通有无，使地区之间的商品、劳务得以平衡。

第四，调节时间上的平衡。供求机制促使部分劳动者从事跨季节、跨时令的生产经营活动（如温室种植、跨季节仓储等），在一定程度上满足了市场需求，缓解了供求在时间上的矛盾。

（3）供给、供给量和影响因素

① 供给。供给与供给量是两个不同的概念。供给是指生产者（厂商）在一定市场上在某一特定时期内，在一定价格水平上愿意并且能够提供的商品数量。供给强调的是在价格不变的条件下，非价格因素对供给量的影响，作为供给必须是供给欲望（即出售商品的欲望）和供给能力（有供应商品的能力）的统一，缺少任何一个条件都不能成为供给。供给指既有供给欲望又有供给能力的有效供给，缺少这两个条件中任何一个都不能算做供给。供给是商品或服务的供给，它取决于生产。在供给曲线图中，供给是指整个供给曲线。

② 供给量。供给量是指厂商（生产者）在一定时期内，当非价格因素不变时，在不同价格水平上愿意并且能够提供的商品数量。供给量强调的是在收入等非价格因素不变的条件下，价格因素对供给量的影响。供给量通常指厂商愿意并且能够提供的商品数量，而不是指他实际上销售的数量，供给量是需求曲线上的一点。

③ 影响供给的因素。一种商品的供给数量是由许多因素决定的，它们对商品供给数量的影响如下：

第一，商品的自身价格。一般说来，一种商品的价格越高，供给量就越大。相反，商品的价格越低，供给量就越小。

第二，相关商品的价格。相关商品是指互补品和替代品。当一种商品的价格提高，其互补品的供给量就会增加。相反，价格降低，其互补品的供给量就会减少。当一种商品的价格提高，其替代品的供给量就会减少。相反，价格降低，其替代品的供给量就会增加。如当玉米的价格不变而小麦的价格上升时，小麦的耕种面积就会增加，而玉米的耕种面积就会随之减少。

第三，生产要素的价格。在商品自身价格不变的条件下，生产成本增加会减少利润，从而使商品的供给量减少。相反，生产成本下降会增加利润，从而使商品的供给量增加。

第四，生产的技术水平。在一般情况下，生产技术水平提高可以降低生产成本，会增加利润，从而使商品的供给量增加。相反，生产技术水平降低，会使商品的供给量减少。

第五，政府的政策。如赋税政策、价格政策、分配政策、产业政策、货币政策等都会影响到厂商的生产，从而影响到商品的供给。

第六，厂商的预期。当生产者预期某种商品的价格在下一期会上升时，就会在制订生产计划时增加对该商品的供给量。当生产者预期某商品的价格在下一期会下降时，就会在制订生产计划时减少对该商品的供给量。

在现实中，影响供给的因素比影响需求的因素复杂得多，主要是因为在不同的时期、不同的市场、不同的地点（或区位）多种因素都影响着生产。影响供给的各种因素，既影响供给又影响供给量。

（4）需求、需求量和影响因素

除了供给外，需求是供求机制的另一个关键因素。

① 需求。需求是指消费者在一定时期内和一定市场上，在一定价格水平上愿意并能够购买的商品或服务的数量。需求这个概念涉及两个变量，即该商品的销售价格和与该价格相应的人们愿意并且有能力购买的数量。需求强调的是在价格不变的条件下，非价格因素对需求量的影响，作为需求必须是购买欲望和支付能力的统一，缺少任何一个条件都不能成为需求。所以需求是指既有购买欲望又有购买能力的有效需求。缺少这两个条件中任何一个都不能算作需求，而只是潜在需求。所以，经济学所关心的需求不仅是消费者所想要的，而且是在他们的预算约束所限定的支出和各种商品价格已知的条件下所选择购买的。在需求曲线图中，需求是指整个需求曲线。

② 需求量。需求量与需求是两个不同的概念。需求量是指居民在一定时期内，在不同价格水平上愿意并且能够购买的商品数量。需求量强调的是在收入等非价格因素不变的条件下，价格因素对需求量的影响。需求量通常指消费者愿意或打算购买的数量，而不是指消费者实际上购买的数量，需求量是需求曲线上的一点。

③ 影响需求的因素。一种商品的需求数量是由许多因素决定的，它们对商品需求数量的影响如下：

第一，商品的本身价格。一般说来，一种商品的价格越高，该商品的需求量就会越小。相反，价格越低，需求量就会越大。

第二，相关商品的价格。当一种商品本身的价格保持不变，而和它相关的其他商品的价格发生变化时，这种商品本身的需求量也会发生变化。当一种商品的价格提高，其互补品的需求量就会减少。相反，价格降低，其互补品的需求量就会增加，如钢笔和墨水。当一种商品的价格提高，其替代品的需求量就会增加。相反，价格降低，其替代品的需求量就会减少。如当大米的价格不变而面粉的价格上升时，面粉的需求量会减少，而其替代品大米的需求量就会增加。

第三，消费者的收入水平。对于多数正常商品来说，当消费者的收入水平提高时，就会增加对商品的需求量。相反，当消费者的收入水平下降时，就会减少对商品的需求量。

第四，消费偏好。由于广告宣传、新产品出现等原因，消费者的偏好可能发生变化，从而影响商品的需求量。当消费者对某种商品的偏好程度增强时，该商品的需求量就会增加。相反，偏好程度减弱，需求量就会减少。

第五，政府的政策。政府是鼓励消费还是抑制消费也会影响需求量。在目前全球金融危机的条件下，各国政府都采取了刺激消费需求的政策。

第六，消费者对商品的价格预期。当消费者预期某种商品的价格在下一期会上升时，就会增加对该商品的现期需求量。当消费者预期某商品的价格在下一期会下降时，就会减少对该商品的现期需求量。

在现实中，影响需求的各种因素既影响需求又影响需求量。

（5）供求关系的两种情况：供求平衡和供求失衡

把需求和供给结合在一起分析，就可以研究完全竞争条件下供求关系的两种情况：供求平衡和供求失衡。

① 供求平衡，也叫作供求均衡。均衡的概念引自物理或机械学，表示力的作用线相交于一点。在经济学中，均衡是指经济中各种对立的、变动着的力量处于一种力量相当、相对静止、不再变动的状态。当人们把某种商品的供给曲线和需求曲线置于同一坐标系内时，就会出现均衡点。

在同一坐标系内，需求曲线和供给曲线相交时，表示生产者愿意供给的数量和消费者愿意买进的数量恰好相等，且生产者愿意出卖的价格和消费者愿意支付的价格恰好相等，这时价格将在这个高度固定下来，不再有变动的趋势，市场达到均衡状态，称为市场均衡。达到均衡时的市场也称为出清市场。在需求状况和供给状况为已知和确定条件不变的前提下，能够得出均衡价格和均衡产（销）量。均衡价格是指生产者愿意出卖的价格和消费者愿意支付的价格相等，且生产者愿意供给的数量和消费者愿意买进的数量也同时恰好相等时的价格。均衡价格也称为市场出清价格，意味着所有供给和需求的订单都已经完成，账面上已经出清，需求者和供给者都得到了满足。

② 供求失衡是指供给大于需求，或供给小于需求两种情况。在供给大于需求时，往往会导致商品价格下跌，生产者减少产量或退出该商品生产；在供给小于需求时，商品的价格会上升，会吸引其他生产者加入或使原有的厂商增加产量。

3. 竞争机制

（1）竞争与完全竞争

① 竞争。经济学上的竞争是指经济主体在市场上为实现自身的经济利益和既定目标而不断进行的角逐过程。竞争法中的竞争是指市场经济活动主体为了自己的最大利益而以其他竞争者为竞争对手所进行的争取交易机会和市场的行为。

② 竞争的类型。竞争包括买者和卖者双方之间的竞争，也包括买者之间和卖者之间的竞争。经济学家以该行业所包含的厂商数目的多寡和一个行业的各厂商所生产产品之间相互替代程度的大小为标准，把市场分为四种类型：完全竞争、垄断竞争、寡头垄断和完全垄断。完全竞争和完全垄断是两个极端，从完全竞争到完全垄断，竞争的成分越来越少，垄断的成分越来越多。垄断竞争和寡头垄断是介于这两个极端之间的状态，是竞争与垄断不同程度的结合，又称不完全竞争或不完全垄断市场。

③ 完全竞争的特点。完全竞争又称纯粹竞争，是指一种竞争不受任何阻碍、干扰和控制的市场结构。这种不受任何阻碍和干扰的含义是不存在垄断现象和不受政府影响。

完全竞争市场是研究其他类型市场结构的参照点，它具有严格的条件：

第一，大量的买者和卖者。市场上有许多生产者与消费者，并且每个生产者和消费者的规模都很小，即任何一个市场主体所占的市场份额都极小，都无法通过自己的行为来影响市场价格和市场的供求关系。他们在决策时都不考虑行业中其他厂商的行为或反映，都认为市场价格与他们自己的产量不相关，因而每个主体都是既定市场价格的接受者，而不是决定者。一方面，任何将产品价格提升到市场价格以上的厂商都会立刻发现他的产品卖不出去；另一方面，厂商没有动力将价格定在市场价格以下，因为在当前价格下厂商就可以卖出所有他想卖掉的产品。

第二，同质品。市场上的产品是同质的，即不存在产品差别。产品差别是指同种产品在质量、包装、牌号或销售条件等方面的差别，不是指不同种类产品之间的差别。例如，创维彩电与长虹彩电的差别，而不是彩电与空调的差别。因此，厂商不能凭借产品差别对市场实行垄断。完全竞争市场上产品的同质性在于消费者无法区分厂商之间的产品，厂商对供给者也是漠不关心的。

第三，自由进入和退出。不断变化的市场状况的调整要求各种资源都可以完全自由流动而不受任何限制。任何一个厂商可以按照自己的意愿自由地扩大或缩小生产规模，进入或退出某一完全竞争的行业，这种调整的发生不需要厂商承担特别的成本。

第四，完全信息。市场信息是畅通的，厂商与居民双方都可以获得做经济决策时所需要的完备的市场供求信息，双方不存在相互的欺骗。消费者知道每个厂商的产品价格和产量，厂商知道生产函数和所有投入和产出的价格。

第五，无交易成本。交易成本就是运用市场的成本，如合同的谈判和监督成本。在完全竞争市场中，对买者或卖者来说交易成本都是零。

具备上述条件的市场叫完全竞争市场。在现实中很少存在这样的市场结构，比较符合条件的有农产品市场和没有大户操纵的证券市场。但是，分析完全竞争市场的厂商行为具有十分重要的理论意义，它是一个重要的参照点，是研究其他市场结构的基础。

（2）竞争机制的定义

竞争机制是市场机制的重要内容之一，是商品经济活动中优胜劣汰的手段和方法。竞争机制是指在市场经济中，各个经济行为主体之间为了自身的利益而通过价格竞争或非价格竞争，按照优胜劣汰的法则来调节市场运行，并由此形成的经济内部的必然联系和影响。竞争机制反映了竞争与供求关系、价格变动、资金和劳动力流动等市场活动之间的有机联系，它是企业形成活力和发展的动力，能够促进生产和使消费者获得更大的实惠。

竞争机制同价格机制和信贷利率机制等紧密结合，共同发生作用。竞争的主要手段表现为，在同一生产部门内部主要是价格竞争，以较低廉的价格战胜对手。在部门之间，主要是资金的流入或流出，资金由利润率低的部门流向利润率高的部门。

（3）竞争机制发挥作用的前提条件

竞争机制发挥作用是有一定前提条件的，一般来说主要有三点：

第一，商品的生产者和经营者是独立的经济实体，而不是行政机关的附属物。只有在生产者和经营者有权根据市场状况去决定自己生产方向的变动、生产规模的扩大和缩小、投资规模和方向的情况下，竞争才能展开。

第二，承认商品生产者和经营者在竞争中所获得的相应利益。只有承认经济利益，才能使竞争者具有主动性和积极性，才具有竞争的内在动力。

第三，要有竞争所必需的环境，关键是要有一个结构配套、功能齐全的市场体系。只有在这样的环境中，商品和资金流通才不会受阻，竞争才能正常展开。

（4）竞争机制的作用

竞争机制对市场经济的运行和发展具有重要作用，体现在以下几个方面：

第一，使商品的个别价值转化为社会价值，商品的价值表现为价格，从而使价值规律的要求和作用得以贯彻和实现。

第二，可以促使生产者改进技术，改善经营管理，提高劳动生产率。

第三，可以促使生产者根据市场需求来组织和安排生产，使生产与需求相适应。

完善的竞争机制，实行优胜劣汰，这是竞争机制充分发挥作用的标志。

4. 风险机制

（1）风险的定义与种类

① 风险的定义。风险是从事某项事业时可能对目标的实现产生影响的事情发生的不确定性，包括正面效应和负面效应的不确定性。从经济角度而言，前者为收益，后者为损失。在经济社会中，风险是普遍存在的。在生产中，由于供求关系难以预料的变动，自然灾害、政治动乱以及其他偶然事件的影响，都会使生产存在着风险，而且并不是所有的风险都可以用保险的方法加以弥补。一项决策可能带来超额利润，也可能出现亏损，承担风险就需要获得报酬。

风险是客观存在的，是不以人的意志为转移的，它的存在与客观环境及一定的时空条件有关，并伴随着人类活动的开展而存在，没有人类的活动，也就不存在风险。社会中充满了不确定性，许多具有风险的生产或事业也是社会所需要的。这些风险都需要有人承担，因此由承担风险而产生的超额利润也是合理的，可以作为社会保险的一种形式。

风险是由风险因素、风险事故和损失三个基本要素构成的。风险因素是指引起或增加风险事故发生的机会或扩大损失幅度的原因和条件。它是风险事故发生的潜在原因，是造成损失的内在的或间接的原因，通常根据性质可分为实质风险因素、道德风险因素和心理风险因素三种类型。风险事故是造成生命财产损失的偶发事件，又称风险事件，是损失的媒介，是造成损失的直接的或外在的原因，即风险只有通过风险事故的发生，才能导致损失。损失是指非故意的、非预期的和非计划的经济价值的减少，包括直接损失和间接损失；前者是实质的、直接的损失，后者包括额外费用损失、收入损失和责任损失。

② 风险的种类。风险的分类方法有很多，可以按照不同的标志加以分类。

第一，按风险损害的对象分类。

财产风险：是导致财产发生毁损、灭失和贬值的风险。如房屋有遭受火灾、地震的风险，机动车有发生车祸的风险，财产价值因经济因素有贬值的风险。

人身风险：是指因生、老、病、死、残等原因而导致经济损失的风险，例如因为年老而丧失劳动能力或由于疾病、伤残、死亡、失业等导致个人、家庭经济收入减少，造成经济困难。生、老、病、死虽然是人生的必然现象，但在何时发生并不确定，一旦发生，将给其本人或家属在精神和经济生活上造成困难。

责任风险：是指因侵权或违约，依法对他人遭受的人身伤亡或财产损失应负有赔偿责任的风险。例如，汽车撞伤了行人，如果属于驾驶员的过失，那么按照法律责任规定，就须对受害人或家属给付赔偿金。又如，根据合同、法律规定，雇主对其雇员在从事工作范围内的活动中，造成身体伤害所承担的经济给付责任。

信用风险：是指在经济交往中，权利人与义务人之间，由于一方违约或犯罪而造成对方经济损失的风险。

第二，按风险的性质分类。

纯粹风险：是指只有损失可能而无获利机会的风险，即造成损害可能性的风险。其所致结果有两种，即损失和无损失。例如交通事故只有可能给人民的生命财产带来危害，而决不会有利益可得。在现实生活中，纯粹风险是普遍存在的，如水灾、火灾、疾病、意外事故等都可能导致巨大损害。但是，这种灾害事故何时发生，损害后果多大，往往无法事先确定，于是，它就成为保险的主要对象。人们通常所称的"危险"，也就是指这种纯粹风险。

投机风险：是指既可能造成损害，也可能产生收益的风险，其所致结果有三种：损失、无损失和盈利。例如，有价证券，证券价格的下跌可使投资者蒙受损失，证券价格不变无损失，但是证券价格的上涨却可使投资者获得利益。还如赌博、市场风险等，这种风险都带有一定的诱惑性，可以促使某些人为了获利而甘冒这种损失的风险。

在保险业务中，投机风险一般是不能列入可保风险之列的。

收益风险：是指只会产生收益而不会导致损失的风险，例如接受教育可使人终身受益，但教育对受教育的得益程度是无法进行精确计算的，而且，这也与不同的个人因素、客观条件和机遇有密切关系。对不同的个人来说，虽然付出的代价是相同的，但其收益可能是大相径庭的，这也可以说是一种风险，有人称之为收益风险，这种风险当然也不能成为保险的对象。

第三，按损失的原因分类。

自然风险：是指由于自然现象或物理现象所导致的风险，如洪水、地震、风暴、火灾、泥石流等所致的人身伤亡或财产损失的风险。

社会风险：是由于个人行为反常或不可预测的团体的过失、疏忽、侥幸、恶意等不当行为所致的损害风险，如盗窃、抢劫、罢工、暴动等。

经济风险：是指在产销过程中，由于有关因素变动或估计错误而导致的产量减少或价格涨跌的风险等，如市场预期失误、经营管理不善、消费需求变化、通货膨胀、汇率变动等所致经济损失的风险等。

技术风险：是指伴随着科学技术的发展、生产方式的改变而发生的风险，如核辐射、空气污染、噪声等风险。

政治风险：是指由于政治原因，如政局的变化、政权的更替、政府法令和决定的颁布实施，以及种族和宗教冲突、叛乱、战争等引起社会动荡而造成损害的风险。

法律风险：是指由于颁布新的法律和对原有法律进行修改等原因而导致经济损失的风险。

第四，按风险涉及的范围分类。

特定风险：是指与特定的人有因果关系的风险。即由特定的人所引起，而且损失仅涉及个人的风险。例如，盗窃、火灾等都属于特定风险。

基本风险：是指其损害波及社会的风险。基本风险的起因及影响都不与特定的人有关，至少是个人所不能阻止的风险。例如，与社会或政治有关的风险，与自然灾害有关的风险，都属于基本风险。

特定风险和基本风险的界限，对某些风险来说，会因时代背景和人们观念的改变而有所不同。如失业，过去被认为是特定风险，而现在被认为是基本风险。

（2）风险机制的定义

风险机制是市场机制的基础机制，是市场活动中同企业盈利、亏损和破产之间相互联系和作用的机制。风险机制是指利用风险、竞争及供求共同作用的原理，以获得利益为动力和以破产为压力，作为一种外在压力与竞争机制同时作用于市场主体，以调节市场供求的机制。风险机制在产权清晰的条件下，对经济发展发挥着至关重要的作用。

风险机制是市场运行的约束机制。它以竞争可能带来的亏损乃至破产的巨大压力，鞭策市场主体努力改善经营管理，增强市场竞争实力，提高自身对经营风险的调节能力和适应能力。风险与竞争密不可分，没有竞争就不会有风险，没有风险也不需要竞争。竞争存在着风险，风险预示着竞争，两者密不可分，以至于有时人们把它们合在一起，统称为风险竞争机制。

（3）风险机制的要素构成

在市场经济中，风险机制主要是指经济风险机制，经济风险机制的构成要素主要有风险成本、风险选择和风险障碍。风险成本是指投入冒险的成本。任何经济风险都同风险成本联系在一起，没有风险成本的经济风险是不存在的。风险选择是指人们所选择的经济行为在目标、手段和行为方式上存在的风险威胁。在实际经济生活中，人们往往选择经济风险小的经济活动。但风险的大小与收益是成正比的，因此，为了获得更大的利益，必须选择风险大的经济活动。风险障碍是指人们做出风险选择时以某种形式给人们的社会利益造成的威胁和伤害的因素，风险选择必须有风险障碍。

（4）风险机制的作用条件

在实际经济生活中，风险机制起作用的条件有两个：一是企业承担投资风险和经营风险；二是实行破产制度。破产制度是风险机制的最高作用形式，因而是风险机制运行最关键的条件。破产的正效应是使亏损企业停止生产，将这些企业使用的资源释放出来，投入到效率更高的其他生产中去；同时，破产对人们具有教育作用，它迫使市场主体相互监督，从而提高整个经济体系利用资源的效率。破产的负效应是使一些劳动者失业，使债权人只能收回部分款项。

5. 激励机制

（1）激励的概念、特点和要素

① 激励的概念。激励是创新的动力机制。激励的原意是指人在外部条件刺激下出现的心理紧张状态。管理中的激励，是指管理者运用各种管理手段，刺激被管理者的需要，激发其动机，使其朝向所期望的目标前进的心理过程。激励的最主要作用是通过动机的激发，调动被管理者工作的积极性和创造性，自觉自愿地为实现组织目标而努力。即其核心作用是调动人的积极性。

② 激励的特点。激励具有内在驱动性和自觉自愿性的特点。由于激励起源于人的需要，是被管理者追求个人需要满足的过程，因此，这种实现组织目标的过程，不带有强制性，而是完全靠被管理者内在动力驱使的、自觉自愿的过程。

③ 激励要素。构成激励的要素主要包括动机、需要、外部刺激和行为。

（2）激励理论的类型

激励理论主要研究人动机激发的因素、机制与途径等问题。心理学家和管理学家进行了大量研究，形成了一些著名的激励理论。这些理论大致可划分为三类；

第一，内容型激励理论。该理论重点研究激发动机的诱因，主要包括马斯洛的"需要层次论"、赫茨伯格的"双因素论"、麦克莱兰的"成就需要激励理论"等。

第二，过程型激励理论。该理论重点研究从动机的产生到采取行动的心理过程，主要包括弗鲁姆的"期望理论"、波特和劳勒的"期望模式"、亚当斯的"公平理论"等。

第三，行为改造理论。该理论重点研究激励的目的（即改造、修正行为），主要包括斯金纳的"操作条件反射论"、海利的"归因理论"等。

（3）激励方式与手段

有效的激励，必须通过适当的激励方式与手段来实现。按照激励中诱因的内容和性质，可将激励的方式与手段大致划分为三类：物质利益激励、社会心理激励和工作激励。

① 物质利益激励。物质利益激励是指以物质利益为诱因，通过调节被管理者物质利益来刺激其物质需要，以激发其努力实现组织目标的方式与手段。对于我国相当一部分收入水平较低的人来说，工资、奖金仍是重要的激励因素。主要包括以下具体形式。

第一，奖酬激励。奖酬包括工资、奖金、各种形式的津贴及实物奖励等，在使用时要注意以下几个问题：设计奖酬机制与体系要为实现工作目标服务，这是奖酬能否发挥激励作用及其作用大小最重要的问题；要确定适当的刺激量；奖酬要同思想政治工作有机结合。

第二，关心照顾。管理者对下级在生活上给予关心照顾，是激励的有效形式。它不但使下级获得物质上的利益和帮助，而且能获得受尊重和归属感上的满足，从而可以产生巨大的激励作用。

第三，处罚。在经济上对员工进行处罚，是一种管理上的负强化，属于一种特殊形式的激励。运用这种方式时要注意：必须有可靠的事实根据和政策依据，令其心服口服；处罚的方式与刺激量要适当，既要起到必要的教育与震慑作用，又不要激化矛盾；也要同深入细致的思想工作结合，注意疏导，化消极为积极，真正起到激励作用。

② 社会心理激励。社会心理激励是指管理者运用各种社会心理学方法，刺激被管理者的社会心理需要，以激发其动机的方式与手段。这类激励方式是以人的社会心理因素作为激励的诱因。主要包括以下一些具体形式。

第一，目标激励。即以目标为诱因，通过设置适当的目标，激发动机，调动积极性的方式。可用以激励的目标主要有三类：工作目标、个人成长目标和个人生活目标，其具体做法是：首先，尽可能增大目标的效价。一是要选择下级感兴趣、高度重视的内容，使所选择的目标尽可能多地满足下级的需要。二要使目标的实现与奖酬或名誉、晋升挂钩，加大目标实现的效价。三要做好说明、宣传工作，使下级能真正认识到目标的社会心理价值及其实现所带来的各种利益。其次，增加目标的可行性。只有通过努力能够实现的目标，才能真正起激励作用。

第二，教育激励。这是通过教育方式与手段，激发动机，调动下级积极性的形式，具体包括政治教育和思想工作两种方式。

第三，表扬与批评。表扬与批评是管理者经常运用的激励手段。要讲究表扬与批评的艺术，因为它将直接关系到表扬与批评的效果。主要应注意以下几点：坚持以表扬为主，批评为辅；必须以事实为依据；要讲究表扬与批评的方式、时机、地点，注重实际效果；批评要对事不对人；要限制批评的频次，尽量减少批评的次数，否则，会降低教育效果；批评与表扬应适当结合。

第四，感情激励。感情激励即以感情作为激励的诱因，调动人的积极性。现代人对社会交往和感情的需要是强烈的，感情激励已成为现代管理中极为重要的调动人的积极性的手段。感情激励主要包括以下几方面内容：在上下级之间建立融洽和谐的关系；促进下级之间关系的协调与融合；营造健康、愉悦的团体氛围，满足组织成员的归属感。

第五，尊重激励。随着人类文明的发展，人们越来越重视尊重的需要。管理者应利用各种机会信任、鼓励、支持下级，努力满足其尊重的需要，以激励其工作积极性。一是要尊重下级的人格。二是要尽力满足下级的成就感。三是支持下级自我管理，自我控制。

第六，参与激励。参与激励即以让下级参与管理为诱因，调动下级的积极性和创造性。注意以下几点：一是增强民主管理意识，建立参与的机制。二是真正授权于下级，使下级实实在在地参与决策和管理过程。三是有效利用多种参与形式，鼓励全员参与。

第七，榜样激励。榜样激励主要包括以下两方面：一是先进典型的榜样激励。二是管理者自身的模范作用。

第八，竞赛（竞争）激励。人们普遍存在着争强好胜的心理，这是由于人谋求实现自我价值、重视自我实现需要所决定的。要注意以下几方面：一是要有明确的目标和要求，并加以正确的引导。二是竞争必须是公平的。三是竞赛与竞争的结果要有明确的评价和相应的奖励，并尽可能增加竞争结果评价或奖励的效价，以加大激励作用。

③工作激励。按照赫茨伯格的双因素论，对人最有效的激励因素来自工作本身，即满意于自己的工作是最大的激励。因此，管理者必须善于调整和调动各种工作因素，搞好工作设计，千方百计地使下级对自己的工作满意，以实现最有效的激励。实践中，一般有以下几种途径。

第一，工作适应性。即工作的性质和特点与从事工作的员工的条件与特长相吻合，能充分发挥其优势，引起其工作兴趣，从而使员工对工作高度满意。

第二，工作的意义与工作的挑战性。员工怎样看待自己所从事的工作，直接关系到其对工作的兴趣与热情，进而决定其工作积极性的高低。

第三，工作的完整性。人们愿意在工作实践中承担完整的工作。从一项工作的开始到结束，都是由自己完成的，工作的成果就是自己努力与贡献的结晶，从而可获得一种强烈的成就感。

第四，工作的自主性。人们出于自尊和自我实现的需要心理，期望独立自主地完成工作，而自觉不自觉地排斥外来干预，不愿意在别人的指使或强制下被迫工作。

第五，工作扩大化。工作扩大化的具体形式有：兼职作业，即同时承担几种工作或几个工种的任务；工作延伸，即前向、后向地接管其他环节的工作；工作轮换，即在不同工种或工作岗位上进行轮换。

第六，工作丰富化。工作丰富化指让员工参与一些具有较高技术或管理含量的工作，即提高其工作的层次，从而使职工获得一种成就感，使其渴望得到尊重的需要得到满足。具体形式包括：将部分管理工作交给员工，使员工也成为管理者；吸收员工参与决策和计划，提升其工作层次；对员工进行业务培训，全面提高其技能；让员工承担一些较高技术的工作，提高其工作的技术含量等。工作扩大化是指从横向上增加工作的种类，而工作丰富化则是指从纵向上提高工作的层次，两者的作用都在于克服工作的单调乏味，拓展工作的内涵或外延，增加职工的工作兴趣。

第七，及时获得工作成果反馈。人们对于那种工作周期长，长时间看不到或根本看不到工作成果的工作很难有大的兴趣，而对于只要有投入，立即就能看到产出的工作则兴趣较浓。这也是人们成就感的一种反映。管理者在工作过程中，应注意及时测量并评定、公布员工的工作成果，尽可能早地使员工得到工作的反馈。员工们及时看到他们的工作成果，这就会有效地激发其工作积极性，促其努力扩大战果。例如，在生产竞赛中及时公布各组的生产进度，会对所有员工产生明显的激励作用。

二、市场机制的功能

发展市场经济，必须充分发挥市场机制的功能，使市场机制在资源配置中起基础性作用，市场机制有六大功能。

1. 形成市场价格的功能

商品价值是生产过程中形成的，通过流通实现的。在生产过程中形成的价值，要在市场上通过供求机制和竞争机制的作用，使价值转化为价格，最终形成市场价格。

2. 优化资源配置的功能

市场是以市场价格为信号来配置资源的。市场价格是市场主体配置资源的基本依据，市场价格也是资源配置状况的尺度。市场价格通过不断的变动来实现资源的变动，使资源提高效率，实现资源优化配置。

3. 平衡供求的功能

供求是波动的，供求实际上从来不会一致。市场机制的作用是通过价格、供求和竞争机制的相互作用，调整供求和价格的数量，实现供求和价格在动态中的均衡。

4. 实现经济利益的功能

在市场经济中，商品生产者和经营者都是从自身经济利益出发从事生产经营活动的。但商品生产者个人的经济利益是通过市场来实现的。市场主体获得经济利益的多寡，不仅取决于生产，而且取决于市场。不管生产什么，生产多少，都要通过市场来实现。

5. 评价经济效益的功能

市场经济中的各市场经济主体从事经济活动的效果如何，不取决于市场主体本身的主观评价，而取决于市场的客观评价。市场是天生的平等派，只有通过市场机制的检验，才能证明产品是否为社会所需要，是否真的有效益。因此，市场是各种社会经济活动的客观评价者。

6. 实现优胜劣汰的功能

市场机制作用的结果，可使个别成本低于社会成本的商品生产者获得超额利润，从而在竞争中处于优势地位，形成更大发展的内在冲动；又会使生产商品的个别成本大于社会成本的商品生产者产生亏损甚至破产，在竞争中处于劣势，形成被淘汰的压力，从而在整个社会产生优胜劣汰的效应，推动社会经济的发展和水平的提高。

在现代经济中，为了克服市场机制的缺陷，市场机制往往与政府宏观调控结合在一起。政府对市场机制的宏观调控主要在于弥补市场机制的不足，主要是政府运用宏观调控手段对市场机制的功能进行引导和调节，或政府运用计划等手段配置某些关系国计民生和国家安全的重要资源。

第三节　市场体系

市场经济是以市场机制对经济运行和资源配置起基础作用的经济体制。但是，要使市场机制成为经济运行和资源配置的基础机制，一方面要求各经济主体成为自主经营、自负盈亏的经济实体，能自主地从事生产、销售和收入分配等经济活动；另一方面要求全部经济资源包括人力资源都商品化，以商品的形式进入市场，形成完善的市场体系，通过市场交易实现流动和配置。

一、市场体系的概念和特征

（一）市场体系的含义

市场机制功能的发挥，要以完善的市场体系为基础。所谓市场体系是指以商品市场为主体，包括消费品市场、生产资料市场、金融市场、劳动力市场、房地产市场和技术信息市场等各类市场在内的有机统一体，即以商品市场和生产要素市场组成的相互影响、相互作用的各类型市场的总和。它们相互联系、相互制约，是各类市场相互联系的一个有机统一体，共同推动整个社会经济的发展。培育和发展统一、开放、竞争、有序的市场体系，是建立社会主义市场经济体制的必要条件。

（二）市场体系的特征

1. 整体性

市场体系的整体性是指市场体系无论是从构成上，还是空间上均是完整统一的。从市场客体即交换对象角度来看，完整的市场体系既包括各种商品市场，也包括全部生产要素市场；既包括实物商品市场，也包括精神商品（或称知识产品）市场和服务市场；既包括发达的现货交易市场，也包括各种期货市场。从空间角度来看，完整的市场体系是指各种类型的市场在国内地域间是一个整体，不应存在行政分割与封闭状态，全国市场不是彼此分割、封闭的地方市场，而是一个统一的市场，是一个具有广阔空间和复杂结构的整体。部门或地区对市场的分割，会缩小市场的规模，限制资源自由流动，从而大大降低市场的效率。

2. 有机联系性

市场体系不是各种市场的简单组合，而是一个存在着内部分工的有机整体。市场体系中的各个子市场分别承担着不同的经济功能，各自为国民经济的正常运转发挥着作用。它们之间互相联系、相互制约，一个市场上的供求状况会通过价格、工资和利息之间的联系传导到另一个市场。各个市场之间的这种有机联系，使国民经济成为一个有机的统一体。

3. 开放性

市场体系的开放性是指各类市场不仅要对国内开放，而且要对国外开放，把国内市场与国外市场联系起来，尽可能地参与国际分工和国际竞争，并按国际市场提供的价格信号来配置资源，决定资本流动的方向，以达到更合理地配置国内资源和利用国际资源的目的。市场体系不是一种地域性的封闭体系，封闭的市场体系不仅会限制市场的发育，还会影响对外开放和对国际资源的利用。因此，任何分割和封锁市场的做法都是与市场经济的本性不相容的。

4. 动态性

市场体系会随着市场的发展而不断发展和完善，包括市场体系的结构和市场体系的每个构成要素的发展和完善。随着商品经济的不断发展，进入市场交换的生产要素越来越多，由于市场经济中生产要素已经商品化，在商品市场中又派生出各种特殊的市场，如技术市场、信息市场、房地产市场、产权市场等，形成了市场体系。所以，现代意义上的市场体系是不断变化的。

5. 竞争性

市场体系的竞争性是指它鼓励和保护各种经济主体的平等竞争。公平竞争能创造一个良好的市场环境，以促进生产要素的合理流动和优化配置，提高经济效益。一切行政封闭、行业垄断、不正当竞争等都有损市场效率。

6. 有序性

市场体系的有序性是指市场经济作为发达的商品经济，其市场必须形成健全的网络、合理的结构，各类市场都必须在国家法令和政策规范要求下有序、规范地运行。市场无序、规则紊乱是市场经济正常运行的严重阻碍，它会损害整个社会经济运行的效率，容易导致社会经济发展的无序状态。

二、市场体系的构成

市场体系的结构可以从不同的角度来划分。从市场交换的对象来看，它主要包括商品市场和生产要素市场以及其他类型的特殊市场。商品市场是以生产出的产品或服务为交易对象的市场，主要包括消费品市场和生产资料市场。生产要素市场是以生产要素为交易对象的市场，主要包括金融市场（资本市场）、劳动力市场、技术市场、信息市场、房地产市场。其中，生产资料市场兼有生产要素市场的特征，房地产市场兼有商品市场的特征。此外，还有一些不属于上述两类市场的其他类型市场，如旅游市场、娱乐市场、文化市场、运输市场、邮电市场、教育市场等。在整个市场体系中，商品市场是决定和影响其他市场的主体和基础，其他市场都是在商品市场的基础上发展起来的，整个市场体系的运转是以商品市场为中心的。生产要素市场和其他市场对商品市场也有重要的反作用，随着商品经济的不断发展，各种要素市场和其他市场日益活跃，并形成独立的市场分支，对商品市场的发展起着越来越大的作用。

（一）消费品市场

1. 定义

消费品市场是交换用于满足消费者个人生活消费需要以及社会消费需要的商品市场，如食品、服装、日用品等。消费品市场是整个市场体系的基础，所有其他类型的市场都是由它派生出来的。所以，消费品市场是社会再生产中最后的市场实现过程，它体现了社会最终供给与最终需求之间的对立统一关系。

2. 特点

消费品市场具有以下特点：

① 广泛性。消费品市场涉及千家万户和社会的所有成员，全社会中的每一个人都是消费者。

② 多样性和多变性。消费品市场因社会需求结构、形式的多样性、多变性而呈现出多样性和多变性的特点。

③ 批量小而频率高。市场交易量不一定很大，但交易次数可能很多。

④ 基础性和反馈性。消费品市场的变化，最终必然会引起初级产品市场和中间产品市场的相应变化。

3. 作用

消费品市场与人们的日常生活息息相关，它体现了社会再生产过程最终的市场实现，反映了消费者最终需求的变化。作为最终产品市场，消费品市场与其他商品市场密切相关，集中反映着整个国民经济的发展状况等。消费品市场的作用是：

① 资金市场的发展始终受消费品市场的制约，当消费品市场景气时，供给和需求会拉动社会投资增加，进而活跃资金市场。

② 消费需求增加和市场交易对象扩大，会进一步刺激供给增加，使生产规模扩大，这也将导致劳动力市场上对劳动力需求的增加。而消费品供给的满足程度，又直接决定了劳动力的质量。

（二）生产资料市场

1. 定义

生产资料市场是交换人们在物质资料生产过程中所需要使用的劳动工具、劳动对象等商品的市场。例如生产所需的原材料、机械设备、仪表仪器等，都是生产资料市场的客体。

2. 特点

与消费品市场相比，生产资料市场的特点是：

① 在生产资料市场上所交换的商品大部分是初级产品和中间产品，而不是最终产品。这些商品主要用于生产过程，交换主要是在生产企业之间进行，其流通广度比消费品要小。

② 市场交易的参与者是单纯的生产部门，属生产性消费，购买数量大，价值高，专业性强，交付方式多是大宗交易或订货交易，供销关系比较固定。

③ 生产资料市场需求属于派生性、引致性需求。由于生产资料不是最终产品，而只是为消费品生产提供条件，因此对生产资料需求的规模、种类和数量，取决于社会对于消费品需求的状况，因而它是一种派生性、引致性的需求。

3. 作用

从生产资料市场的作用看，它集中反映了中间产品和初级产品的供求关系，为各企业生产过程提供物质条件，在社会再生产过程中起着中介作用。它的供求状况集中代表了社会物质资源配置的效率和比例情况。因此，生产资料市场运作得愈是有效率，社会再生产的运行便愈是通畅。它是联结生产资料生产过程和生产资料消费过程的桥梁，其发展意味着社会再生产的扩大。

（三）金融市场

1. 定义

金融市场是资金的供应者与需求者进行资金融通和有价证券买卖的场所，是货币资金借贷和融通等关系的总和。在现实中，金融市场既可以有固定地点和相应的工作措施，也可以没有固定场所，由参加交易者利用电信等手段进行联系洽谈来完成交易。按交易期限划分，通常把经营一年期以内货币融通业务的金融市场称为货币市场，把经营一年期以上中长期资金的借贷和证券业务的金融市场称为资本市场。按照交易标的物不同划分，可分为票据市场、证券市场和黄金市场；按照证券的新旧标准不同为标准，可分为证券发行市场（一级市场）和证券转让市场（二级市场）；按成交后是否立即交割，可分为现货市场和期货市场。

2. 作用

金融市场作为价值形态与各要素市场构成相互依存、相互制约的有机整体，它的作用主要有以下几方面：一是通过各种金融资产的买卖交易，为资金供给方和资金需求方提供双方直接接触和多种选择的机会，因而能对资金进行高效率的筹集和分配；二是通过金融市场可以提高金融证券的流动性，使社会融资规模和范围更大，并降低融资成本；三是金融市场的发展，为中央银行运用存款准备金率、再贴现率、公开市场业务等手段进行宏观调控，创造了作用空间和操作条件。中央银行可根据金融市场上灵敏反映市场资金供求的经济金融信息，制定正确的货币政策，以确定货币供应量和信贷规模，保证重点建设资金需要，促进经济结构的调整。

（四）劳动力市场

1. 定义

劳动力市场是交换劳动力的场所，即具有劳动能力的劳动者与生产经营中使用劳动力的经济主体之间进行交换的场所，是通过市场配置劳动力的经济关系的总和。劳动力市场交换关系表现为劳动力和货币的交换。

2. 特点

劳动力市场与一般商品市场相比具有以下特点：一是以区域性市场为主。劳动力市场和其他商品市场一样，也应是全国统一的市场。但是，由于社会生产力在各地区发展水平不平衡，原始手工业、传统的大机器和现代技术产业并存，劳动力的素质相差悬殊，职业偏见的存在，再加上地区分割等，阻碍了劳动力在全国范围流动，大多数只能在区域内运转，只有少数高科技人才可在全国范围内流通，从而形成的主要是区域性市场。二是进入劳动力市场的劳动力的范围是广泛的，一切具有劳动能力并愿意就业的人都可以进入劳动力市场。我国由于劳动力资源丰富，随着科技进步、劳动生产率不断提高，以及经济体制改革的进行，农村出现剩余劳动力，加上国有企业和国家机关的富余人员，因而在一个相当长的时间里，我国劳动力供大于求，形成买方市场。三是劳动力的合理配置主要是通过市场流动和交换实现的，市场供求关系调节着社会劳动力在各地区、各部门和各企业之间的流动；劳动报酬受劳动力市场供求和竞争的影响，劳动力在供求双方自愿的基础上实现就业。劳动力的市场配置行为，不可避免地会出现劳动者由于原有的劳动技能不能适应新的经济结构的变化而产生的结构性失业现象。

3. 作用

第一，对劳动力质量进行评价。劳动力的质量可以通过劳动力价格反映出来，综合反映了供求双方的意愿，是客观的，公平的。第二，实现劳动力资源的合理配置。建立劳动力市场是市场经济条件下实现人力资源优化配置的有效手段。劳动力市场的作用是调节劳动力的供求关系，使劳动力与生产资料的比例相适应，实现劳动力合理配置，使企业提高劳动生产率，提高经济效益，保证社会再生产的正常进行。第三，促使劳动者不断提高自身的业务技术素质。劳动者能否在有限的工作岗位的竞争中获胜以及取得报酬的多少，主要取决于本人的业务技术水平的高低。

第四节　企业制度

一、企业的概念、特征和类型

（一）企业的概念

所谓企业，是指从事商品生产、商品流通或服务性经济活动，实行独立核算，以营利为目的，依法成立的经济组织。

（二）企业的一般特征

不同类型的企业，都有反映它们各自特殊性的某些特征。但凡企业，也都具有反映其共性的一般特征。

1. 经济性

企业是经济组织，它在社会中所从事的是经济活动，以谋求利润为目的。企业的经济性是它区别于从事非经济活动的政府机关、政治组织、事业单位、群众组织和学术团体等非经济组织的最本质的特征。

2. 社会性

企业是一个社会组织。从商品生产角度看，企业所从事的生产经营活动是社会化大生产的一个组成部分，企业是社会经济系统中的一个子系统，它与其他子系统发生着广泛的经济联系；从企业与社会其他各部门、各单位的非经济关系看，它既依赖于社会的进步和所在国家的富强，也依赖于政府对社会的管理，它从属于一定的政治、经济和社会体系，必然要承担一定的社会责任。

3. 独立自主性

企业是独立自主从事生产经营活动的经济组织，在国家法律、政策允许的范围内，企业的生产经营活动不受其他主体的干预。法人企业的独立自主性在法律上表现为财产独立、核算独立、经营自主，并以自己独立的财产享有民事权利和承担民事责任。

4. 竞争性

企业是市场中的经营主体，同时也是竞争主体。竞争是市场经济的基本规律。企业是需要在竞争中求得生存的，市场竞争的结果是优胜劣汰，企业要生存，要发展，就必须在竞争中取胜。

（三）企业的类型

从不同的角度，按照不同的标准可将企业划分成不同的类型。

1. 按企业资产的所有制性质分类

这是我国过去常用的一种分类方法。按照企业资产的所有制性质可将企业分成如下几种类型：

① 国有企业，也称全民所有制企业。它的全部生产资料和劳动成果归全体劳动者所有，或归代表全体劳动者利益的国家所有。在计划经济体制下，我国的国有企业全部由国家直接经营。

② 集体所有制企业，简称集体企业。在集体企业里，企业的全部生产资料和劳动成果归一定范围内的劳动者共同所有。

③ 私营企业，这是指企业的全部资产属私人所有的企业。我国《私营企业暂行条例》规定："私营企业是指企业资产属于私人所有，雇工8人以上的营利性经济组织。"

④ 混合所有制企业，这是指具有两种或两种以上所有制经济成分的企业，如中外合资经营企业、中外合作经营企业，以及国内具有多种经济成分的股份制企业等。

中外合资经营企业是由外国企业、个人或其他经济组织与我国企业共同投资开办、共同管理、共担风险、共负盈亏的企业。中外合作经营企业是由外国企业、个人或其他经济组织与我国企业或其他经济组织共同投资或提供合作条件在中国境内共同举办，以合同形式规定双方权利和义务关系的企业。

2. 根据企业制度的形态构成分类

这是国际上对企业进行分类的一种常用方法。按此方法可将企业分成业主制企业、合伙制企业和公司制企业。

（1）业主制

这一企业制度的物质载体是小规模的企业组织，即通常所说的独资企业。在业主制企业中，出资人既是财产的唯一所有者，又是经营者。企业主可以按照自己的意志经营，并独自获得全部经营收益。这种企业形式一般规模小，经营灵活。正是这些优点，使得业主制这一古老的企业制度一直延续至今。但业主制也有其缺陷，如资本来源有限，企业发展受限制；企业主要对企业的全部债务承担无限责任，经营风险大；企业的存在与解散完全取决于企业主，企业存续期限短等。因此业主制难以适应社会化商品经济发展和企业规模不断扩大的要求。

（2）合伙制

这是一种由两个或两个以上的人共同投资，并分享剩余、共同监督和管理的企业制度。合伙企业的资本由合伙人共同筹集，扩大了资金来源；合伙人共同对企业承担无限责任，可以分散投资风险；合伙人共同管理企业，有助于提高决策能力。但是合伙人在经营决策上也容易产生意见分歧，合伙人之间可能出现道德风险。所以合伙制企业一般都局限于较小的合伙范围，以小规模企业居多。

（3）公司制

现代公司制企业的主要形式是有限责任公司和股份有限公司。公司制的特点是公司的资本来源广泛，使大规模生产成为可能；出资人对公司只负有限责任，投资风险相对降低；公司拥有独立的法人财产权，保证了企业决策的独立性、连续性和完整性；所有权与经营权相分离，为科学管理奠定了基础。

对公司制企业可以按照公司的法定分类进一步划分为以下四类：

无限责任公司是指由两个以上的股东组成，其全体股东对公司的债务承担连带无限清偿责任的公司。

有限责任公司是指由法定数量的股东出资设立，各股东仅以出资额或以出资额以外另加的担保额为限对公司债务负清偿责任的公司。有限责任公司不能对外发行股票，股东只有一份表示股份份额的股权证书。

两合公司是指由两类股东组成，其中一类股东对公司的债务承担有限责任，另一类股东对公司债务承担无限责任的公司。

股份有限公司是指由一定数量（我国公司法规定为最少为2个）的股东出资设立，全部资本分为均等股份，股东以其所认购股份为限对公司债务承担责任的公司。股份有限公司的财务公开，股份在法律和公司章程规定的范围内可以自由转让。

有限责任公司和股份有限公司是现代企业制度的主要形式，有限责任公司与股份有限公司的相似点表现在：第一，都具有独立的企业法人资格。公司享有由股东投资形成的全部法人财产权，依法享有民事权利，承担民事责任。公司以其全部法人财产，依法自主经营，自负盈亏。第二，股东都对公司承担有限责任。无论是在有限责任公司中，还是在股份有限公司中，股东都对公司承担有限责任，即以股东对公司的投资额为限。第三，股东财产与公司财产是分离的。股东将财产投资公司后，该财产即构成公司的财产，股东不再直接控制和支配这部分财产。同时，公司财产与股东没有投资到公司的其他财产是分离的，即使公司出现资不抵债情况，股东也只对其在公司的投资额承担责任，不再承担其他责任。第四，对外均以公司的全部资产承担责任。也就是说，公司对外也是承担有限的责任。"有限责任"的范围，就是公司的全部资产。除此之外，公司不再承担其他的财产责任。

有限责任公司与股份有限公司的不同点表现在：第一，两种公司在成立条件和募集资金方面有所不同。有限责任公司的成立条件比较宽松，股份有限公司的成立条件比较严格。有限责任公司只能由发起人集资，不能向社会公开募集资金，股份有限公司可以向社会公开募集资金；有限责任公司的股东人数，有最高和最低的限制，股份有限公司的股东人数，只有最低限制，没有最高限制。第二，两种公司的股份转让难易程度不同。在有限责任公司中，股东转让自己的出资有严格的限制，比较困难；在股份有限公司中，股东转让自己的股份比较自由，一般不受限制。第三，两种公司的股权证明形式不同。在有限责任公司中，股东的股权证明是出资证明书，出资证明书不能转让、流通；在股份有限公司中，股东的股权证是股票，即股东所持有的股票。股东是以股票的形式来体现的，股票是股份有限公司签发的证明股东所持股份的凭证，股票可以上市转让、流通。第四，两种公司的股东大会、董事会权限大小和两权分离程度不同。在有限责任公司中，由于股东人数有上限，人数相对来讲比较少，召开股东大会也比较方便，因此，股东大会的权限较大，董事常常是由股东自己兼任，在所有权和经营权的分离上，程度较低；在股份有限公司中，由于股东人数没有上限，人数较多且分散，召开股东大会比较困难，股东大会的议事程序也比较复杂，所以股东大会的权限有所限制，董事会的权限较大，在所有权和经营权的分离上，程度也比较高。第五，两种公司财务状况的公开程度不同。在有限责任公司中，由于公司的股东人数有限，会计报告可以不经过注册会计师的审计，也不公告，只要按照规定期限送交给各股东即可；在股份有限公司中，由于股东人数众多，很难分送，所以会计报告必须要经过注册会计师的审计并出具报告，还要存档以便股东查阅。其中以募集资金设立方式成立的股份有限公司，还必须公告其财务会计报告。股份有限公司是开放型的公司，有限责任公司是封闭型的公司。第六，两种公司的组织结构有所不同。有限责任公司的组织结构比较简单，规模比较小、股东人数比较少的有限公司，可以不设董事会，只设一名执行董事，执行董事可以兼任经理。也可以不设监事会，只设一两名监事。股份有限公司的组织结构比较复杂。

二、现代企业制度

（一）现代企业制度的定义

现代企业制度是指以完善的企业法人制度为基础，以有限责任制度为保证，以公司企业为主要形成，以产权清晰、权责明确、政企分开、管理科学为条件的新型企业制度，其主要内容包括企业法人制度、企业自负盈亏制度、出资者有限责任制度、科学的领导体制与组织管理制度。

（二）现代企业制度的特征

1. 现代企业制度是产权关系明晰的企业制度

企业的设立必须要有明确的出资者，必须有法定的资本金。出资者享有企业的产权，企业拥有企业法人财产权。企业除设立时有资本金外，在经营活动中借贷构成企业法人财产。但借贷行为不形成产权，也不改变原有的产权关系。产权制度的建立使国有企业改革向前推进了一大步。国有资产的终极所有权与企业法人财产权的明晰化是我国在走向市场经济过程中的一大突破，是现代企业制度的一个重要特征。

2. 现代企业制度是法人权责健全的企业制度

现代企业制度的一个很重要的特征就是使企业法人有权有责。出资者的财产一旦投资于企业，就成为企业法人财产，企业法人财产权也随之确立。这部分法人财产归企业运用，企业以其全部法人财产，依法自主经营，自负盈亏，照章纳税；但同时企业要对出资者负责，承担资产保值增值的责任，形成法人权责的统一。

3. 现代企业制度是有限责任的企业制度

企业的资产是企业经营的基础，出资者的投资不能抽回，只能转让。出资者以其投资比例参与企业利益的分配，并以其投资比例对企业积累所形成的新增资产拥有所有权。当企业亏损以至于破产时，出资者最多以其全部投入的资产额来承担责任，即只负有限责任。

4. 现代企业制度是政企职责分开的企业制度

政府和企业的关系体现为法律关系。政府依法管理企业，企业依法经营，不受政府部门直接干预。政府调控企业主要用财政金融手段或法律手段，而不用行政干预。

5. 现代企业制度是一种组织管理科学的企业制度

科学的组织管理体制由两部分构成：一是科学的组织制度。现代企业制度有一套科学、完整的组织机构，它通过规范的组织制度，使企业的权力机构、监督机构、决策和执行机构之间职责明确，并形成制约关系；二是现代企业管理制度。包括企业的机构设置、用工制度、工资制度和财务会计制度等。

三、社会主义现代企业制度

（一）我国现代企业制度的基本特征

从企业制度演变的过程看，现代企业制度是指适应现代社会化大生产和市场经济体制要求的一种企业制度，也是具有中国特色的一种企业制度。十四届三中全会把现代企业制度的基本特征概括为"产权清晰、权责明确、政企分开、管理科学"十六个字。

1. 产权清晰

"产权清晰"是建立现代企业制度的前提，所谓"产权清晰"，主要有两层含义：一是有具体的部门和机构代表国家对某些国有资产行使占有、使用、处置和收益等权利。二是国有资产的边界要"清晰"，我们必须明确哪些产权属于国家，哪些产权属非国有；国家应该经营哪些产业，对哪些产业应该参股或控股。党的十五届四中全会进一步明确，国有经济只需控制涉及国家安全的行业、自然垄断的行业、提供重要公共产品与服务的行业、支柱产业和高新技术产业中的重要骨干产业，而对大多数国有企业，则鼓励大力发展股份制，形成多元投资主体，这有利于我国国有企业的产权明晰。

2. 权责明确

"责权明确"是建立现代企业制度的核心，所谓"责权明确"是指合理区分和确定企业所有者、经营者和劳动者各自的权利和责任，不仅要明白谁负什么责、谁有什么权，而且应看责权是否对称。所有者、经营者、劳动者在企业中的地位和作用是不同的，因此他们的权利和责任也是不同的。传统的国有企业机制中，要么是政府拥有太多的权，一管到底，要么是让企业拥有较多的权而不负任何责任，不靠制度约束，只靠自我约束，因此一放就乱，在政府与企业之间始终没找到一个责权平衡的结合点。

3. 政企分开

"政企分开"是建立现代企业制度的关键。如果政企不分，产权就不明晰，责权就不会明确，然而政企一旦完全分开，政府作为所有人拥有最终收益权，企业管理者则仅拥有经营权，全面主持企业的日常生产经营活动，这样就涉及一个重大问题：如何建立约束机制。政府不参与经营，而拥有企业重大事项的决策权，这种决策不仅会因手续繁杂而贻误商机，而且会因为政府对企业的生产经营了解不全面而发生偏颇。

4. 管理科学

"管理科学"是建立现代企业制度的基础，竞争的日趋激烈使得国有企业必须拥有一套健全的科学管理制度，包括能保障企业整体利益，有利于实现企业经营决策科学化、民主化、专业化的企业领导制度；能够客观准确地反映企业经营状况和促进企业提高经济效益的财务会计制度；能够建立有效的企业内部激励、约束机制和竞争机制的人事、劳动、分配制度等。科学管理制度的建立，是控制风险、减少失误、增强把握机遇能力的重要保障。

（二）现代企业制度的主要内容

现代企业制度不仅要调整和规范企业内部的各种关系，而且还要调整和规范企业与出资人、企业与债权人、企业与政府、企业与社会、企业与市场、企业与企业之间等一系列外部关系。从这个意义上说，建立现代企业制度是包括企业内部和外部，涵盖企业全部经营活动的一项复杂工程，大体可包括以下内容。

1. 进行股份制企业改革，推进投资主体多元化

社会主义市场经济体制要求企业成为独立的市场主体，建立现代企业制度，必须进一步建造市场主体，使所有的企业特别是国有大中型企业具有独立自主性，自主经营、自负盈亏、自我发展、自我约束。股份制的特点和要求，使其能对国有企业进行有效的改造，使企业真正面向市场、进入市场、适应和驾驭市场。今后国有大中型企业在进行公司制改革时，需积极探索通过股份制等形式吸引和组织更多的民间资本，形成多元投资主体。以往的现代企业制度改革不那么成功，最重要一点，在于没有形成多元投资主体，80%的企业转为国有独资公司，因此"翻牌"现象很严重。要认识到，即使是国有经济控制的关系国民经济命脉的重要行业和关键领域，也并不都要求国家独资，大部分可以实行国家控股，有的还可以实行国有资本参股。这样，可以放大国有资本的功能，增强国有经济的控制力。这种股权结构比一家独资有其优势，如通过不同股东对自己利益的关心，抵制某些行政干预；通过股东间的相互制约，避免重大决策失误；有利于多渠道筹措资本，有利于形成公司法人治理结构。

2. 建立规范有效的公司法人治理结构

现代公司制度是现代企业制度的基本形式，其核心是建立公司法人治理结构。公司法人治理结构是一组联结并规范公司法人中相应的所有者、经营者和公司法人之间相互权利、责任、利益的制度安排，其实质是从公司法人资产的权利任的结构性制衡上来规范所有者与资产受托者、受托者与代理者相互间的利益关系，从某种意义上讲，可以说是公司法人产权制度的组织形式。这种制度安排的根本目的，在于通过一定的治理结构，使得有关各方在相互分离的状态中能保持有效的约束与监督，使诸方面资产权利的掌握及运用尽可能严格地受到相应资产责任的制约，从而实现诸方面利益的均衡和目标的和谐，以保证效率的提高。

建立公司法人治理结构，不仅是成立代表不同利益群体的股东会、董事会、监事会这几套班子，而且要规范这些机构，使它们之间形成合理的制约关系，确保内部制约机制发挥作用。关键要做好以下几个方面的工作。

① 健全董事会制度。董事会应代表出资人和其他利害相关者的利益，并对股东会负责。董事会要对企业的重大生产经营活动和发展战略做出决策，聘任经营者实施。董事会要与经营者签订经营协议，对经营业绩进行审计、考核和评价。为了确保董事会代表出资人利益，避免"内部人控制"，董事会除了有内部董事外，还必须有相当数量的独立董事。由股东大会聘任的独立董事应与公司经理层没有紧密关联关系，以免发生合谋行为。内部董事主要致力于搞好公司的生产经营，独立董事主要是参与决策和监督。由股东大会确定独立董事的报酬，并对内部董事和独立董事分别制定相应的奖励和责任追究规定。

② 经理人员应当实行由董事会公开聘任竞争上岗的办法，不再由政府部门任命。董事长与总经理应当分设，才有利于权力制衡，集中精力各行其职。

③ 加强监事会的监督作用。鉴于目前国有企业"内部人控制"的情况比较普遍，多数公司监事会形同虚设，造成公司决策层权力过度集中而缺乏相应的监督制约，因此必须落实监事会的监督作用。一方面，应该改革监事会的选举办法，控股股东不参加监事的选举，监事候选人的提名可由若干个较大的非控股股东分别提出，而由广大中小股民选举产生；另一方面，监事的报酬应由股东大会确定，并且视其职能发挥情况予以奖惩。只有这样，才能使监事会成员真正代表公司中小投资者的利益，严格履行其监督职责。

3. 探索合理的考核评价和选拔任用制度

在传统国有企业中，用人机制僵化，领导早已确定好，选举只是走形式，职工能进不能出，管理人员能上不能下，这种用人制度不仅造成工作压力不足，缺乏经营管理使命感，而且也容易埋没人才，不利于企业发挥出最大的人力资源潜能。企业的成败，最根本的影响因素是人。因此，建立合理的考核评价和选拔任用制度，对于吸引人才、任人唯贤尤为重要，特别是有助于建立一支优秀的企业经营管理队伍，这是建立现代企业制度的前提和保障。

4. 深化分配制度改革，建立有效的激励和约束机制

目前国有企业的分配制度还沿袭传统的模式，既单一又僵化，未能体现收入与绩效挂钩、按劳分配和多劳多得的原则。为了调动广大经营管理人员的积极性，必须深化分配制度改革，建立有效的激励和约束机制，可重点从以下几个方面考虑。

① 土地、资本、知识产权等生产要素按有关规定参与分配。土地、资本等生产要素参与分配，有利于充分挖掘多种资源，促进资本运作；而知识产权参与分配，则可为科技人员致力于技术创新提供原动力，调动他们的工作积极性。

② 有条件的企业特别是上市企业可以实行年薪制。在考虑年薪时，工资和奖金的比例随岗位不同应相应变化。如对车间工人等基层工作者，主要是要求其完成定额工作，因此以工资为主、奖金为辅；而对中高层经营管理人员，除要求完成规定工作外，还要求其发挥主观能动性、创造更多的绩效，其年薪的安排应以工资为辅、奖金为主。

③ 实行股份和期权奖励。对主要经营管理人员奖励股份和股票期权，使其因持有公司的股票而抱有较高的未来收益期望，使公司的长远发展和自己的未来收益紧密地联系在一起。

④ 通过减少薪水或股权等形式，实行责任追究制度。对经营管理人员，仅靠激励是不够的，为了约束他们的行为，使他们在经营管理的整个过程中树立起高度的责任心，还应该予以约束，实行责任追究制度，通过减少薪水或股权等形式实行经济处罚。

5. 加快社会保障制度配套改革，完善社会保障体系

国有企业的富余人员需要分流，办社会的职能需要分解，这有待于社会保障体系的进一步完善，为国有企业深化改革并维护社会经济稳定大局提供保障。加快养老、失业、医疗保险制度改革，形成社会保险、社会救济、社会福利、优抚安置和社会互助、个人储蓄积累保障相结合的多层次社会保障制度。在大力发展社会保险的同时，积极发展商业保险，发挥对社会保障的补充作用。建立城市最低生活保障制度，制定相应政策切实保护妇女、未成年人、老年人、残疾人等社会群体和优抚对象的合法权益。这些都会为国有企业建立和完善现代企业制度提供重要保障。

（三）国有企业建立现代企业制度的途径

1. 改革企业产权制度

产权制度改革是国有企业建立现代企业制度的关键。

① 理顺国有企业产权关系，处理好国家所有权与企业法人财产权的关系。国有企业的产权关系应该是国家是国有企业财产所有权的唯一主体，拥有对企业财产的最终支配权，但政府和监督机构不得直接经营或支配企业的法人财产。企业拥有独立行使的法人财产权，并以其全部法人财产承担民事责任。

② 建立经营者的所有权制约机制。两权分离后，国有资产所有者的利益仍要在企

业经营者那里得到实现。为此必须建立一套能保证国有资产在真正具有经营才能的人手上经营、能明晰企业应负的国有资产保值与增值的责任、能对经营者"用脚投票"等所有权相制约的机制。

③ 明确产权关系上的自负盈亏责任。目前国有企业的自负盈亏主要限于收入分配上，而在产权关系上仍有许多亏损企业把债务包袱推给国家或者拖欠其他企业的债务，国家实际上为企业承担着无限责任。产权制度改革是要在产权关系上明确企业承担的债务责任和破产责任。当企业破产时，国家只以投入企业的资本额为限承担有限责任。

④ 在明晰企业产权关系的基础上，建立和完善产权市场。国有企业进入产权市场可以使一定量的国有资产吸收和组织更多的社会资本，放大国有资产的产权功能，提高其控制力、影响力和带动力。同时又能使国有企业经营受到更多国有产权的制约，以保证国有资产营运效益的提高。

此外，国有企业还可以通过产权市场实现产权转让和流动，推动国有资产存量流向经济效益好的企业，流向国民经济需要重点发展的部门，实现国有资产存量的优化配置。

2. 改革企业组织制度

① 要改革政府管理职能和管理体制，真正做到政企分开。政府作为国有资产所有者，可以建立一套科学有效的国有资产管理制度，对国有资产实行国家所有、分级管理、授权经营、分工监督。政府作为社会管理者，可以依据法律制定各种必要的规章制度，培育和促进市场体系的发展，形成比较完善的市场规则和社会秩序。政府作为宏观经济的调控者可以合理确定经济发展战略目标，制定和运用相应的政策来引导和协调整个社会经济的发展。但政府不能再用行政管理的方法使国有企业运行行政化，否则国有企业组织制度的改革将流于形式。

② 国有企业组织制度改革的重点是建立公司制企业。为此，必须建立符合市场经济规律和我国国情的企业领导体制与组织管理制度。即建立包括股东会、董事会、监事会和经理层在内的公司法人治理结构，处理好党委会、职代会和工会股东会、董事会、监事会的关系；建立由国务院向大型国有企业派驻稽查特派员制度，地方政府向所属大中型企业派财务总监制度。再次，对国有企业进行战略性调整。即通过国有资产的流动和重组，改变国有资产过度分散的状况，集中力量发展和加强国家重点产业和重点企业，扩大企业组织规模。

3. 加强和改善企业的经营管理

① 要更新企业经营管理上旧的思想观念，确立以市场为中心和依托的现代化管理观念。

② 要实现管理组织现代化，建立市场适应性能力强的组织命令系统，健全和完善各项规章制度，彻底改变无章可循、有章不循、违章不究的现象。

③ 要建立高水平的科研开发机构和高效率的决策机构，加强企业发展的战略研究

制定和实施明确的企业发展战略、技术创新战略和市场营销战略，并根据市场变化适时调整。

④ 要广泛采用现代管理技术方法和手段，包括用于决策与预测的、用于生产组织和计划的、用于技术和设计的现代管理方法，以及采取包括电子计算机在内的各种先进管理手段。

国有企业建立现代企业制度除了企业制度本身这三方面进行改革外，还需要其他方面的配套改革。包括转变政府职能，建立健全的宏观经济调控体系，进行金融、财政、税收、投资、计划等方面的改革，为企业进入市场自主经营创造良好的宏观经济环境；大力培育市场体系、建立市场中介组织和加强市场经济法律规章制度的建设，为企业走向市场创造市场条件；加快社会保障制度改革和福利分配社会化、市场化步伐等。

第二章

现代经济管理基础

第一节　经济与管理

一、经济

（一）经济的概念

经济（Economy）这个词来源于希腊语 oikonomos，最早是古希腊的色诺芬在《经济论》和《雅典的收入》中使用的，是指奴隶主庄园的管理，或是说家庭管理的方法。在古希腊，经济也指一种谋生术，是取得生活所必要的并且对家庭和国家有用的具有使用价值的物品的方法。在西方，随着自然经济发展到商品经济，"经济"一词便超出了家务管理的范围。在中国古代，"经"是指经营国家事务，"济"是指救济人民生活，"经济"一词的原意，是指"经邦济世""经国济民"。在清朝末期，日本掀起了工业革命浪潮，大量接受、吸收和宣传西方文化，很多学者翻译西方经济类书籍时，将"Economy"一词译为"经济"。现代汉语中所使用的"经济"一词，是我国近代学者严复翻译日本著作时引进的词汇，并且随着社会的不断进步，"经济"一词在汉语中的含义更加广泛。

经济是人类社会的物质基础，没有经济就没有人类社会。经济与政治一样属于人类社会的上层建筑，是构建人类社会并维系人类社会运行的必要条件。"经济"一词的具体含义随语言环境的不同而不同，它既可以指一个国家的宏观的国民经济，也可以指一个家庭的收入和支出。"经济"有时作为一个名词，指一种财政状态或收支状态；有时候也可以作为动词使用，指一种生产过程等，"经济"是当前非常活跃的词语之一。

（二）资源和资源的稀缺性

1. 需要、欲望与需求

需要、欲望与需求都代表着一种渴求，但需要和欲望不能代表人们有购买能力，只有需求是具有购买能力的。

（1）需要

国内学术界对需要范畴的界定很多，但较为典型的主要有以下两种意见。

第一种观点是将人以外的其他生物体排除在外，认为人作为需要的主体，主要表现为主体对一定对象的要求或依赖，这种对象可以是某种目标、有机体的内外部环境条件以及客观事物等。

第二种观点是从哲学的角度，认为需要是包括人在内的一切生物有机体为了维持正常运转（生存、发展）必须与外部世界进行物质、能量、信息交换而产生的一种摄取状态。

从以上学术界对需要的认识来看，需要与人的生存发展条件密不可分，它始终存在于人们的生产、分配、交换和消费中，需要具有客观必然性；而从历史上看，不管是自给自足的自然经济，还是现代的商品经济社会，每个人都存在着需要，需要具有永恒性。

人类的生存与发展都面临着需要，需要是指没有得到某些基本满足的感受状态。

（2）欲望

欲望是对具体满足物的愿望。欲望具有无限性和层次性。欲望的无限性就是指人超越客观条件的许可和道德、法律规范的约束，不顾一切地去满足自己的需要、去实现自己的希望的一种心理表现。

（3）需求

需求是指人们有购买能力并且愿意购买某种产品或服务的欲望。美国心理学家亚伯拉罕·马斯洛于1943年提出需求层次论，把人的需求划分为五个层次，即生理需求、安全需求、社交需求、尊重需求和自我实现需求。

马斯洛提出的五种需求呈梯形分布。生理需求指维持人类自身生命的基本需要，如对衣、食、住、行的基本需要。他认为，在这些需求没有得到满足以维持生命之前，其他需求都不能起激励人的作用。安全需求指人们希望避免人身危险和不受丧失职业、财物等威胁方面的需要。生理需求与安全需求属物质需求。社交需求是指人们希望与别人交往，避免孤独，与同事和睦相处、关系融洽的欲望。尊重的需求是指当第三层次需求满足后，人们开始追求受到尊重，包括自尊与受人尊重两个方面。自我实现的需求是一种最高层次的需要。它是指使人能最大限度地发挥潜能，实现自我理想和抱负的欲望。这种需求突出表现为工作胜任感、成就感和对理想的不断追求。马斯洛认为这一层次的需求是无止境的，一种自我实现需求满足以后，会产生更高的自我实现需求。马斯洛认为，社交需求、尊重需求和自我实现需求属精神需要。后来，在这五个层次的基础上，马斯洛又补充了求知的需求和求美的需求，从而形成了七个层次。

马斯洛认为，不同层次的需求可同时并存，但只有低一层次需求得到基本满足之后，较高层次需求才发挥对人行为的推动作用。在同一时期内同时存在的几种需求中，总有一种需求占主导、支配地位，称为优势需求，人的行为主要受优势需求所驱使。任何一种满足了的低层次需求并不因为高层次需求的发展而消失，只是不再成为主要激励力量。马斯洛的需求层次论反映了人类需求的无限性和层次性，正是人类社会需求的这种无限性和层次性，才推动着人类社会的不断进步。

2. 物品的分类

人们要使自己的欲望或需求得到满足，就必须消费一定量的物品和服务。能够满足人类需求的物品和服务可以按照不同的标志加以分类。

（1）按照是否有形来划分，可以分为有形产品和无形服务

① 有形产品。有形产品是指能够提供给市场，被人们使用和消费，并能满足人们某种需求的任何有形的看得见摸得着的物品。如面包和手机，面包能够满足人们的饥饿，而手机能够满足人们交流的需要。如果这种劳动产品在市场中用于交换，则变成了商品。

② 无形服务。1960 年 AMA 最先给服务下的定义是"用于出售或者是同产品连在一起进行出售的活动、利益或满足感"。服务可以按照不同的标志加以分类，最常用的是根据服务活动的本质来划分，把服务分为四类：作用于人的有形服务，如民航服务、理发等；作用于物的有形服务，如航空运输、草坪修整等；作用于人的无形服务，如广播、教育等；以及作用于物的无形服务，如保险、咨询服务等。

（2）按照是否支付货币来划分，可以把人们消费的物品分为经济物品和自由物品

① 经济物品。经济物品是指人类利用稀缺的资源经过劳动创造，需要花费一定的成本才可以得到的物品。

② 自由物品。自由物品是指由大自然作用而成的，具有遍在性（也叫泛在性，即指各个地区都广泛存在）的物品，如空气、阳光等。

3. 资源

生产经济物品的资源既包括经过人类劳动生产出来的经济物品，也包括大自然形成的自然资源。资源，也叫生产资源、生产要素，通常包括劳动、土地、矿藏、森林、水域等自然资源，以及由这两种原始生产要素生产出来再用于生产过程的资本财货，一般都把它分为经济物品（即国民财产）和自由物品（即自然资源）。在经济学里，一般认为资源包括资本、劳动、土地和企业家才能四种要素。土地和劳动这两种生产要素又称为原始的或第一级的生产要素，其中土地泛指各种自然资源。由两种原始生产要素生产出来的产品，除了直接用来满足人的消费需求以外，其中再投入到生产过程中的资本财货则称为中间产品。

4. 资源的稀缺性

在现实生活中，人们需求的满足绝大多数是依靠经济物品来完成的，而相对于人的无穷无尽的欲望而言，经济物品或生产这些经济物品的资源总是不足的，这种相对

有限性就是资源的稀缺性。物品和资源是稀缺的，社会必须有效地加以利用，这是经济学的核心思想。

理解资源稀缺性这一概念时，要注意以下三点。

（1）相对性

资源稀缺性强调的不是资源绝对数量的多少，而是相对于人类社会需要的无限性而言的资源的有限性。从这一点来理解，资源的稀缺性是一个相对性的概念，它产生于人类的欲望和资源的不足之间的矛盾中。某种资源的绝对数量可能很多，但人们所需要的更多；某些资源的数量是相对固定的，如土地，而人类的需要是无限增长的，随着人类社会的发展，土地资源的稀缺性会表现得越来越突出。

（2）永恒性

对于人类社会来说，资源稀缺性的存在是一个永恒的问题。除泛在性自然资源外，其他资源都是稀缺资源，任何人、任何社会都无法摆脱资源的稀缺性。资源稀缺性的存在是人类社会必须面对的基本事实。随着社会发展以及生产和生活条件不断进步，人类的需要会不断增长，同时，自由物品也会逐渐变成经济物品。需要的无限性是人类社会前进的动力，人类永远都要为满足自己不断产生的需要而奋斗。

（3）必要性

经济学研究的问题是由于资源稀缺性的存在而产生的，没有资源稀缺性就没有经济学研究的必要性。如在农业生产中，需要解决的主要经济问题是如何通过合理配置和利用土地、种子、机械设备、劳动力等稀缺资源，使之与自然界中的空气、阳光等自由物品相结合，生产出更多的产品，满足人类社会不断增长的物质和文化生活的需要。

（三）资源配置和资源利用

1. 资源配置问题

人类的欲望具有无限性和层次性，但在一定时期内人的欲望又具有相对固定性，而且有轻重缓急之分。在人的衣、食、住、行这些基本需要还没有满足的条件下，生理需要排在了首位，人们首先得满足自身生命的基本需要，此时其他的需要都退居次要地位。那么，在资源有限的条件下，如何用有限的物品和服务在有限的时间内去满足最重要最迫切的欲望呢？怎样使用有限的相对稀缺的生产资源来满足无限多样化的需要问题，这是一个经济问题，要求人们必须对如何使用稀缺资源做出选择。所谓选择，就是如何利用既定的有限的资源去生产尽可能多的经济物品，以便最大限度地满足自身的各种需求。

选择是经济学中首先要解决的问题，它涉及机会成本和资源配置问题。机会成本是做出一项决策时所放弃的另外多项选择中的潜在收益最高的那一项的潜在收益。机会成本是经济活动中人们面临权衡取舍时的基本准则，也是一种经济思维方式。比如某人有10万元资金，开商店可获利2万元，炒股票可获利3.5万元，买债券可获利1.8万元，如果他选择了开商店，则机会成本就是3.5万元。实现机会成本最小，是经济活动行为方式的基本准则之一。

2. 资源利用问题

在一个社会资源既定和生产技术水平不变的情况下，人类的生产情况有三种：第一种情况是现实生活中稀缺的资源和经济物品没有得到合理的利用，存在着资源浪费现象；第二种情况是稀缺的资源和经济物品得到了合理的利用；第三种情况是在现有的资源和技术水平条件下，既定的稀缺资源得到了充分利用，生产出了更大的产量，这是人类欲望无限性决定的。这样在资源配置既定的前提下，又引申出了资源利用问题。

资源利用就是人类社会如何更好地利用现有的稀缺资源，使之生产出更多的经济物品和服务。资源利用包括以下三个相关的问题。

① 为什么稀缺的资源得不到充分利用？这就是经济中的"充分就业"问题。

② 在资源既定的情况下，为什么产量有时高有时低？这就是经济中的"经济周期"问题。同时，如何用既定的稀缺资源生产出更多的产品，即实现经济的持续增长，这就是经济中的"经济增长"问题。

③ 在以货币为媒介的商品社会里，货币购买力的变动对资源的使用和商品的购买影响很大，这就是经济中的"通货膨胀或通货紧缩"问题。

3. 经济制度

资源配置和利用的运行机制就是经济制度。当前世界上解决资源配置与资源利用的经济制度基本有以下三种。

（1）计划经济制度

生产资料国家所有，靠政府的指令性计划或指导性计划来做出有关生产和分配的所有重大决策，即通过中央的指令性计划或指导性计划来决定生产什么，如何生产和为谁生产。政府像管理一个大公司那样管理一个国家的经济运行，这是20世纪苏联所采取的经济制度。在生产力不发达的情况下，计划经济有其必然性和优越性，可以集中有限的资源实现既定的经济发展目标。但在生产力越来越发达以后，管理就会出现困难，漏洞也越来越多，计划经济就无法有效地进行资源配置了。计划经济是政府通过它的资源所有权和实施经济政策的权利来解决基本的经济问题。按劳分配是计划经济制度条件下个人消费品分配的基本原则，是计划经济制度在分配领域的实现形式。

（2）市场经济制度

市场经济是一种主要由个人和私人企业决定生产和消费的经济制度。市场经济体制包含价格、市场、盈亏、激励等一整套机制，通过市场上价格的调节来决定生产什么、生产多少，如何生产和为谁生产。厂商生产什么产品取决于消费者的需求，如消费者喜欢史泰龙的动作片，好莱坞就要不停地拍摄类似的动作片。如何生产取决于不同生产者之间的竞争。在市场竞争中，生产成本低、效率高的生产方法必然取代成本高、效率低的生产方法。为谁生产是分配问题，市场经济中分配的原则是按劳动要素分配，是按照资金、技术、管理等进行的分配，目的是为了更好地促进生产力的进一步发展。市场经济的极端情况被称为自由放任经济，即政府不对经济决策施加任何影响。

市场经济的运转是靠市场价格机制的调节来实现的，从总体上看比计划经济效率高，更有利于经济发展。但市场经济也不是万能的，市场经济制度也存在着缺陷，也存在"市场失灵"的现象。

（3）混合经济制度

当今世界上没有任何一个经济完全属于上述两种极端之一，纯粹的计划经济和市场经济都各有其利弊，所以现实中的经济制度大都是一种混合的经济制度，总是以一种经济制度为主，以另一种经济制度为辅。所谓混合经济制度就是指市场经济与计划经济不同程度结合在一起的一种资源配置制度，它是既带有市场成分，又有指令或指导成分的经济制度。经济问题的解决既依赖于市场价格机制，又有政府的调控和管制，如对于垄断行为，政府就要干预。

二、管理

（一）管理的重要性

管理活动自古有之。长期以来，人们在不断的实践中认识到管理的重要性。20 世纪以来的管理运动和管理热潮取得了令人瞩目的成果，成果之一就是形成了较为完整的管理理论体系。管理，顾名思义：既管且理。管什么？理什么？家庭主妇要管理家务；儿童要管理自己的零用钱；每个人都要管理自己的时间，这是广义的管理。更重要的领域是组织的管理：将军管理军队，校长管理学校，厂长管理工厂，总经理管理公司等，这是狭义的管理。

管理是促进现代社会文明发展的三大支柱之一，它与科学和技术三足鼎立。一位当代著名的管理学权威曾说过：管理是促成社会经济发展的最基本的关键的因素。发展中国家经济落后，关键是由于管理落后。国外的一些学者认为，19 世纪经济学家特别受欢迎，而 20 世纪 40 年代以后，则是管理人才的天下了。还有人指出，先进的科学技术与先进的管理是推动现代社会发展的"两个轮子"，二者缺一不可。这些都表明管理在现代社会中占有重要地位。

经济的发展，固然需要丰富的资源与先进的技术，但更重要的还是组织经济的能力，即管理能力。从这个意义上说，管理本身就是一种资源，作为"第三生产力"在社会各个领域中发挥作用。目前，在研究国与国之间的差距时，人们已把着眼点从"技术差距"转到"管理差距"上来。例如，美国与西欧国家之间的管理差距，就是美国的经济目前仍高于欧洲国家的重要原因之一；日本经济的崛起，也正是抓住了技术，尤其是管理。由此可见，先进的技术，要有先进的管理与之相适应，否则落后的管理就不能使先进的技术得到充分发挥。管理在现代社会发展中起着极为重要的作用。美国人自己认定，他们是三分靠技术，七分靠管理，才使他们成为世界第一经济强国；日本人自己总结，管理与设备，管理更重要。管理出效率，管理出质量，管理可以提高经济效益。在20世纪80年代初，日本产品能够横扫英国摩托车业，超越美国和德国的汽车制造业，抢夺德国和瑞士的钟表、摄影机、光学仪器等生意，打击美国在钢铁、造船、钢琴、一般用电子产品上的优势，靠的就是管理，特别是依靠企业文化进行管理。

（二）管理的概念

管理的概念从不同的角度和背景，可以有不同的解释。管理的定义是组成管理学理论的基本内容，明晰管理的定义也是理解管理问题和研究管理学最起码的要求。从字面上来看，管理可以简单地理解为"管辖"和"处理"，即对一定范围内的人员及事物进行安排和处理。从词义上，管理通常被解释为主持或负责某项工作。人们在日常生活上对管理的理解也是这样，也是在这个意义上去应用管理这个词。自从有集体协作劳动，就开始有了管理活动。在漫长而重复的管理活动中，管理思想逐步形成。

本书的管理定义，包含着以下含义：管理的目的是有效地实现组织的目标；管理的手段是计划、组织、协调、领导、控制和创新等活动；管理的本质是协调，即利用上述手段来协调人力、物力、财力等方面的资源；管理的对象是人力资源、物力资源、财力资源和各项职能活动；管理的性质是人的有目的的社会活动。

（三）管理的职能

从18、19世纪开始，一些经济学家就已经提出了管理的一些职能。如萨伊强调计划职能的重要性，而经济学的集大成者马歇尔也持这种观点。这一时期，管理职能的提出都是片面的，针对某一方面。从系统的观点最早提出管理职能的学者是法国的亨利·法约尔，他认为管理具有计划、组织、指挥、协调和控制五个职能，即"五职能说"，后来又有很多学者提出了"三职能说""四职能说""七职能说""九职能说"等。在法国管理学者法约尔最初提出计划、组织、指挥、协调和控制五项职能的基础上，又有学者认为人员配备、领导、激励、创新等也是管理的职能。何道谊在《论管理的职能》一书中依据业务过程把管理分为目标、计划、实行、检馈、控制、调整六项基本职能，加之人力、组织、领导三项人的管理方面的职能，系统地将管理分为九大职能。总的来看，管理职能汇总起来大致有：计划、组织、指挥、协调、控制、激励、人事、调配资源、沟通、决策、创新等。目前，管理学界最为广泛接受的是将管理分为计划、组织、领导和控制四项基本职能。

1. 计划职能

计划就是根据组织内外部环境的要求，来确定组织未来发展目标以及实现目标的方式。划职能是指对未来的活动进行规定和安排，是管理的首要职能。在工作实施之前，预先拟定出具体内容和步骤，它包括预测分析环境、制定决策和编制行动方案，可以分为制订计划、执行计划和检查计划三个步骤。

2. 组织职能

组织是指为了实现既定的目标，按一定规则和程序而设置的多层次岗位及其有相应人员隶属关系的权责角色结构。组织职能是指为达到组织目标，对所必需的各种业务活动进行组合分类，授予各类业务主管人员必要职权，规定上下左右的协调关系。组织职能包括设置必要的机构，确定各种职能机构的职责范围，合理地选择和配备人员，规定各级领导的权力和责任，制定各项规章制度等。在组织职能中要处理好管理层次与管理宽度（直接管辖下属的人数）的关系，还应处理好正式组织与非正式组织的关系。

3. 领导职能

领导职能主要指在组织目标、结构确定的情况下，管理者如何引导组织成员去达到组织目标。领导职能主要包括激励下属；指导别人活动；选择沟通的渠道；解决成员的冲突等。

4. 控制职能

控制职能就是按既定的目标和标准，对组织的各种活动进行监督、检查，及时纠正执行偏差，使工作能按照计划进行，或适当调整计划以确保计划目标的实现。控制是重要的，因为任何组织、任何活动都需要控制，而控制是管理职能中最后的一环。

（四）管理的两重性

任何社会生产都是在一定的生产关系下进行的。管理，从最基本的意义来看，一是指挥劳动；二是监督劳动。由于生产过程具有两重性——既是物质资料的再生产过程，同时又是生产关系的再生产过程——因此，对生产过程进行的管理也就存在着两重性：一种是与生产力、社会化大生产相联系的管理的自然属性；另一种是与生产关系、社会制度相联系的管理的社会属性。这就是管理的二重性，也是管理的性质，它是马克思关于管理问题的基本观点。

1. 自然属性

自然属性是管理与生产力、社会化大生产相联系而体现出的性质。由共同劳动的性质所决定，是合理组织生产力的一般职能。这是社会主义和资本主义都相同的，与生产关系、社会制度无关，是我国改革开放后要引进和学习的部分，这部分体现在管理理论、方法与技术方面，是管理学的共性。

2. 社会属性

社会属性是管理与生产关系、社会制度相联系而体现出的性质。由生产关系的性质和社会制度所决定，是维护和完善生产关系的职能，也是社会主义与资本主义的本质区别，是我们坚持有特色社会主义管理的部分，是管理学的个性。

研究管理的二重性，一是有助于我们正确吸收和借鉴国外先进管理理论和管理方法；二是有助于总结和吸收我国古代管理思想的精华；三是有助于对中国当前管理实践的考察与研究。

（五）管理的属性

管理的属性是指管理既是科学也是艺术。罗斯·韦伯说："没有管理艺术的管理科学是危险而无用的，没有管理科学的管理艺术则只是梦想。"现在，人们都已承认管理既是科学，又是艺术，一个成功的管理者必须具备这两方面的知识。管理的知识体系是一门科学，有明确的概念、范畴和普遍原理、原则等。管理作为实践活动是一种艺术，是管理者在认识客观规律的基础上灵活处理问题的一种创新能力和技巧。管理是科学性和艺术性的统一。

首先，管理是一门科学，它是以反映管理客观规律的管理理论和方法为指导，有一套分析问题、解决问题的科学方法论。管理科学利用严格的方法来收集数据，并对数据进行分类和测量，建立一些假设，然后通过验证这些假设来探索未知的东西，所以说管理科学是一门科学。管理是一门科学要求人们在社会实践中必须遵循客观规律，运用管理原理与原则，在理论的指导下进行管理工作。管理已形成了一套较为完整的知识体系，完全具备科学的特点，反映了管理过程的客观规律性。如果不承认管理是一门科学，不按照经济规律办事，违反管理的原理与原则，就会遭到规律的惩罚。

其次，管理是一门艺术。德鲁克说："管理是实践的艺术。"艺术没有统一模式，没有最佳模式，必须因人而异，因事而异。管理者要搞好管理工作，必须努力学习科学管理知识，并用以指导管理工作，在实践中不断提高管理水平。世界管理大师杰克·韦尔奇说过："管理，要靠好的理念来获胜，而不是靠鞭子和枷锁。要把重点放在整个组织的效能发展上，而不是个人权力的扩张和强化。"管理是合理充分地运用一系列已有知识的一门艺术。管理是艺术的根本原因在于管理最终是管人，没有人就没有管理，但人不是标准统一的零件和机器，人是有思维和感情的，管理必须因人、因事、因时、因地，灵活多变、创造性地去运用管理的技术与方法。世界上没有两个同样的人，世界上也没有两个同样的企业。因此，管理永远具有艺术性。

三、经济与管理的区别与联系

在学习中，首先必须明确经济与管理之间的区别与联系，本书之前讲到的经济、管理等问题都是强调了二者之间的区别，下面将介绍二者之间的联系；其次，在日常生活中，人们往往把管理与领导等同起来，把管理和经营混为一谈。其实，经济、经营、管理、领导这些概念之间有本质的区别，是与不同范畴相联系的，彼此之间既相互联系，又相互区分，在概念上有相互交叉处，更有显著的不同之处。下面将对经济与管理、管理与领导、管理与经营这三对概念进行分析，以便对经济、管理这两个概念有更深入的理解。

（一）经济与管理之间的联系

经济与管理是一对孪生兄弟，所有的经济活动中都含有管理活动，所有的管理活动都是在一定的经济规律指导下进行的。经济与管理都有自己的客观规律，与自然规律一样，在一定社会历史条件下的经济规律、管理规律，也具有自己的客观性。人们既不能消灭也不能创造与制定这些经济规律、管理规律，任何管理活动都必须遵循经济规律，按照经济规律的要求办事，否则我们的管理就要受到经济规律的惩罚。

1. 经济规律指导下的管理活动

管理和经济在现实中是不可分割的，不讲经济的管理与不讲管理的经济都是令人难以置信的。在我国早期历史上，经济是经邦济世、经国济民的意思，是讲如何理财和如何管理的社会活动，而在西方语言学中，经济一词的出现则是从古希腊"家庭管理"这个词演变而来的，在当时就是管理的意思。

（1）经济活动中的管理活动

任何一种经济活动都需要有人去管理，没有管理的经济活动是不存在的。早期色诺芬根据自己亲自经营和管理庄园的经验写成的《经济论》一书，又名《家庭管理》，此书中体现了经济与管理的一致性。第一，该书首先提出了经济管理的研究对象，是如何让优秀的主人管理好自己的财产，这是确定管理者的问题；第二，该书明确提出了管理的中心任务，是使原来的财富不断得到增值，这是管理目标问题，也是经济研究的核心问题；第三，提出对驯服的奴隶给予较好的待遇，认识到管理要因人而异，可以说这是以人为本管理思想的雏形；第四，首次分析了社会分工的重要作用，这是后来管理学上有关组织问题的萌芽。到了 20 世纪20—30 年代，在管理理论大发展时期，管理理论广泛地吸收了经济学、人际关系学等方面的知识，从而产生了微观经济意义上的管理和宏观经济意义上的管理。

从某种意义上说，企业经营的状况和变化，都是经济规律制约下一定管理行为的结果。有什么样的管理，就会有什么样的经济状况；一定的经济状况，又反映了管理活动的相应水平，这是经济规律制约下管理活动的普遍规律。在社会主义市场经济条件下，微观经济意义上的厂商管理和家庭管理都是在追求利润或效用最大化，企业要按照自主经营、自负盈亏、依靠市场导向进行管理，这种管理水平则直接影响经济实体的经济效益、竞争力和兴衰存亡。宏观经济意义上的管理是指在自觉掌握和运用社会发展、经济发展客观规律的前提下，对整个社会以及国民经济的性质、任务、特点、条件等进行估量分析以及科学的预测，制定社会和国民经济的发展方针、计划、目标、政策和制度，确定其发展的根本原则和方法。宏观管理一般包括广义的社会管理、经济管理、信息与发展的管理以及对其各自领域的管理，对中观管理和微观管理起引导、指导和向导的作用。如果没有科学的宏观管理，整个经济环境不好，企业的经济活动也无法正常实施。宏观经济意义上的管理最主要体现在国民经济管理上，国民经济管理是广泛运用社会科学、自然科学、技术科学等多学科知识，研究宏观经济运行规律及其管理机制，它主要研究对国民经济进行科学的决策、规划、调控、监督和组织，以保证整个国民经济的有效运行，主要包括消费需求管理、投资需求管理、经济增长调控、产业结构转换与产业组织优化、区域经济管理、涉外经济管理、收入分配调控与社会保障等。

由此可见，在人类历史的长河中，管理活动和经济活动历来就像一对无法分离的亲兄弟，更明白地说，任何一种管理活动都是经济活动中的管理活动。

（2）管理活动中的经济规律

在现实经济生活中，任何管理活动都必须遵循客观的社会规律、经济规律和社会心理规律等，其中经济管理活动必须在经济规律指导下进行。经济规律是指在商品生产、服务和消费等过程中各种复杂的经济联系和现象的规律性。经济规律是经济现象和经济过程内在的、本质的、必然的联系和关系。比如供求规律，它就是指市场上的商品价格由商品供求状况来做出决定的规律，供求双方或其中任何一方的变动，都会引起商品价格的变动，这个规律是客观存在的。企业管理者在投资、生产、销售、定价等工作中，就必须掌握和应用经济规律，不能违背经济规律，因为经济规律是客观存在的，是不以人们的意志为转移的。尊重经济规律，是每一个管理工作者应有的科学态度，人们可以认识和利用经济规律，但不能无视经济规律，凡是不按照经济规律办事的做法，不管当时的动机如何，最终都不可避免地要受到经济规律的处罚。在我国管理史上这样的教训是屡见不鲜的，教训是十分深刻的。

2. 利润最大化（或效用最大化）目标下的管理活动

（1）利润最大化目标下的企业管理活动

企业是经济研究的对象，也是管理研究的对象，企业是营利性的经济组织，实现利润最大化是每一个企业最重要的经营目标。利润最大化表现为成本既定情况下的产量最大，或产量既定情况下的成本最小。企业追求利润最大化是在管理科学、规范的条件下实现的，企业管理规范、科学，才能获得较高的利润，才能为消费者提供更多更好的商品，才能有能力研制新的产品，才能向国家提供更多的税金，才能使员工得到更多的收入，一句话，企业才有可能获得更好的发展，它是企业生存和进步的必要条件。因此，在环境、技术、设备、资金、主业情况基本相同的条件下，管理科学化是实现利润最大化的最重要条件，为此，企业在管理上要尽量做到以下三点：首先，扩大产品的市场需求量，努力提高产品的竞争能力。有需求才能有效生产，有生产才能有效益。其次，加强经济核算，努力降低生产成本。利润是收益与成本之差，成本越低，利润就越高。最后，大力发展生产，努力扩大经济规模。产品的生产规模对生产成本有很大的影响，只有在一定的经济规模下进行生产，才能实现既定产量下的成本最小。

（2）效用最大化目标下的个人管理活动

消费者每天都涉及管理问题，如一天中时间的管理与分配，手中的钱如何管理才能够升值，消费者每天都要就如何配置稀缺的钱和时间做出无数个抉择。当消费者平衡各种各样的需求与欲望时，就是在做出决定自己生活方式的各种选择、决策。消费者是在效用最大化的条件下来做出管理决策的，效用最大化是经济学研究的主要问题，也就是说个人是在效用最大化目标下从事个人的理财、时间管理等活动的。

3. 不同体制下的管理活动

资源配置和资源利用的运行机制就是经济制度。从历史的角度看，解决资源配置与资源利用的经济制度先后有自给自足的自然经济制度、计划经济制度、市场经济制度和混合经济制度四种。任何一种社会经济制度都面临着如何把它既定的相对稀缺的生产资源有效率地分配使用于各种途径的问题，即"生产什么""如何生产"和"为谁生产"的问题。如何配置和利用资源，在不同的经济制度下，有不同的管理方式。从人类发展的历史来看，主要有分散型管理、团队型管理和混合型管理三种。

从经济发展的历史来看，任何经济活动最初始的决策者都是单个的人，这些单个人对自己物品的管理以及单个人所从事的活动，都可以称为分散型管理。分散型管理的优点是管理主体能够对自己的劳动资源进行很好的控制；独立的决策权可以使决策主体的动力得到根本保障。但分散型管理的缺点是由于个人能力的限制，决策失误的概率较大；分散型管理势必会加大交易费用，使决策成本增高。

团队型管理是对资源进行配置的另一种极端方式，即"生产什么""如何生产"和"为谁生产"的问题全部由团队讨论决定。相比分散型管理来说，团队型管理可以集思广益，汇总到个人无法比拟的丰富信息，使决策建立在信息准确和全面的基础上；团队型管理可以充分发扬民主，避免个人的主观片面性。但团队型管理的时效差，反复磋商讨论会延误决策时机；团队型管理的人员多，管理成本必然高；团队型管理往往会导致无人负责或推卸责任的情况发生。

在现实生活中，经常见到的是分散型管理与团队型管理相结合的混合型管理。在企业生产经营中，决策权、人权、财权、最终决定权往往要采取团队型管理，而一些执行权、业务权等往往采取分散型管理。

4. 管理与经济效益

经济利益是企业和员工发展的共同动力，经济效益又是检验企业管理绩效的重要指标，如何使两者得到兼顾与协调，是经济管理中一个重要问题。

（1）管理与利益驱动

经济利益是物质的统称，是指在一定社会经济形式下，人们为了满足需要所获得的社会劳动成果。经济利益是经济关系的表现，是人们从事生产和其他一切社会活动在物质方面的动因，从根本上说，人们为了获得自己生存需要的物质文化生活资料，即物质利益，必须进行管理活动，有效地管理才能实现社会经济利益。在追求自身的物质利益，实现个人利益的过程中，一个人的管理能力起到主要作用，而个人的素质、敬业也是首要条件。个人利益与社会利益在许多情况下是一致的，但有时又是不一致的。当需要人们的个人利益服从社会利益的时候，或者说需要管理者能够自觉地以社会利益去约束自己个人利益的时候，管理者的素质高低将起到关键作用。加强管理者素质教育与培养，并非无视人的个人利益，而是使管理者能够懂得利用人们的利益驱动来进行管理，实现个人利益和社会利益的统一。

（2）管理与经济效益

经济效益是指经济活动中劳动占用、劳动耗费与劳动成果之间的对比关系。经济效益的高低与管理有很大关系。企业中管理规范，就会在生产同等成果的条件下，减少生产中的劳动占用和劳动耗费；或在劳动占用和劳动耗费相同的条件下，多生产一些劳动成果。劳动占用或劳动耗费与经济效益两者之间成反比的关系，一定的劳动占用或劳动耗费所获得劳动成果越多，经济效益就越好；反之，经济效益则越差。经济效益的高低是管理水平的标志。经济效益是衡量企业管理水平高低的重要标志，凡是那些能从市场需求状况出发，并努力采用新技术，不断降低成本，不断完善企业管理和提高管理水平的企业，一般都会产生好的经济效益。

（二）管理与领导的联系与区别

在管理学界，对管理与领导关系的认识有所不同，存在着很大争议。

1. 领导与管理的联系

对于领导与管理之间的关系，目前管理学界普遍认为领导是管理的一项职能，领导是从管理中分化出来的相对独立的组织行为，各自具有不同的功能和特点。也有的观点认为管理是领导的一项职能，凡是领导都要管理，只不过是管理人还是管理物、信息等，即一个负责人既要从事领导工作，也要承担管理工作。一个组织的负责人管理人时，管理者就是领导；管理物时，负责人就是管理者。还有一种观点认为领导就是管理，而管理不一定是领导。从以上观点来看，不管哪种观点，都说明了领导与管理之间关系密切，说明领导和管理在社会活动的实践以及社会科学的理论方面，都具有较强的互补性、相容性和复合性。

2. 领导与管理的区别

领导与管理之间虽然联系紧密，但二者之间存在着本质的差别，而且随着社会化程度的提高，这种差别将会愈来愈突出。

（1）含义不同

领导是率领并引导某个组织朝一定方向前进，一般包括引导、导向、带领、率领和指挥等含义；管理是负责并促使某项工作顺利进行，一般包括管辖、处理、约束、运用和安排等含义。

（2）任务不同

领导的主要任务是给组织指引前进方向，为组织确定奋斗的目标；一个组织如果没有奋斗的目标和前进的方向，其一切行为就会成为无源之水、无本之木，都将失去意义；管理的任务在于贯彻落实领导提出的路线、方针和政策，促使目标的实现，推动组织向既定的方向迈进。一个组织如果缺乏强有力的管理，一切目标和指向都将成为空洞的口号。

（3）对象不同

管理的对象主要是事，虽也包括人，但多为物、财、信息及管理系统，通过制定各种规章制度、作业手册等来保证管理对象的正常运转；而领导的对象主要是人及其组织：通过调动部属的热情和积极性，激发下属的潜在需求、价值观和情感，实现组织的目标。

（4）作用不同

领导的作用主要是统帅和协调全局性的工作，为了有效地指挥一个部门、一个组织的全局活动，领导者要经常协调和解决下属各部门之间的分歧和摩擦，使整个组织和谐发展。管理的作用主要是做好领导安排的局部范围或某一方面工作，管理者经常要处理好具体部门的业务工作，如质量管理、生产过程控制、产品分析等。领导追求的是整个组织乃至整个社会效益，管理侧重于追求某项工作的效益。

（5）途径不同

领导通过决策为组织指明方向，并通过激励促使下属沿着正确方向前进，克服前进中的困难；管理则通过强制的办法将人们置于正确的方向并实现对其控制。领导通过满足人们的基本需要，激励他们实现问题的有效解决，管理则通过各种制度约束来促使问题的解决。

（6）工作重点不同

领导着重于分析研究和解决本部门与外界相关的重大、长期和广泛的问题；管理工作则注重于解决部门内的一些非重大、短期、策略性和技术性的具体问题。如省、市领导主要是落实中央、国务院制定的方针政策和省委的决定，考虑直属下级的机构设置和重大人事任免，处理影响全面工作的重大问题等。下属部门的日常工作，均属下级管理活动的范围，领导者不应过多干预。正如《古罗马法典》曾经指明的那样：行政长官不宜过问琐事。领导的效能是依靠权威而发挥引导、影响的作用来实现的，管理则要通过对具体资源的安排和配置来实现管理目标的。

（7）时空观不同

领导者着眼于长远，其所确定的目标多在3~5年甚至更长，因为领导者所研究的目标都是一个组织或部门的重要目标，没有足够的时间是无法完成的；管理者在计划和预算中只注重几个月多则一二年，因为管理者要通过完成一个又一个短期目标来支撑领导提出的中长期目标。同时由于领导要统率全局，因此更加注重系统性问题、宏观性问题和外部联系性问题，而管理则注重于微观问题和细节问题。

（8）风险意识不同

一般而言，领导者经常追求有风险甚至危险的工作，越是机会诱人，冒险工作的决心就越大，他希望通过有挑战性的努力获取更大的效益；管理者更加看重秩序，会本能地回避风险或想方设法排除风险。领导的职责不是维持现状而是推进组织变革，千百年来多少领袖人物概莫能外，有的轰轰烈烈，有的循序渐进，虽然方式不同，但任务都是要确定一个目标，然后带领一批人历尽千辛万苦向这一目标迈进；管理者则更加强调维持秩序，因而更习惯于限制，习惯于恪守长期形成的管理原则和制度，因为没有规矩就没有方圆，不积跬步无以至千里，因此他们总是小心地看待变革，谨慎地对待风险。

（9）用人方略不同

领导者择人的标准是适应，即适应确定岗位的各方面要求，要能统领他所要负责的部门或组织；管理者择人的标准是专业化，选择经过专业培训的人来担任各项工作，这样他的工作才能有条不紊，才能更加周密细致。在人员使用上，领导者注重目标激励，注重通过沟通和激励来调动人的积极性，对有问题的人员注重教育；管理者则注重执行政策，强调员工的服从性，强调通过组织的力量来完成目标，对有问题的员工则注重纪律处分。

（10）处理问题的方法不同

领导者主要处理变化性问题，通过开发未来前景而确定前进方向，然后把这种前景与组织中的其他员工进行交流，并通过授权、扩展的激励手断，不时创造一些惊喜来鼓舞他们克服困难达到既定目标；管理者主要处理复杂性问题，常常侧重于抑制、控制和预见性，通过制定规划、设计规范的组织结构以及监督计划实施的结果达到有序的状态。对待长期性问题，领导者力图拓展新的思路启发人们新的选择空间；管理者总是习惯于限制性选择，难以给人们提供想象发挥空间。

（11）情感表现不同

在与他人的关系中，领导者关心的是事情以及决策对参加者意味着什么；管理者关心的是事情该怎样进行下去，因而在工作中和与人交往中领导者与管理者的情感表现是不同的。领导者常常对工作、对人充满热情和感召力，使用的语言常富有感情色彩，会用极大的热情去描绘未来前景，以唤醒人们强烈的情感，自我超越的欲望推动着他们去不断争取心理和社会的变革。他会给组织带来紧张和不安分，因而常常产生意想不到的收获。管理者无论对待工作还是对待他人都较少情绪化，缺乏一种凭直觉感受他人情感和思想的能力，在与他人的相处中，一方面也努力寻求合作，另一方面却又不愿过多投入情感，从而显得缺乏热情和活力，对所处的环境有归属感，认为自己是现有秩序的维护者和监管者，社会赋予了他们指导组织以及平衡现有社会关系的管理能力。

（12）素质要求不同

有人把领导与管理比喻为思想和行为，从某种程度上说明领导者和管理者的素质要求是不同的。如果说管理者是有效地把事情做好，那么领导者则要确定管理者所做的事情是否正确。管理行为的从业人员强调专业化，领导行为的从业人员注重于综合素质和整体能力。因此，领导者必须站得更高看得更远，必须能为组织指明前进的方向并告知奋斗目标，必须以敏锐的眼光和超常的智慧寻找到发展的机遇，判定风险所带来的效益。领导者必须投入极大的工作热情才能带动群众工作的热情。管理者是问题的解决者，管理不需要天才也不需要英雄主义，但是要有坚持不懈、持之以恒、勤奋工作的思想品质，有分析能力和忍耐力，特别是忍耐能力对一个优秀的管理者而言是十分重要的。

由此可见，领导与管理的区别是深刻而广泛的，领导具有务虚性，注重目标和方向；管理具有务实性，注重贯彻和落实。领导具有全局性，注重整个组织和社会的利益；管理具有局部性，注重某一局部和某项工作的利益。领导具有超脱性，不管具体事务；管理具有操作性，必须事无巨细。领导具有战略性，注重组织长期和宏观的目标；管理具有战术性，注重短期内的和具体的任务的完成。领导的功能是推进变革，管理的功能维持秩序。领导善于激发下属创新，管理者习惯告诉下属按部就班。领导者具有较大的可变性，乐于追求风险和变革，管理者具有较强的预测性，往往回避风险。领导具有超前性，管理具有当前性。领导者富于感情，管理者注重平衡。领导者善于授权和扩张，管理者乐于限定和控制。领导者善于思考并产生新的思想，管理者善于行动并进行新的验证性实践。

美国著名学者史蒂芬·柯维曾形象地做了这样一个比喻：一群工人在丛林里清除低矮灌木。他们是生产者，解决的是实际问题。管理者在他们的后面拟定政策，引进技术，确定工作进程和补贴计划。领导者则爬上最高的那棵树巡视全貌，然后大家嚷道："不是这块丛林。"韦尔奇先生也以其丰富的领导实践和人生感悟，形象地指出："把梯子正确地靠在墙上是管理的职责，领导的作用在于保证梯子靠在正确的墙上。"这种描述十分形象地揭示了领导与管理之间的差异。

（三）管理与经营的关系

经营是商品经济所特有的范畴，是商品生产者的职能。企业经营是指在企业活动过程中，为实现企业目标所进行的一系列筹划活动。如企业对市场的选择，对产品的选择，对材料和设备的选择，以及对消费者、市场行情的研究，对竞争者的研究等，都属于经营活动。要把一个企业办好，除了要做好生产过程组织、质量管理、人力资源开发与管理、企业设备管理、管理信息系统等生产管理工作外，还要根据企业内部和外部的实际情况，对企业的发展方向、奋斗目标等做好企业战略环境分析、企业内部战略要素分析、企业经营战略分析、企业战略的选择与评估，把研究结果变成科学的决策和实际行动，尽量获得更大的经济效益，这些就是企业的经营。所以，经营是指个人或团体为了实现某些特定的目的，运用经营权使某些物质（有形和无形的）发生运动从而获得某种结果的人类最基本的活动。

经营与管理之间的联系是：经营和管理是企业的重要环节，一般将营销和生产称作经营，而其他部分的内容称为管理。企业运营都会包括经营和管理这两个主要环节，经营是指企业进行市场活动的行为，而管理是理顺工作流程、发现问题的行为。经营与管理是相互渗透的，经营中的科学决策过程便是管理的渗透，而管理中一些观念也是经营意识的体现。

经营与管理的主要区别在于：从它们的产生过程来看，管理是劳动社会化的产物，而经营则是商品经济的产物；从它们的应用范围来看，管理适用于一切组织，而经营则只适用于企业；从它们要达到的目的来看，管理旨在提高组织效率，要节流，要控制成本，而经营则以提高经济效益为目标，要开源，要赚钱；从二者的关注点来看，经营是对外的，追求从企业外部获取资源和建立影响；管理是对内的，强调对内部资源的整合和建立秩序；经营是扩张性的，要积极进取，抓住机会，胆子要大；管理是收敛性的，要谨慎稳妥，要评估和控制风险；从二者的地位来看，经营是龙头，管理是基础，管理必须为经营服务。企业要做大做强，必须首先关注经营，研究市场和客户，并为目标客户提供有针对性的产品和服务；然后企业的各项管理必须跟上，只有管理跟上了，经营才可能有保障，才可能不断提高经营水平，经营水平提高后，又会对管理水平提出更高的要求；从两者的内容构成看，管理是经营的一部分。法约尔认为，企业经营包括以下几个方面：技术活动（生产、制造、加工）；商业活动（购买、销售、交换）；财务活动（筹集和最适当地利用资本）；安全活动（保护财产和人员）；会计活动（财产清点、资产负债表、成本、统计等）；管理活动（计划、组织、指挥、协调和控制）。从这里不难看出经营是企业为实现这一基本目的的全部经济活动。从企业的角度看，管理不包括经营，而经营包括管理。企业经营比企业管理范围更广、内容更复杂，层次也更高。

经营与管理是相互依赖，密不可分的。一方面，忽视管理的经营是不长久、不能持续的，挣回来多少钱，就又会浪费掉多少钱。另一方面，忽视经营的管理是没有活力的，是僵化的，为了管理而管理，为了控制而控制，只会把企业管死。

第二节　经济管理研究的内容

随着商品经济的发展和社会分工的深化，人类经济管理活动的内容越来越复杂、丰富，专业化程度越来越细密，部门分化越来越细；同时，各种经济管理活动之间、经济活动与其他社会活动之间也越来越相互依存、相互渗透。为了适应这种现实经济情况的发展，经济管理的研究范围也愈来愈扩展，研究的内容也越来越庞杂。

一、经济学研究的基本内容

在传统上，理论经济学通常称为一般经济理论，它分为宏观经济学与微观经济学两个分支。微观经济学研究市场经济中单个经济单位即生产者（厂商）、消费者（居民）的经济行为，而宏观经济学则以整个国民经济为对象，来研究考察国民收入、物价水平等总量的决定和变动。微观经济学和宏观经济学是密切相关的，微观经济学是宏观经济学的基础，二者是个体与整体之间的关系，是互相补充的，所以要理解宏观经济理论和政策，就必须了解微观经济理论和政策。

（一）微观经济学

1. 微观经济学的含义

微观经济学是以资源利用为前提，以单个经济单位为研究对象，通过研究单个经济单位的经济行为和相应的经济变量单项数值的决定来说明价格机制如何解决社会的资源配置问题。

2. 微观经济学的特点

微观经济学的核心问题是价格机制如何解决资源配置问题，在理解微观经济学时要注意以下四个特点。

（1）研究的对象是居民与厂商的经济行为

微观经济学研究的对象主体是居民与厂商。居民又称为居民户或家庭，是经济活动中的消费者，同时也是劳动力、资本等要素的提供者。在微观经济学中，假设居民户经济行为的目标是追求效用最大化，即研究居民户在收入既定的条件下，把有限的收入用于购买什么商品，购买多少商品才能实现满足程度的最大化。厂商又称企业，是经济活动中的生产者，同时也是劳动力、资本等要素的消费者。微观经济学中，假设厂商经济行为的目标是追求利润最大化，即研究厂商在成本费用既定的条件下，如何实现产量最大化，或在产量既定的条件下，如何实现成本最小化。

（2）解决的问题是资源配置

微观经济学以资源利用为前提条件，来研究居民户和厂商的资源配置问题，从而使资源配置达到最优化，给社会带来最大的福利。

（3）中心理论是价格理论

在市场经济中，价格是一只"看不见的手"，它始终在引导和支配着居民户和厂商的经济行为，生产什么，如何生产和为谁生产都由市场中的价格来决定。价格像一只看不见的手，调节着整个社会的资源配置，从而使社会资源的配置达到最优化。价格理论是微观经济学的核心内容，决定价格水平的是需求和供给两个因素，需求是消费者行为理论研究的，供给是厂商行为理论研究的，二者就像剪刀的两个刀片共同决定了支点，即均衡价格。

（4）研究方法是个量分析

微观经济学研究的都是某种商品的产量、价格等个量的决定、变动和相互间的关系，而不涉及总量的研究。

3. 微观经济学的三个基本假定

任何一个理论的成立都是有一定前提条件的。微观经济学理论也是以一定的假设作为前提条件的。在微观经济学理论的众多假设条件中，完全理性、市场出清和完全信息是最基本的假设条件。

（1）完全理性

微观经济学假设居民户和厂商的经济行为是理性的，消费者花费一定的收入进行消费，使自己获得最大的满足，即追求效用最大化；厂商追求利润最大化。在微观经济学中，居民户和厂商的个体最优化行为起着关键的作用，正因为每个消费者和厂商的行为都是最优的，所以价格的调节才能使整个社会的资源配置实现最优化，完全理性的价格调节是整个社会的资源配置实现最优化的前提。经济学认为，人都是自私的，首先要考虑自己的经济利益，在做出一项经济决策时，要对各种方案进行比较，选择一个花费最少，获利最多的方案。这样的人就是"经济人"，其行为是有理性的经济行为。理性的经济行为也可以表述为最优化的行为。

（2）市场出清

商品价格具有充分的灵活性，使市场的需求与供给迅速得到平衡，可以实现资源的充分利用，不存在资源闲置或浪费。也就是在价格可以自由而迅速地升降的条件下，市场一定会实现充分就业的供求平衡状态。

（3）完全信息

完全信息是指消费者和厂商可以免费、迅速、全面地获得各种市场信息，消费者和厂商只有具备完备而迅速的市场信息才能及时对价格信号做出反应，以实现其行为的最优化。比如对于消费者来说，完全信息是指消费者完全了解想购买商品的价格、性能、使用后自己的满足程度等。

假设在现实中并非完全符合实际，是不是说假设就没有意义呢？并非如此，经济分析做出假定，是为了在影响人们经济行为的众多因素中，抽出主要的、基本的因素，在此基础上，可以提出一些重要的理论来指导实践。假设是理论形成的前提和条件，但假设在大体上不违反实际情况。

4. 微观经济学的内容

（1）价格理论

价格理论，也称为均衡价格理论，主要研究商品的价格是如何决定的以及价格如何调节整个经济的运行。

（2）消费者行为理论

研究消费者如何把有限的收入分配到各种物品和服务的消费上，以实现效用的最大化。解决生产什么和生产多少的问题。

（3）厂商行为理论

厂商行为理论，也叫生产者行为理论，研究厂商如何把有限的稀缺资源用于各种物品或服务的生产上，从而实现利润最大化。厂商行为理论包括生产理论（研究资源要素与产量之间关系）、成本收益理论（研究成本与收益之间关系）和市场结构理论（研究不同的市场结构条件下，厂商产量和利润的决定）。

（4）收入分配理论

研究生产出来的产品按照什么原则来分配，也就是研究生产要素的报酬是如何决定的，即工资、利息、地租和利润是如何决定的。解决为谁生产的问题。

（5）市场失灵与政府干预

主要研究市场失灵产生的原因、解决办法以及政府干预的必要性。

（二）宏观经济学

1. 宏观经济学的含义

宏观经济学是以资源配置为前提，以整个国民经济为研究对象，通过研究经济中总体问题以及各有关经济总量的决定及其变化，来说明社会资源如何才能够得到充分利用。总体问题包括失业、通货膨胀、经济波动、经济增长等，经济总量包括国民收入、失业率、物价水平、经济增长率、利息率等的变动。

2. 宏观经济学的特点

在理解宏观经济学定义时，要注意以下各个特点。

（1）研究的对象是整个国民经济

宏观经济学研究的是整个国民经济的运行方式和规律，从总体上来分析经济问题。它不研究经济中的单个主体，即居民户和厂商的行为，而是研究由居民户和厂商组成的整体。

（2）解决的问题是资源利用

宏观经济学以资源配置为前提条件来研究资源是充分利用了还是闲置了、通货膨胀对购买力产生的影响、经济增长的途径等宏观经济问题。

（3）中心理论是国民收入理论

宏观经济学以国民收入的决定为中心来研究资源利用问题，从而分析整个国民经济的运行。宏观经济学就是运用国民收入理论来解释失业、通货膨胀、经济周期、经济增长和宏观经济政策等。

（4）研究方法是总量分析

宏观经济学研究个量的总和与平均量的决定、变动及其相互关系，并通过这些总量的变动来分析说明国民经济的运行状况以及宏观经济政策的决定理由。

3. 宏观经济学的基本假定

（1）市场失灵

市场机制发挥作用的前提是完全竞争的市场结构，但在现实生活中由于公共物品、外部性、垄断和信息不对称等的存在导致市场机制无法达到最优的资源配置。这种假定是政府干预经济的前提。

（2）政府有能力调节经济，纠正市场经济的缺陷

市场失灵只是为政府干预经济提供了前提，但政府究竟能不能解决市场失灵问题，还得看政府有没有这个能力。宏观经济学假设政府有能力调节经济，有能力纠正市场经济的缺陷，并能达到最优化的资源配置。

4. 宏观经济学的内容

（1）国民收入理论

国民收入是衡量资源利用情况和整个国民经济运行情况的基本指标。国民收入理论就是从总供给和总需求的角度来分析国民收入的决定及其变动，它包括国民收入核算体系和国民收入决定理论，是宏观经济学的中心。

（2）失业和通货膨胀理论

宏观经济学从有效需求不足的角度来分析失业，并且把失业与通货膨胀理论联系起来，分析二者的原因、相互关系以及解决途径。

（3）经济周期与经济增长理论

经济周期理论是研究国民收入的短期波动，而经济增长理论则是研究国民收入的长期增长趋势。

（4）宏观经济政策理论

宏观经济政策是国家干预经济的具体措施，主要包括政策目标、政策工具和政策效应。

（三）微观经济学与宏观经济学的关系

微观经济学是研究经济中居民户和厂商的经济行为，宏观经济学是研究经济运行中的总量，二者之间在研究的对象、解决的问题、中心理论和研究方法上不同。尽管微观经济学与宏观经济学有以上不同，但作为经济学的两个组成部分，它们并不是互相割裂，而是相互关联、互为前提、彼此补充的两个分支学科，如图2-1所示。

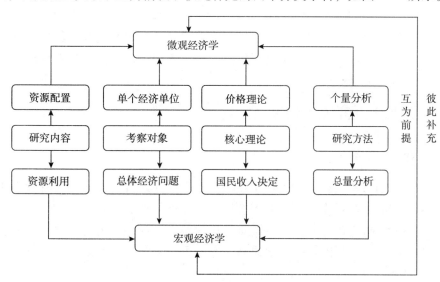

图2-1 微观经济学和宏观经济学的关系

第一，微观经济学与宏观经济学是互相补充的。经济学的目标是要实现社会经济福利的最大化，二者的最终目标都是通过对人们经济活动提供正确的指导，来实现资源的优化配置和有效利用，从而实现整个社会经济福利最大化。为了达到这一目的，既要实现资源的最优配置，又要实现资源的充分利用。微观经济学与宏观经济学分别解决资源配置与资源利用问题，正是从不同的角度来说明社会经济福利最大化的实现，所以，它们之间是相互补充的，而不是相互排斥或互不相关的。

第二，微观经济学与宏观经济学都采用了实证分析法，属于实证经济学。这就是说，它们都要说明经济现象本身的内在规律，即解决客观经济现象是什么的问题，而不涉及应该是什么的问题。经济学的科学化也就是经济学的实证化，努力使所研究的问题摆脱价值判断，只分析经济现象之间的联系，是微观经济学与宏观经济学共同的目的。所以，实证分析是微观经济学与宏观经济学的共同方法论。

第三，微观经济学与实证经济学都以市场经济制度为背景。不同的经济在不同的经济体制条件下运行，不同经济体制条件下的经济运行有不同的规律。经济学总是以一定的经济制度为背景的，经济学总离不开一定的经济制度。微观经济学与宏观经济学都是市场经济的经济学，分析市场经济条件下经济的运行规律与调控。市场经济体制是它们共同的背景，它们都是在假定市场经济为既定的前提下来分析经济问题的。

所以，经济学并不适用于计划经济，也不完全适用于从计划经济体制向市场经济体制转化的转型经济。微观经济学与宏观经济学都以市场经济制度为背景，所以，在分析具体问题时，都把这一制度作为既定的条件。

第四，微观经济学是宏观经济学的基础，宏观经济学是微观经济学的自然扩展。整个经济状况是单个经济单位行为的总和，所以，分析单个经济单位（即居民和厂商）行为的微观经济学就是分析整体经济的宏观经济学的基础。这一点已为所有经济学家所承认。但对于如何把微观经济学作为宏观经济学的基础，不同流派的经济学家则有不同的解释，至今也没有一致的认识。目前在宏观经济学中影响较大的理性预期学派主张从微观经济学的市场出清与完全理性假设出发来把微观经济学与宏观经济学统一起来，但也并没有完全成功。

二、管理学研究的基本内容

（一）管理学的研究对象

管理学研究的对象包括生产力、生产关系、上层建筑等三个方面。管理学研究的对象是揭示管理的客观规律性，即如何按照客观自然规律和经济规律的要求，合理组织生产力，不断完善生产关系，适时调整上层建筑以适应生产力的发展，并从管理中总结、归纳、抽象和概括出来的科学原理，它着重研究管理的客观规律和具有共性的基本理论。具体要研究以下三个方面。

1. 合理组织生产力

主要研究如何配置组织中的人力、财力、物力等各种资源，使各要素充分发挥作用，以实现组织目标和社会目标的相互统一。因此，怎样计划安排、合理组织以及协调、控制这些资源的使用以促进生产力的发展，就是管理学研究的主要问题。

2. 完善生产关系

主要研究如何处理组织中人与人之间的相互关系，尤其是管理者与被管理者之间的矛盾关系问题；研究如何建立和完善组织机构设立、人员安排以及各种管理体制问题；研究如何激发组织内部成员的积极性和创造性，为实现组织目标而服务。

3. 适时调整上层建筑

主要研究如何使组织内部环境与其外部环境相适应的问题；研究如何使组织的规章制度与社会的政治、经济、法律、道德等上层建筑保持一致的问题，建立适应市场经济发展的新秩序和规章制度，从而维持正常的生产关系，促进生产力的发展。

（二）管理学研究的内容

根据管理的性质和管理学的研究对象，管理学研究的主要内容包括以下几个方面。

1. 管理理论的产生和发展

管理理论与方法是一个历史的发展和演化的过程。管理理论和管理思想的形成与发展，反映了管理学从实践到理论的发展过程，研究其产生和发展是为了继往开来，继承发展和建设现代的管理理论。通过对管理理论的产生和发展的研究，可以更好地理解管理学的发展历程，有助于掌握管理的基本原理。

2. 现代管理的一般原理与原则

任何一门科学都有其基本的原理，管理学也不例外。管理的基本原理是指带有普遍性的、最基本的管理规律，是对管理的实质及其基本运动规律的表述。诸如决策的制定、计划的编制、组织的设计、过程的控制等，这些活动都有一个基本的原理和原则，是人们进行管理活动都必须遵循的基本原则。

3. 管理过程以及相应的职能

主要研究管理活动的过程和环节、管理工作的程序等问题。此外，还要研究管理活动的效益和效率与管理的职能之间的密切联系。管理职能主要是计划、组织、领导与控制，这是管理最基本的职能。

4. 管理者及其行为

管理者是管理活动的主体。管理活动成功与否，与管理者有着密切关系。管理者的素质高低、领导方式、领导行为、领导艺术和领导能力，对管理活动的成功起着决定性的作用。

5. 管理方法

管理方法是实现管理目标所不可缺少的，因而它是管理学研究的重要内容。管理的方法很多，如行政方法、经济方法、法律方法等。一般而言，凡是有助于管理目标实现的各种程序、手段、技术都可以归于管理方法的范畴，所以管理方法包括各种管理技术和手段。管理功能的发挥，管理目标的达到，都要运用各种有效的管理方法去实现。

6. 分类管理学理论与方法

管理学一方面是一门应用多学科的理论、方法、技术而形成的综合性交叉科学，另一方面又与实践活动紧密相连，这就造成管理学的内容十分庞杂，甚至一些长期研究管理学的学者也很难理清管理学的内容体系。当研究某个部门的管理活动时，往往有企业管理、科技管理、教育管理、卫生事业管理、国际贸易管理、公共行政管理等。

三、研究的内容

作为一名当代大学生，为了适应市场经济的需要，应该了解很多经济管理方面的知识，以合理地处理日常生活中经常遇到的经济管理问题以及工作中所面临的问题。目前，我国大学里面很多专业的学生都缺乏现代的经济知识，不能很好解释和处理各种经济管理现象。作为一个非经济管理类专业的大学生，为了提高自身的文化素养，必须掌握以下最基本的理论知识。

一是市场经济理论，主要了解市场经济、市场机制、市场体系和现代企业制度四个方面的内容。二是宏观经济分析，主要掌握宏观经济分析的各种指标、就业与失业、总需求与总供给、宏观经济政策分析。三是企业管理基础知识，主要了解现代企业经营管理、现代企业生产管理和现代企业战略管理的基础知识。四是市场营销基础知识，主要掌握分析市场营销机会、市场营销管理、制定营销策略等方面的能力。五是货币银行基础知识，主要掌握货币与货币制度、利息与利息率、金融市场与金融工具、金融机构体系以及货币供求与均衡等方面的知识。六是会计基础知识，主要掌握会计科目与账户、复式记账原理及其应用、工业企业主要经营过程的核算和成本计算、会计凭证与会计账簿、财产清查与财务会计报告等内容和方法。七是统计基础知识，主要掌握统计设计、统计调查、统计整理的方法和综合指标、统计指数的计算以及相关分析与回归分析。

第三节　研究经济管理的方法

学习和研究一门科学，要掌握正确的方法，毛泽东曾指出："我们不但要提出任务，而且要解决完成任务的方法问题，我们的任务是过河，但是没有桥或没有船就不能过，不解决桥或船的问题，过河就是一句空话，不解决方法问题，任务也只是瞎说一顿。"因此，掌握一定的科学方法是研究和学习经济管理不可少的内容。

一、研究经济管理的一般方法

（一）研究经济管理的方法论基础

研究经济管理的方法论基础是指在研究经济和管理现象时是以辩证唯物主义和历史唯物主义为哲学基础，还是以唯心主义或机械唯物主义为哲学基础。唯心主义或机械唯物主义往往不能尊重客观事实和经济现象的本质联系，机械地套用某种原理和方法，对实际情况调查研究不深入，在认识上有主观片面性，往往违背经济管理规律和事物的客观规律来办事。辩证唯物主义和历史唯物主义尊重客观事实和经济现象的本质联系，能够实事求是地、从矛盾的发展变化中、从事物的相互联系中研究各种经济活动和各种经济关系，能够按照事物的客观规律来进行管理活动。这是研究经济管理问题的方法论基础，并不是把资产阶级和社会主义的经济管理对立起来。有些资产阶级经济管理的某些内容或经济管理规律、方法，由于尊重客观事实和经济现象的本质联系，也会不自觉地符合辩证唯物主义和历史唯物主义的方法论。而社会主义经济建设中某些经济管理内容和一些做法，由于对实际情况调查研究的不深入或认识上的主观片面，有时也会陷入教条主义，背离辩证唯物主义和历史唯物主义这一科学方法论。

（二）重视案例研究和分析

在研究经济管理现象中，要选择正反两方面的案例进行剖析、讨论。案例分析法是指通过对经济管理活动的典型案例进行全面分析，从而总结出理论、经验和规律。这一方法在西方国家的经济管理教学中广为采用，无论在理论上或实践上效果都很好。这不但能帮助我们理解经济管理的现象，启发学习经济管理的兴趣和智慧，而且有利于培养并提高自己分析和解决问题的能力。在研究经济管理案例时，要活学活用，不能不顾实践、地点和条件等因素的改变而死记硬背，生搬硬套，这样会给我们的经济管理工作造成巨大的损失。

（三）向经济工作者和管理者学习经济管理知识和能力

从事经济和管理工作是一项科学和艺术相统一的工作。成功的经济工作者和管理者都是活学活用经济学和管理学理论的艺术家。一切希望在经济管理实践中实现自身价值的人，都应该向第一线的经济工作者和管理者学习，包括他们成功的经验和失败的教训，从他们的智慧中汲取营养。

二、研究经济管理现象的具体方法

研究经济管理现象的具体方法是指在研究各种经济管理活动、各种经济关系、管理关系及其规律性时所采取的具体方法，如实证分析法和规范分析法、均衡分析法等，这些研究方法不同于现代经济管理中常用的经济方法、行政方法、法律方法和教育方法等。它们是研究经济现象和管理现象的方法，而不是经济管理实践中采用的方法，它们对于经济和管理的各门学科，也都具有普遍性。只是由于不同的学科在研究对象上有所差别，因而在运用这些研究方法时，也会有所侧重，有所不同。

（一）实证分析法和规范分析法

实证分析法和规范分析法之间的区别主要在于其方法论基础是感性认识论还是理性认识论。人们在研究经济和管理现象时，会有两种态度和方法：一种是只考察经济现象是什么，即经济现状如何，为何会如此，其发展趋势如何，至于这种经济管理现象好不好，该不该如此，则不做评价。这种研究方法称为实证分析法。另一种是对经济现状及变化做出好与不好的评价，或是该与不该的判断，这种研究方法被称为规范分析法。

1. 实证分析法

实证分析法撇开或回避一切价值判断（即判断某一经济事物是好是坏，对社会有无价值的判断，属于社会伦理学范畴，具有强烈的主观性与阶级性），在做出与经济管理行为有关的假定前提后，只研究现实经济管理事物运行的内在规律，并分析和预测这些内在规律下人们经济管理行为的效果。它力求说明"是什么"或"怎样"的问题，或回答如果做出某种选择，将会带来什么后果的问题，而不回答是否应该做出某种选择的问题。实证分析法研究的内容具有客观实在性，其结果可以用事实、证据或者从逻辑上加以证实或证伪，因此，实证分析的命题有正确和错误之分，其检验标准是客观事实，所以实证研究的目的是了解经济和管理如何运行。从原则上说，实证分析法不涉及价值判断，旨在回答"是什么""能不能做到"之类的实证问题。

2. 规范分析法

规范分析法是以一定的价值判断为出发点，提出某些伦理信条和公平标准等作为分析处理经济和管理问题的标准，并研究如何才能符合这些标准，它力求回答"应该是什么"或"应该怎样"的问题，它涉及是非善恶、应该与否、合理与否的问题。由于这类问题涉及伦理、价值是非，所以只能靠政治辩论和决策来解决，而不能仅仅依靠经济和管理活动来解决。

3. 实证分析法和规范分析法的区别

实证分析法和规范分析法作为两种不同的经济管理分析方法，具有三个方面的区别。第一，有无价值判断。规范分析法是以一定的价值判断为基础的，而实证分析法则避开价值判断。第二，二者要解决的问题不同。规范分析法要解决"应该是什么"的问题，而实证分析法要解决"是什么"的问题。第三，内容是否具有客观性。规范分析法由于以一定价值判断为前提条件，不同的人得到的结论是不同的，而实证分析法的内容则具有客观性，可以用客观事实来检验其正误。

在分析经济管理现象时，实证分析法是主要的方法，当然规范分析法也是不可缺少的。二者是互相联系、互相补充的，规范分析要以实证分析为基础，而实证分析也离不开规范分析的指导。

（二）均衡分析法与边际分析法

均衡分析法与边际分析法是分析经济现象时最常采用的方法。

1. 均衡分析法

最早在经济学中使用均衡概念的是19世纪末的英国经济学家马歇尔。均衡分析法是分析各种经济变量之间的关系，说明均衡的实现及其变动，是经济理论研究的一种重要方法和必要抽象。均衡分析法又可以分为局部均衡分析与一般均衡分析。局部均衡分析是指在假定其他条件不变的条件下，考察单一商品市场均衡的建立与变动。一般均衡分析是指在充分考虑所有市场的相互关系的情况下，考察各个市场之间均衡的建立与变动状况。

2. 边际分析法

边际分析法是经济学的基本研究方法之一。在经济学中，边际是指每单位投入所引起的产出的变化，是增量的意思。边际分析法在经济学中有较多的应用，主要涉及边际成本和边际收益两个重要概念。边际成本是指每增加一个单位的产品所引起的成本增量；边际收益是指每增加一个单位的产品所带来的收益增量。厂商在判断一项经济活动的利弊时，不是依据它的全部成本，而是依据它所引起的边际收益与边际成本的比较。若前者大于后者，这项活动就对厂商有利，反之则不利。边际收益等于边际成本时，厂商的经济活动处于最优状态。

（三）静态分析法、比较静态分析法与动态分析法

1. 静态分析法

静态分析法是指分析某一时点上的经济管理现象，是一种横断面分析，完全抽象掉了时间因素和具体的变化过程，不涉及时间因素所引起的变动。如研究均衡价格时，不考虑时间、地点等因素，并假定影响均衡价格的其他因素，如消费者偏好、收入及相关商品的价格等静止不变，单纯分析该商品的均衡产量和均衡价格的决定。

2. 动态分析法

动态分析法是考虑了时间因素，把经济管理现象当作一个变化的过程，对从原有的状态过渡到新的状态的实际变化过程进行分析的方法，是一种时间序列分析。

3. 比较静态分析法

这是经济学中经常采用的分析方法，是指对个别经济现象的一次变动后，不对转变时间和变动过程本身进行分析，而只是对两个和两个以上的均衡位置进行比较的一种均衡分析方法。

（四）历史研究法和理论联系实际的方法

1. 历史研究法

就是对以往的经济、管理理论与方法以及实践进行研究，以便从中发现和概括出规律性的东西，做到"古为今用，洋为中用"。中华民族是一个具有悠久历史的伟大民族，我国历史上的经济思想、管理思想和一些经济管理经验为世界所瞩目。这些思想与经验有待于我们去总结和发扬。

2. 理论联系实际的方法

理论联系实际的方法有两个方面：一是把已有的经济管理理论与方法运用到实践中去，通过实践来检验这些理论与方法的正确性与可行性；二是通过经济和管理实践和试验，把实践经验加以概括和总结，使之上升为理论，去补充和修正原有的经济和管理理论。

（五）调查研究法、试验研究法和比较研究法

1. 调查研究法

经济和管理的理论和方法来自实践。毛主席曾说过："没有调查研究，就没有发言权。"这是至理名言，应该成为经济管理工作的一条守则。调查研究是市场经济条件下进行经济管理活动的一个最基本要求，是搜集第一手材料的好办法。通过调查才能掌握全面的真实材料，才能弄清经济和管理中的经验、问题、发展趋势，并从大量事实中概括出规律性的东西，作为理论的依据。

2. 试验研究法

这也是一种常用的研究方法，是在一定的环境条件下，经过严格的设计和组织，

对研究对象进行某些试验考察，从而揭示出经济管理的规律、原则和方法。试验研究法是一种有目的、有约束条件的研究方法，应事先作好计划和安排，方能收到良好效果。

3. 比较研究方法

比较研究法是研究经济管理的一个重要方法，是当今比较经济体制学、比较管理学等学科产生与发展的一个基础。通过历史的纵向比较和各个国家的横向比较，寻其异同，权衡优劣，取长补短，以探索经济管理发展的规律。这一方法为当今世界经济管理科学的发展和先进的经济管理经验、方法、理论的传播发挥着巨大的作用，推动了经济管理科学和实践的迅速发展。

（六）定性分析法和定量分析法

1. 定性分析法

定性分析法亦称非数量分析法，是一种在没有或不具备完整的历史资料和数据的情况下所采用的一种分析方法，主要依靠预测人员的丰富实践经验以及主观的判断和分析能力，推断出事物的性质和发展趋势，属于预测分析的一种基本方法，如德尔菲法等。

2. 定量分析法

任何事物（包括经济现象和管理现象），不仅有其质的规定性，还有其量的规定性，量的变化突破了一定的临界点之后，就会引起质的变化。现代经济和管理离不开数量分析的方法，数量分析以及各种数学模型成为当今主要的分析方法。在研究经济管理问题时，应尽可能地进行定量分析。一门科学只有同数学相结合，才能成为较完善的精确科学。

第三章 经济管理的宏观视角

第一节 宏观经济管理

一、宏观经济管理的必要性

（一）加强宏观经济管理，可以弥补市场调节缺陷

市场机制不是万能的，具有自身内在的缺陷，如市场机制调节的盲目性、滞后性、短暂性、分化性和市场调节在某些领域的无效性，这就需要通过国家宏观经济管理来弥补市场缺陷。

（二）加强宏观经济管理，可以维护市场秩序

市场经济条件下，保证市场竞争的公平是发挥市场配置资源优越性的条件之一。仅仅靠市场自发调节，容易形成市场垄断和过度投机，不仅不能确保市场竞争的公平，还会破坏公平竞争机制，造成市场秩序混乱。政府通过建立、维护和保障市场经济有序运行和公平竞争的制度规范，进行严格的市场监管，保障市场公平交易。

宏观经济管理的必然性在于生产的社会化所导致的社会分工和协作关系的发展。社会化大生产条件下，社会分工越专业化、越细密和越广泛，所要求的协作和相互依赖关系就越密切、越不可分割。这就需要对社会经济活动的各个方面、各个部门、各个地区以及社会生产的各个环节进行计划、组织、指挥和协调，因为客观上要求对国民经济进行统一的管理，要求协助宏观管理系统来调节社会生产的各个方面和各个环节，以保持整个国民经济活动协调一致地运行。特别是随着分工和协作关系的不断深化，国民经济活动就更加离不开宏观经济管理。

二、宏观经济管理的目标

宏观经济管理目标是指一定时期内国家政府对一定范围的经济总体进行管理所要

达到的预期结果。宏观经济管理目标是宏观经济管理的出发点和归宿，也是宏观经济决策的首要内容。

在有利于发挥市场基础调节作用和企业自主经营、增强活力的情况下，通过正确发挥政府宏观经济管理职能，保证整个国民经济持续、快速、健康地发展，以达到不断取得较好宏观效益、提高人们物质和文化生活水平的目的，是我国宏观经济管理目标的总概括。

第二节　经济发展模式与宏观管理目标

一、传统经济发展模式的基本特征及其运行轨迹

与经济体制模式相联系，我国的经济发展模式也经历了一个从传统模式向新模式的转变。为了把握新发展模式的基本内容和特征，我们需要从历史演变的角度，回顾传统经济发展模式及其转变。

（一）传统经济发展模式的基本特征

从中华人民共和国成立至党的十一届三中全会，这一时期的传统的经济发展模式是利用超经济的强制力量，优先发展重加工业，以数量扩张为主的内向型经济发展模式。

在将近几十年的实践中，这种经济发展模式主要表现出以下几个基本特征。

1. 以高速度增长为主要目标

在这样一个发展模式中，经济增长速度一直是处于最重要的中心地位。然而，这又是以赶超先进国家为中心而展开的。在这样一种以高速度增长为主要目标的赶超发展方针指引下，追求产量、产值的增长成为宏观经济管理的首要任务。

2. 以超经济的强制力量为手段

从战略指导思想来说，主张从建立和优先发展重工业入手，用重工业生产的生产资料逐步装备农业、轻工业和其他产业部门，随后逐步建立独立、完整的工业体系和国民经济体系，并逐步改善人们的生活。在这一战略思想的引导下，我们一直把重工业，特别是重加工业作为固定的经济建设重心，实行倾斜的超前发展。然而，在一个基本上是封闭自守的经济系统中，这种倾斜的超前发展基本上或者完全依靠国内积累的建设资金。由于重工业的优先发展需要大量资金，国家只好采取超经济的强制力量，以保证这种倾斜的超前发展。因此，这种倾斜的超前发展实质上是以农业、轻工业等产业部门的相对停滞为代价的。

3. 以高积累、高投入为背景

为了通过倾斜的超前发展，迅速建立和形成一个独立、完整的工业体系和国民经

济体系，就需要有高积累、高投入，以便大批地建设新的项目。因此，经济发展是以外延扩大作为基本方式的。在这样的发展模式下，大铺摊子，拉长基建战线，一哄而上，竞相扩展等现象，已成为必然的反映。

4. 一种封闭式的内向型经济发展模式

虽然，在这一发展模式下也存在着一定的对外经济技术交流关系，但通过出口一部分初级产品和轻工业产品换回发展重工业所需的生产资料，最终是为了实现经济上自给自足的目标，而且这种对外经济关系被限制在一个极小的范围内。因此，从本质上说，这是一种封闭式的内向型经济发展模式。在这一发展模式下，经济的自给自足程度就成为衡量经济发展程度的重要标志。这种传统的经济发展模式是一定历史条件下的特定产物，有其深刻的历史背景。传统经济发展模式受其历史局限性和主观判断错误的影响，存在着自身固有的缺陷。

（二）传统发展模式下经济的超常规发展轨迹

为了全面考察传统发展模式，并对其做出科学的评价，我们需要进一步分析传统发展模式下经济发展的轨迹。从总体上说，在传统发展模式下，我国的经济发展经历了一个偏离世界性标准的进程，留下了超常规的发展轨迹，其主要表现在以下几个方面。

1. 总量增长与结构转换不同步

我国的结构转换严重滞后于总量增长，近年来，短缺与过剩并存已成为普遍现象，这种滞后严重制约了总量的均衡与增长。

2. 产业配置顺序超前发展

我国在产业配置顺序上的超前发展，比一般后发展国家更为显著。重加工工业的超前发展，导致了农业、轻工业和基础工业先天发育不足以及产业之间产生的严重矛盾。因为，重加工工业的超前发展是基于超经济强制地约束农业经济的发展。农业劳动生产率增长缓慢的同时，重加工业的超前发展严重损害了轻工业的发展。轻工业发展不足，使积累的主要来源的转换没有顺利实现，这不仅直接影响了农业承担积累主要来源的重大压力，而且未能完成满足资金密集型基础工业发展需要的历史任务。在资金积累不足的情况下，基础工业发展严重滞后，成为国民经济的关键性限制因素。

3. 高积累、高投入与低效益、低产出相联系

在我国工业化体系初步建立以后，那些曾经塑造了我国工业化体系的条件，如低收入、高积累和重型产品结构等，却反过来成为束缚自身继续发展的因素，从而造成高积累、高投入与高效益、高产出的错位，使国民经济难以走上良性循环的轨道。

4. 农、轻、重之间的互相制约超乎寻常

在我国经济结构变动中，却出现了农、轻、重之间形成强大的相互制约力，三者产值平分天下的僵持局面。不仅农业与工业之间的结构变动呈拉锯状，而且轻工业与重工业之间的结构变动也是反反复复。这种农、轻、重大结构的势均力敌状态，造成

较多的摩擦，使各种经济关系难以协调。

除以上几个主要方面之外，我国经济发展的超常规轨迹还表现在许多方面，如产业组织结构失衡，区域经济发展结构失衡，资源与生产能力错位；技术结构发展迟缓，中低技术繁衍等。这些都从不同的侧面反映了传统发展模式下我国经济发展非同寻常的特殊性。

二、新的经济发展模式的选择

传统的经济发展模式虽然在特定的历史条件下起过积极的作用，但由于其本身的缺陷以及条件的变化，已造成了不少严重问题。因此，要对经济发展模式做出新的选择。新的经济发展模式的选择，既要遵循经济发展的一般规律，又要充分考虑到我国经济发展进程中的基本特征，同时还要正视我们正面临的压力和挑战。

（一）我国经济发展进程的基本特征

从传统经济向现代经济转化，是一个世界性的历史过程，任何一个国家的经济发展都会受到支配这个进程的共同规律的影响，从而表现出具有统计意义的经济高速增长和变动的状态。但是，由于各国经济发展的历史背景和内外条件不同，在其经济发展进程中会出现差异，有时甚至是极大的偏差。因此，在把握经济发展共同规律的基础上，必须研究各国从传统经济向现代经济转化中的特殊性。

与其他国家相比，我国经济发展的历史背景和内外条件更为特殊，不仅与发达国家有明显的差别，而且与一般发展中国家也不相同。这就不可避免地使我国经济发展走出了一条与众不同的道路。我们认为，我国经济发展进程中的基本特征，可以归纳为"三超"，即超后发展国家、超大国经济和超多劳动就业人口。

这三个基本特征，不仅构造了我国经济发展的基本性状，而且也界定了我们选择经济发展战略的可能性空间，决定了我国经济发展非同一般的超常规轨迹。

（二）我国经济发展新阶段及其面临的挑战

除了考虑到我国经济发展进程的基本特征外，我们还应该看到，经过四十年的努力，我们已基本实现了经济建设的第一步任务，解决了人们的温饱问题，我国的经济发展开始进入一个新阶段。

如果说过去的经济发展主要是以低层次消费的满足来推动的话，那么在这个新阶段，国民经济的增长就是以非必需品的增长为主要动因。这是经济发展过程中的一个重大的质的变化。

但是，我国进入这个新成长阶段，与先行的发达国家不同，不是单靠自身获得的科学、技术和文化的进步来推动的，而是像许多发展中国家一样，不得不借助于外来的技术和知识，并受到外部消费模式的强烈影响。因此，在经济发展新阶段，我国将面临一系列新的问题和困难。

1. 非必需品的选择

非必需品在消费方面具有很大的选择空间和替代弹性，而在生产方面，其不同的选择对资源约束、产业带动效应、就业弹性以及国民收入的增长有非常不同的影响。因此，我们一方面必须依靠非必需品的需求来推动经济的增长，另一方面又要避免这种需求完全脱离本国的资源条件与供给能力，对本国的产业发展与结构转换产生不利的影响。

2. 供给结构的调整

在这一阶段，以非必需品为主的消费结构的变动比较迅速，面对供给结构的长期超稳态却难以适应，从而形成严重的滞后发展。因此，国内结构性矛盾可能会升级。这样，我们就面临着大规模调整供给结构的艰巨任务。这种结构调整已经使产业结构合理化与高级化。

3. 劳动力市场的就业压力

在满足非必需品需求的结构变动中，还要考虑如何在严重的资源约束的情况下，实现众多劳动力的充分就业。因为，在这一新阶段，将有大批农业剩余劳动力转移出来要求加入其他产业部门，但同时又不可能特别加大制造业在国民经济结构中的比重。

4. 国际竞争的压力

随着对外开放的深入发展，外汇需求加速递增将成为必然现象，为缩小国际收支逆差，扩大出口创汇能力成为重要问题。然而，我国以初级产品为主的出口结构正面临着世界市场初级产品需求减少，价格下降的严重挑战，出口竞争加剧，创汇能力削弱。

5. 新技术革命的冲突

正在蓬勃兴起的世界新技术革命日益强化着技术在经济发展中的作用，使发展中国家的劳动力资源优势逐步丧失。如果无视新技术革命对产业结构的冲击和对国民经济的影响，那么我国与世界的经济、技术差距将会进一步拉大。

（三）向新的经济发展模式转变

尽管新的经济发展模式不是对传统经济发展模式的彻底否定，而是对其的扬弃，但两者之间存在着本质的区别。

1. 经济模式转变

传统经济发展模式向新经济发展模式的转变，是一种革命性的转变，历史性的转变。具体来说，有以下几个方面的本质性转变：①发展目标的转变，即由单纯赶超发达国家生产力水平为目标转变为以不断改善人们的生活，由温饱型向小康型过渡为目标；②发展重心的转变，即由追求产值产量的增长转变为注重经济效益，增长要服从经济效益的提高；③发展策略的转变，即由超前的倾斜发展转变为有重点的协调发展，在理顺关系的基础上突出重点；④发展手段的转变，即由以外延型生产为主转变为以内涵型生产为主，提高产品质量，讲究产品适销对路；⑤发展方式的转变，即由波动性增长转变为稳定增长，稳中求进，尽量避免大起大落，反复无常。

2. 经济体制改革

这种经济发展模式转变的实现，从根本上说，有赖于经济体制改革的成功。传统的经济体制不可能保证新的经济发展模式的实现，所以经济体制模式的转变是实现新经济发展模式的根本保证。在此基础上，建立新的经济发展模式要着力于以下几个方面：①对国民经济进行较大的调整；②要确立新的经济理论、思想观念和政策主张；③要端正政府和企业的经济行为。

三、新经济发展模式下的宏观管理目标

从一般意义上说，宏观管理目标是由充分就业、经济增长、经济稳定、国际收支平衡、资源合理配置、收入公平分配等目标构成的完整体系。但在不同的经济发展模式下，宏观管理目标的组合、重点以及协调方式是不同的。因此，随着传统经济发展模式向新的发展模式的转变，宏观管理目标的性质也会发生重大变化。

（一）宏观管理目标之间的交替关系

宏观管理目标之间存在着固定的关联。这种关联有两种类型：一种是互补关系，即一种目标的实现能促进另一种目标的实现；另一种是交替关系，即一种目标的实现对另一种目标的实现起排斥作用。在宏观经济管理中，许多矛盾与困难往往就是由这种目标之间的交替关系所引起的。这种目标之间的交替关系主要有以下几种。

1. 经济增长和物价稳定之间的交替关系

为了使经济增长，就要鼓励投资，而为了鼓励投资，一是维持较低的利息率水平；二是实际工资率下降，使投资者有较高的预期利润率。前者会引起信贷膨胀，货币流通量增大；后者需要刺激物价上涨。

在供给变动缓慢的条件下，经济增长又会扩大对投资品和消费品的总需求，由此带动物价上涨。在各部门经济增长不平衡的情况下，即使总供求关系基本平衡，个别市场的供不应求也会产生连锁反应，带动物价上涨。

然而，要稳定物价，就要实行紧缩，这又必然会制约经济增长。因此，在充分就业的条件下，经济增长目标与稳定物价目标之间存在着相互排斥的关系。

2. 经济效率与经济平等之间的交替关系

经济效率目标要求个人收入的多少依经济效率高低为转移，从而要求拉开收入差别。同样，它也要求投资的收益多少依经济效率高低为转移，以此来刺激投资与提高投资效益。然而，经济平等目标要求缩小贫富收入差距，这样社会的经济效率就会下降。同样，忽视投资收益的差别，使利润率降低，就会削弱投资意向，难以实现资源配置的优化。

因此，经济效率与经济平等（收入均等化）不可能兼而有之。在一定限度内，强

调平等，就要牺牲一些效率；强调效率，就要拉开收入的差距。

3. 国内均衡与国际均衡之间的交替关系

这里的国内均衡主要是指充分就业和物价稳定，而国际均衡主要是指国际收支平衡。充分就业意味着工资率的提高和国内收入水平的上升，其结果是一方面较高的工资成本不利于本国产品在国际市场上的竞争，从而不利于国际收支平衡；另一方面对商品的需求增加，在稳定物价的条件下，不仅使商品进口增加，而且要减少出口，把原来准备满足国外市场需求的产品转用于满足国内扩大了的需求，于是国际收支趋于恶化。

如果要实现国际收支平衡目标，那么一方面意味着外汇储备增加，外汇储备增加意味着国内货币量增加，这会造成通货膨胀的压力，从而不利于物价稳定；另一方面，消除国际收支赤字需要实行紧缩，抑制国内的有效需求，从而不利于充分就业目标的实现。

宏观管理目标之间的交替关系决定了决策者必须对各种目标进行价值判断，权衡其轻重缓急，斟酌其利弊得失，确定各个目标的数值的大小，确定各种目标的实施顺序，并尽量协调各个目标之间的关系，使所确定的宏观管理目标体系成为一个协调的有机整体。

（二）新发展模式下宏观管理目标的转变

决策者是依据什么来对各种具有交替关系的目标进行价值判断，权衡轻重缓急，斟酌利弊得失，使其形成一个有机整体的呢？其中最重要的依据，就是经济发展模式。

从这个意义上来说，经济发展模式决定了宏观管理目标的性质。有什么样的经济发展模式，就有什么样的宏观管理目标。宏观管理目标体系中各个目标数值的大小，各种目标实施的先后顺序，都是服从于经济发展模式需要的。

在传统经济发展模式下，宏观管理目标所突出的是经济增长与收入分配均等化，并以其为核心构建了一个宏观管理目标体系。在这个宏观管理目标体系中，经济增长目标优先于结构调整目标；收入分配均等化目标优先于经济效率目标，其他一些管理目标都是围绕着这两个目标而展开的。

按照西方经济学的观点，经济增长和收入分配均等化之间也是一种交替关系。因为充分就业条件下的经济增长会造成通货膨胀，而通货膨胀又会使货币收入者的实际收入下降，使资产所有者的非货币资产的实际价值上升，结果发生了有利于后者而不利于前者的财富和收入的再分配。

当传统经济发展模式向新的经济发展模式转变之后，这种宏观管理目标体系已很难适应新经济发展模式的需要。以协调为中心的从效益到数量增长的发展模式要求用新的价值判断准则对各项管理目标进行重新判断，在主次位置、先后顺序上实行新的组合。

按照新的经济发展模式的要求，宏观经济管理目标首先应该突出一个效益问题，以效益为中心构建宏观管理目标体系。具体地说，围绕着经济效益目标，讲求经济稳定和经济增长，在"稳中求进"的过程中，实现充分就业、收入分配公平、国际收支平衡等目标。当然，这种宏观管理目标体系，诸目标之间仍然存在着矛盾与摩擦，需要根据各个时期的具体情况加以协调。

（三）新发展模式下宏观管理目标的协调

从我国现阶段的实际情况来看，新的发展模式下的宏观管理目标的协调，主要有以下几个方面。

1. 实行技术先导

靠消耗大量资源来发展经济，是没有出路的。况且我国的人均资源占有量并不高。因此，发展科学技术，改善有限资源的使用方式，是建立新发展模式的基本要求。

然而，我国大规模的劳动大军和就业压力，无疑是对科技进步的一种强大制约。我们面临着一个两难问题，即扩大非农就业与加快科技进步的矛盾。这两者都不可偏废。我们不能脱离中国劳动力过剩的现实来提高科技水平，发展技术密集型经济，而要在合理分工的基础上加快技术进步。

除此之外，我们要把科技工作的重点放在推进传统产业的技术改造上。因为在今后相当长的时间内，传统产业仍将是我国经济的主体。传统产业在我国经济增长中仍起着重要作用。但是，传统产业的技术装备和工艺水平又是落后的。因此，要着重推进大规模生产的产业技术和装备的现代化；积极推广普遍运用的科技成果，加速中小企业的技术进步。与此同时，要不失时机地追踪世界高技术发展动向，开拓新兴技术领域，把高技术渗透到传统产业中，并逐步形成若干新兴产业，从而提高我国经济发展水平，使国民经济在科技进步的基础上不断发展。

2. 优化产业结构

合理的产业结构是提高经济效益的基本条件，也是国民经济持续、稳定地协调发展的重要保证。目前我国产业结构的深刻矛盾，已成为经济发展的严重阻碍，因此优化产业结构是新发展模式的一项重要任务。

按照国际经验，后发展国家在进行结构调整和改造时总会伴随着一定的总量失衡，这是不可避免的。但是总量失衡太大，也不利于结构的调整和改造。因此，我们应在坚持总量平衡的同时优化产业结构。这就是说，要合理确定全社会固定资产投资总规模和恰当规定消费水平提高的幅度，使建设规模同国力相适应，社会购买力的增长幅度同生产发展相适应，并以此为前提来优化产业结构。

所谓优化产业结构，首先要使其合理化，然后才是相对地使其高级化。产业结构合理化就是要解决由于某些产业发展不足而影响整体结构协调的问题。长期以来，我国加工工业发展过快，而农业、轻工业、基础工业和基础产业则均发展不足，所以结构合理化的任务是较重的。

在重视产业结构合理化的同时，还应积极推进产业结构高级化。我国产业结构的高级化，应按不同的地区发展水平分层次高级化。发达地区要逐步形成资金密集型和技术密集型为主体的产业结构，并使新兴产业和高技术产业初具规模。落后地区要以第一次产业和轻工业相互依托的方式实现轻工业的大发展，形成以劳动密集型为主体的产业结构。这样，在总体上就能形成以高技术产业为先导，资金密集型产业为骨干，劳动密集型产业为基础的合理产业结构。

3. 改善消费结构

适当的消费水平和合理的消费结构，也是提高经济效益的一个重要条件。我们要根据人们生活的需要来组织生产。但同时也要根据生产发展的可能来确定消费水平，并对消费结构进行正确的引导和调节，不能盲目追随外国的消费结构和消费方式。根据我国人口众多而资源相对不足的国情，我们应该选择适合我国国情的消费模式。

在吃的方面，要同我国农业资源的特点和农业生产力水平相适应。在住的方面，要实行住宅商品化，加大"住"的消费支出比重。在用的方面，要同我国产业结构转换速度和技术水平相适应，需求"热点"的转移不能过于迅速，购买洪峰不能过于集中，要考虑产品的正常寿命曲线和产业之间的相关效应。在今后一段时间内，应以中档耐用消费品为主，而不能以高档豪华耐用消费品为主。

第三节　宏观经济管理的市场环境分析

一、完整的市场体系

一个完整的市场体系是由各种生活资料和生产要素的专业市场构成的。因为人们之间的经济关系是贯穿于整个社会再生产过程中的，既包括消费也包括生产，所以市场关系是通过各种与社会再生产过程有关的要素的交换表现出来的，完整的市场关系应该是一个由各种要素市场构成的体系。一般来说，它包括商品（消费品和生产资料）市场、技术市场、劳动力市场和资金市场。

（一）商品市场

商品市场是由以实物形态出现的消费资料和生产资料市场构成的，它是完整的市场体系的基础。

作为基础产品和中间产品的生产资料市场与社会生产有着重大的直接联系。生产资料市场既反映生产资料的生产规模和产品结构，又对整个固定资产规模及投资效果起制约作用，同时也为新的社会扩大再生产提供必要条件和发挥机制调节作用。因此，生产资料市场实际上是经济运行主体的轴心。

作为最终产品的消费品市场与广大居民生活有着极为密切的关系。该市场的参与者是由生产者和消费者共同构成的，小宗买卖与现货交易较为普遍，交易的技术性要求较低，市场选择性较强。消费品市场不仅集中反映了整个国民经济发展状况，而且涉及广大居民物质和文化生活的所有需求，是保证劳动力简单再生产和扩大再生产的重要条件。因此，消费品市场对整个国民经济发展有重要影响。

生产资料市场与消费品市场虽然有重大的区别，但两者都是以实物形态商品为交换客体的，具有同性，并以此区别于其他专业市场。

（二）技术市场

技术市场按其经济用途可细分为初级技术市场、配套技术市场和服务性技术市场。这些市场促使技术商品的普遍推广和及时应用，推动技术成果更快地转化为生产力。

由于技术商品是一种知识形态的特殊商品，所以技术市场的运行具有不同于其他专业市场的特点。

1. 技术市场存在着双重序列的供求关系

技术市场存在着双重序列的供求关系，即技术卖方寻求买方的序列和技术买方寻求卖方的序列。这是因为技术商品有其特殊的生产规律：一方面是先有了技术成果，然后设法在生产过程中推广应用；另一方面是生产发展先提出开发新技术的客观要求，然后才有技术成果的供给。这两种相反的供求关系序列，都有一个时滞问题，从而难以从某个时点上确定市场的供求性状。

在技术市场上，供不应求与供过于求，总是同时存在的。

2. 市场的卖方垄断地位具有常态性

由于技术商品具有主体知识载体软件等特征，再生产比第一次生产容易得多，所以为保护技术商品生产者的利益，鼓励技术商品生产，在一定时期内技术商品要有垄断权。它不允许别人重复生产以前已经取得的技术成果，否则就将受到法律制裁。在一般情况下，每一技术商品都应具有独创性，同一技术商品不允许批量生产。因此，在技术市场上，同一技术商品的卖方是独一无二的，不存在同一技术商品卖方之间的竞争，相反同一技术商品的买方则是众多的，存在着买方之间的竞争，从而在总体上是卖方垄断市场。

3. 市场的交易具有较大的随意性

由于技术商品的使用价值是不确定的，客观上并不能全部转化为生产力；技术商品的价值也不具有社会同一尺度，不存在同一技术商品的劳动比较的可能性，只能转借技术商品使用后的效果来评价，所以在市场交易时主要由供求关系决定其价格。

4. 市场的交易形式较多的是使用权让渡

由于技术商品作为知识信息具有不守恒性，即它从一个人传递到另一个人，一般都不使前者丧失所传递的信息，因而技术商品的生产者往往在一定时期内，只让渡技术的使用权，而不出卖其所有权。这样，根据技术商品的传递特点，生产者就可以向多个需求者让渡其技术使用权，这是其他专业市场所不具有的交易方式。

（三）劳动力市场

劳动力市场在商品经济发展中起着重要作用。它使劳动力按照供求关系的要求进行流动，有利于劳动力资源的开发和利用，以满足各地区、各部门和各企业对劳动力的合理需求，实现劳动力与生产资料在质和量两方面的有机结合。同时，劳动力市场的供求竞争也有利于消除工资刚性和收入攀比的弊端，调整收入分配关系，促使劳动者不断提高自身素质，发展社会所需要的技能。

（四）资金市场

在发达的商品经济中，资金市场是市场体系的轴心。资金市场按期限长短可细分为货币市场和资本市场。前者主要用来调节短期资金。它通过银行之间的拆放、商业票据的贴现、短期国库券的出售等方式，融通短期资金，调剂资金余缺，加快资金周转，提高资金利用率。后者主要是用来进行货币资金的商品化交易，把实际储蓄转变为中长期的实际投资。它通过储蓄手段吸收社会多余的货币收入，通过发行公债、股票、债券等形式筹集长期资金，通过证券交易流通创造虚拟信贷资金，从而加速资金积累与集中，为社会再生产规模的扩大创造条件。

在资金市场上，信贷资金作为商品，既不是被付出，也不是被卖出，而只是被贷出，并且这种贷出是以一定时期后本金和利息的回流为条件的，从而资金商品具有二重价值，即资金本身的价值和增值的价值。此外，资金商品的贷出和流回，只表现为借贷双方之间法律契约的结果，而不表现为现实再生产过程的归宿和结果。因此，资金市场的运行也有自身的特殊性。

1. 市场的供求关系缺乏相对稳定性

在资金市场上，对于同一资金商品，一个人可以扮演既是供给者，又是需求者的双重角色，所以市场的供求对象没有相对稳定的分工。这种供求两极一体化的倾向，使市场的供求关系极为复杂多变，不可能建立较为固定的供求业务和供求渠道。

2. 市场的运行建立在信用投机的支点上

资金市场所从事的是信用活动。任何信用都具有风险性，有风险就必然有投机。信用投机，尤其是技术性投机，承担了别人不愿承担的风险，提供了头寸，使市场更加活跃，具有灵活性，使资金更具有流动性，使市场的资金价格趋于稳定。

3. 市场的流通工具和中介机构作用重大

资金市场的交易，除少数直接借贷的债权债务关系外，大多数要以信用工具作为媒介。然而，那些国债、公司债、股票、商业票据、银行承兑汇票和可转让大额定期存单等信用工具，则要通过一系列商业银行、储蓄机构、投资公司、保险公司、证券交易所等中介机构来实现。

4. 市场活动的虚拟性创造

资金市场的信用活动，既不是商品形态变化的媒介，又不是现实生产过程的媒介，它的扩大和收缩并不以再生产本身的扩大和停滞为基础。这种信用活动创造了虚拟资金，加速了整个再生产过程。

（五）市场体系的结构均衡性

作为一个市场体系，不仅是全方位开放的市场，而且各个市场之间存在着结构均衡的客观要求。这是市场主体之间经济关系得以完整反映的前提，也是宏观间接控制的必要条件。

1. 市场门类的完整性

在商品经济条件下，市场是人们经济活动的主要可能性空间。在这个活动空间中，人们不仅要实现商品的价值，更为重要的是，人们为价值创造而进行生产要素配置。价值实现与价值创造的一致性，要求市场必须全方位开放，具有完整性。残缺的市场体系不仅使现有的市场不能充分发挥作用，而且会妨碍整个经济运行一体化。

2. 市场规模的协调性

一个市场体系的功能优化不在于某类市场规模的大小，而在于各类市场规模的协调效应。所以，各类市场的活动量必须彼此适应，协调有序。任何一类市场的"规模剩余"和"规模不足"都将导致市场体系结构失衡及其功能的衰减。

3. 市场信号的协同性

各类市场之间的联系程度取决于市场信号之间的协同能力。只有当某一市场信号能及时转换成其他市场的变化信号，产生市场信号和谐联动时，市场体系才具有整体效应，从而才能对经济进行有效调节。

总之，市场体系的结构完整和均衡，是市场活动正常进行的基本条件，也是间接控制的必要条件之一。否则，间接控制就无法从总体上把握经济运行的状况，也无法综合运用各种经济杠杆进行宏观调控。

二、买方的市场主权

在市场竞争关系中，商品供给等于某种商品的卖者或生产者的总和，商品需求等于某种商品的买者或消费者的总和。这两个总和作为两种力量集合互相发生作用，决定着市场主权的位置：以买方集团占优势的"消费者主权"或者以卖方集团占优势的"生产者主权"。这两种不同的竞争态势，对整个经济活动有不同的影响。宏观间接控制所要求的是"消费者主权"的买方市场。

（一）市场主权归属的决定机制

在买方与卖方的竞争中，其优势的归属是通过各自集团内部的竞争实现的。因为竞争关系是一种复合关系，即由买方之间争夺同一卖方的竞争和卖方之间争夺同一买方的竞争复合而成。买方之间的竞争，主要表现为竞相购买自己所需的商品；卖方之间的竞争，主要表现为竞相推销自己所生产的商品。在这一过程中，究竟哪一方能占据优势，掌握市场主权，取决于双方的内部竞争强度。如果买方之间的竞争强度大，消费者竞相愿出更高的价钱来购买商品，必然会抬高商品的售价，使卖方处于优势地位。如果卖方之间的竞争强度大，生产者彼此削价出售商品，则必然会降低商品的售价，使买方处于优势地位。一般来说，决定竞争强度的因素有两方面。

1. 供求状况

市场上商品供过于求，卖方之间争夺销售市场的竞争就会加剧，商品售价被迫降低。与此相反，市场上商品供不应求，买方之间争购商品的竞争就会加剧，哄抬商品价格上升。

2. 市场信息效率

市场的商品交换是以信息交流为前提的，商品信息量越大，商品交换的选择度越高，被排除的可能选择就越多，从而使竞争加剧。所以，市场信息效率对竞争强度有直接影响。在供求状况不变时，市场信息效率不同，竞争强度也会发生变化。

总之，供求状况和市场信息效率共同决定着竞争强度，买方之间与卖方之间的竞争强度的比较，决定了市场主权的归属。

（二）市场主权不同归属的比较

市场主权归属于买方还是卖方，其结果是截然不同的。生产者之间竞争强度的增大，会促使生产专业化的发展，有利于商品经济的发展；而消费者之间竞争强度的增大，则迫使大家自给自足地生产，不利于商品经济的发展。因此，"消费者主权"的买方市场较之"生产者主权"的卖方市场有更多的优越性，具体表现在以下几点。

1. 消费者控制生产者有利于实现生产目的

在生产适度过剩的情况下，消费者就能扩大对所需商品进行充分挑选的余地。随着消费者选择的多样化，消费对生产的可控性日益提高，生产就不断地按照消费者的需要进行。与此相反，卖方市场是生产者控制消费者的市场。在有支付能力的需求过剩的情况下，生产者生产什么，消费者就只能消费什么；生产者生产多少，消费者就只能消费多少。消费者被迫接受质次价高、品种单调的商品，其正当的权益经常受到损害。

2. 买方宽松的市场环境有利于发挥市场机制的作用

在平等多极竞争中，产品供给适度过剩，可以提高市场信息效率，使价格信号较为准确地反映供求关系，引导资金的合理投向，使短线产品的生产受到刺激，长线产品的生产受到抑制。在产品供给短缺时，强大的购买力不仅会推动短线产品价格上涨，而且也可能带动长线产品价格上涨，市场信息效率低下，给投资决策带来盲目性。

3. 消费者主权有利于建立良性经济环境

产品供给适度过剩将转化为生产者提高效率的压力，生产效率的提高将使产品价格下降，从而创造出新的大量需求，使供给过剩程度减轻或消失。随着生产效率的进一步提高，又会形成新的生产过剩，这又将造成效率进一步提高的压力、结果仍是以创造新需求来减缓生产过剩。因此，在这一循环中，始终伴随着生产效率的不断提高和新需求的不断创造。在卖方市场中，质次价高的商品仍有销路，效率低下的企业照样生存，缺乏提高效率、降低价格和创造新需求的压力，总是保持着供不应求的恶性循环。

4. 消费者主权有利于资源利用的充分选择

生产者集团内部竞争的强化，将推动生产者采用新技术和先进设备，改进工艺，提高质量，降低成本，并促使企业按需生产，使产品适销对路。消费者集团内部竞争的强化，将使企业安于现状，不仅阻碍新技术和新设备的采用，还会把已经淘汰的落后技术和陈旧设备动员起来进行生产，这势必造成资源浪费，产品质量低下。同时，强大的购买力也会助长生产的盲目性，造成大量的滞存积压产品。可见，消费者主权的买方市场在运行过程中具有更大的优越性。

（三）买方市场的形成

形成买方市场有一个必要前提条件，就是在生产稳定发展的基础上控制消费需求，使之有计划地增长。也就是说，生产消费的需求必须在生产能力所能承受的范围之内，否则生产建设规模过度扩张，就会造成生产资料短缺；生活消费的增长必须以生产力的增长为前提，否则生活消费超前，就会造成生活资料短缺。

在市场信息效率既定的条件下，总体意义上的买方市场可以用总供给大于总需求来表示。由于总供给与总需求的关系受多种因素影响，其变化相当复杂，所以判断总体意义上的买方市场是比较困难的。一般来说，总量关系的短期变化可能与政策调整有关，总量关系的长期趋势则与体制因素相联系。例如，在传统社会主义体制下，企业预算约束软化导致的投资饥渴症和扩张冲动，使总量关系呈现常态短缺，尽管在短期内，采取紧缩政策对总量关系进行强制性调整，有可能在强烈摩擦下压缩出一个暂时性的买方市场，但不可能从根本上改变卖方市场的基本格局。因此，要形成总体意义上的买方市场，必须从体制上和政策上同时入手，通过政策调整使总需求有计划地增长，为体制改革奠定一个良好的基础，通过体制改革消除需求膨胀机制，提高社会总供给能力，最终形成产品绝对供应量大于市场需求量的买方市场。

总体意义上的买方市场虽然在某种意义上反映了消费者主权，但它并没有反映产品的结构性矛盾。如果大部分有支付能力的需求所对应的是供给短缺的商品，而大量供给的商品所对应的是有效需求不足的购买力，那么即使存在总体意义上的买方市场，也无法保证消费者市场的主体地位。因为从结构意义上考察，有相当部分的供给都是无效供给，真正的有效供给相对于市场需求仍然是短缺的，实质上还是卖方市场。所以，完整的买方市场是总量与结构相统一的供大于求的市场。结构意义上的买方市场的形成，主要在于产业结构与需求结构的协调性。一般来说，当一个国家的经济发展达到一定程度，基本解决生活温饱问题后，需求结构将产生较大变化，如果产业结构不能随之调整，就会导致严重的结构性矛盾。因此，关键在于产业结构转换。但由于生产要受到各种物质技术条件的约束，产业结构的转换具有较大刚性，所以也要调整需求结构，使之有计划地变化，不能过度迅速和超前。

个体意义上的买方市场形成，在很大程度上取决于具体商品的供需弹性。一般来说，供给弹性小的商品，容易形成短期的买方市场。需求弹性小的商品，如果需求量有限，只要生产能力跟得上，还是容易形成买方市场的。需求弹性大的商品，一般有利于形成买方市场，但如果受生产能力的制约，尽管需求量有限，也不易形成买方市场。需求弹性大，供给弹性小的商品，因销售者不愿库存商品，宁愿削价出售，在一定程度上有利于买方市场的形成。需求弹性大，供给弹性也较大的商品，如服装等，则主要取决于需求量与生产量的关系，只要社会购买力有一定限量，生产能力跟得上，就有可能形成买方市场。

买方市场形成的历史顺序，一般是先生产资料市场，后生活资料市场。这是因为生产资料是生活资料生产加速发展的基础，首先形成生产资料买方市场，有利于生活资料买方市场的发育。如果反历史顺序，在消费需求总量既定的前提下，那些需求弹性大的生活资料也可能形成买方市场，但这是不稳定的，并且首先形成的生活资料买方市场不利于推动生产资料买方市场的发育。因为消费品生产部门发展过快超过基础设施的承受能力，能源、交通和原材料的供应紧张就会严重影响消费品生产部门，使这些部门的生产能力闲置，开工不足，最终导致生活资料买方市场向卖方市场的逆转。同时，强大的消费品生产加工能力加剧了对生产资料的争夺，使生产资料市场难以转向买方市场。

因此，我们应在稳步提高人们生活水平的前提下，注重发展基础工业，重视基础设施建设，以带动直接生产部门的生产，这有利于生产资料买方市场的形成，使生活资料买方市场建立在稳固的基础之上。

三、多样化的市场交换方式

多样化的市场交换方式是较发达市场的基本标志之一，是市场有效运行的必要条件。它反映了市场主体之间复杂的经济关系和联结方式。各种不同功效的市场交换方式的组合，使交换过程的连续性与间断性有机地统一起来，有利于宏观间接控制的有效实施。多样化的市场交换方式包括现货交易、期货交易和贷款交易三种基本类型。

（一）现货交易市场

现货交易是买卖双方成交后即时或在极短期限内进行交割的交易方式。

1. 现货交易的基本特性

现货交易的基本特性表现为：①它是单纯的买卖关系，交换双方一旦成交，便"银货两清"，不存在其他条件的约束。②买卖事宜的当即性，交换双方只是直接依据当时的商品供求状况确定商品价格和数量，既不能预先确定，也不能事后了结。③买卖关系的实在性，成交契约当即付诸实施，不会出现因延期执行所造成的某种虚假性。现货交易方式，无论从逻辑上，还是历史上来说，都是最古老、最简单、最基本的交换方式。因为大部分商品按其自身属性来说，适用于这种交换方式。

2. 现货交易对商品经济的调节

现货交易市场是建立在由生产和消费直接决定的供求关系基础上的，其最大的特点是随机波动性。市场价格和数量都不能预先确定，而要根据即时供求关系确定。人们对未来商品交易价格和数量的预期，也只是以当前的价格和数量以及其他可利用的资料为基础。这一特点使现货交易市场对商品经济运行具有灵活的调节作用，具体表现在：①有利于竞争选择，释放潜在的经济能量。市场的波动性是实行竞争选择的前提条件之一。市场的波动越大，竞争选择的范围越广，竞争选择的强度越大，所以现货交易市场的竞争选择机制作用较为明显。②有利于掌握真实的供求关系，对经济活动进行及时的反馈控制。除了投机商人囤货哄抬物价，在一般情况下，现货交易价格信号能比较直接地反映实际供求状况，并且反应较为灵敏。这有助于企业对自身的经营做出及时调整，也便于政府及时采取相应的经济手段调控市场。③有助于及时改善供求关系，防止不良的扩散效应和联动效应。由于现货交易关系比较单一和明朗，该市场的价格波动往往具有暂时性和局部性，至多波及某些替代商品和相关商品的供求关系，不会引起强烈的连锁反应。

当然，现货交易方式也有其消极作用。在现货交易市场上，当前供求的均衡是通过无数次偶然性的交换达到的，市场价格的涨落幅度较大，价格信号较为短促，市场风险较大。这些容易引起企业行为短期化，投资个量微型化，投资方向轻型化等倾向，不利于经济的稳定发展。

（二）期货交易市场

期货交易是先达成交易契约，然后在将来某一日期进行银货交割的交易方式。

1. 期货交易的基本特性

期货交易的基本特性表现为：①它不仅是买卖关系，而且还是一种履行义务的关系，即买进期货者到期有接受所买货物的义务，卖出期货者到期有支付所卖货物的义务。②对于期货交易来说，成交仅仅意味着远期交易合同的建立，只有到了未来某一时点的银货交割完毕，交易关系才算终结，从成交到交割要延续一段时间。③期货买卖成交时，并不要求买卖双方手头有现货，不仅如此，在未到交割期以前，买卖双方还可以转卖或买回。所以期货交易具有投机性，会出现买进卖出均无实物和货款过手的"买空卖空"。

2. 期货交易市场的组成

套期保值者和投机者都是期货交易市场的主要人群，前者参与期货交易是为了减少业务上的风险，后者参与期货交易是为了牟取利润而自愿承担一定的风险。在该市场上，投机者是必不可少的。首先，由于商品的出售是"惊险的一跃"，套期保值者更愿意销售期货，如果期货市场全由套期保值者组成，则购买期货的需求一方总是相对微弱的，所以需要通过投机者的活动来调整期货供求之间的不平衡。其次，由于套期保值者不愿承担风险，单由他们的交易而达成的期货价格通常是不合理的，要大大低于一般预期价格。当投机者参与市场活动后，只要期货价格低于他们的预期价格，他们就会买进期货以牟取利润，这种敢于承担风险的行为会把期货价格提高到一个更为合理的水平。因此期货市场必须由这两部分人组成，才具有合理性、流动性和灵活性。

3. 预期确定性

期货交易市场是建立在未来供求关系预先确定基础上的，其最大特点是预期确定性。期货市场的特点决定了它对经济运行的稳定性具有积极作用，具体表现在：①有利于生产者转移风险、套期保值，保证再生产过程的正常进行。生产者通过出售或购进期货，就可以避免市场价格波动带来的损失，例如就销售者来说，如果期内价格下跌，并反映在期货价格上，期货合同的收益将有助于弥补实际销售因价格下跌带来的损失。如果期内价格上涨，期货头寸的损失同样会由实际销售因价格上涨带来的收益所抵补。这样，生产者就能免受市场风险干扰而安心生产。②有利于市场价格的稳定，减轻市场波动。在该市场上，投机者利用专门知识对商品期货价格做出预测，并承担价格风险进行"多头"和"空头"的投机活动。当供给的增加会引起价格大幅度下降时，他们就买进存货并囤积起来，以便在以后以有利的价格抛出，这样就维持了现期价格。当供给短缺时，他们抛出存货，因而防止了价格猛涨。③有利于提高市场预测的准确度，产生对将来某一时点上的收益曲线形状和价格水平的较为合理的预期。期货价格反映了许多买方与卖方对今后一段时间内供求关系和价格状况的综合看法。这种通过把形形色色的个别分散的见解组合成一个易识别的预测量，虽然不能说是完全正确的，但总比个别的一次性的价格预测更准确和更有用。④有利于完善信息交流，促进市场全面竞争。期货市场作为买卖双方为未来实际交易而预先签订契约的中心，不仅使买卖双方互相了解其对方的情况，减少了互相寻找的盲目性，而且使各种短期与长期的信息大量汇集，扩大了可利用的市场信息范围。

期货交易市场虽然有利于消除因人们对商品价格和数量预期不一致所引起的不均衡，但它仍然不可能消除由于社会需求心理或资源不可预料的变化而产生的不均衡，以致人们经常发现自己不愿意或不能够购销他们曾经计划购销的商品而不得不另行增加现货交易，或用现货交易抵销合同。另外期货市场也具有某种负效应的调节作用，如对期货价格的投机也许会成为支配价格的真实力量，从而价格就会因投机者操纵而剧烈波动，对经济产生危害。

（三）贷款交易市场

贷款交易是通过信贷关系所进行的商品交易，它反映了银货交割在时间上的异步性，即市场主体之间成交后，或者是以现在的商品交付来换取将来收款的约定；或者是以现在的货币交付来换取将来取货的约定。前者称为延期付款交易，后者称为预先付款交易。

延期付款交易有助于刺激有效需求，适宜于商品供大于求状况；预先付款交易有助于刺激有效供给，适宜于商品供不应求状况。这两种交易方式都是一笔货币贷款加上一宗商品交换，所不同的是：前者是卖方贷款给买方所进行的现货交易，属于抵押贷款，以卖方保留商品所有权为基础；后者是买方贷款给卖方所进行的期货交易，属于信用贷款，以卖方的信用为基础。

可见，贷款交易无非是在现货和期货交易基础上又增加了借贷关系的交易方式。这是一种更为复杂的交易方式，它具有以下基本特性：①在商品交换关系中渗透着借贷的债权债务关系，现期交付货物或货款的一方是债权人，远期交付货款或货物的一方则是债务人。他们在商品交换中也就实现了资金融通。②贷款交易在完成一般商品交换的同时提供了信贷，从而使受贷者在商品交换中获得提前实现商品使用价值或价值的优惠，即买方受贷者能提前实现商品使用价值的消费，卖方受贷者能提前实现商品的价值。③贷款交易虽然是成交后其中一方的货物或货款当即交付，但另一方的货款或货物交付总是要延续到以后某一日期才完成。

贷款交易市场是建立在再生产过程中直接信用基础上的，其最大的特点是信用关系连锁性。在该市场的商品交换中，借贷关系随着商品生产序列和流通序列不断发生，从而会使彼此有关的部门和行业连接起来。贷款交易市场的这一特点，使它对经济运行具有较大的弹性调节作用。

1. 有利于调节供给与需求在时间上的分离

当供求关系在时间序列上表现为不平衡时，或者采取商品的出售条件按照商品的生产条件来调节的办法，使需求提前实现；或者采取商品的生产条件按照商品的出售条件来调节的办法，使生产按需进行。这样就可以使再生产避免因供求在时间上的分离所造成的停顿。

2. 有利于调节短期的资金融通

贷款交易利用商品交换关系实现买方与卖方之间的信贷，提供短期的资金融通，使大量分散的短期闲置资金得以充分利用。

3. 有利于搞活流通

贷款交易市场用短期信贷关系弥补货物或货币缺口，使商品交换关系得以建立，这不仅扩大了商品销售，活跃了流通，而且也加强了交易双方的经济责任，从而有力地促进了消费和投资。

4. 有利于促进银行信用的发展

贷款交易市场上的商业信用是与现实再生产过程直接相联系的，它是整个信用制度的基础。贷款交易市场的扩大，必然推动银行间接信用的发展，这是因为：一方面商业信用为了保证其连续性，需要银行做后盾；另一方面商业票据作为信用货币要到银行去贴现。

当然，贷款交易市场中的信用关系仅限于买卖双方，其活动范围是有限的，而且它在经济系统的不确定因素冲击下往往显得很脆弱，容易产生连锁性的信用危机，直接影响再生产过程的顺利进行。

第四章

经济管理的微观视角

第一节　消费者、生产者与市场

一、消费者理论

（一）消费者行为理论模型

1. 彼得模型

彼得模型俗称轮状模型图，是在消费者行为概念的基础上提出来的。它认为消费者行为和感知与认知，行为和环境与营销策略之间是互动和互相作用的。彼得模型可以在一定程度上解释消费者行为，帮助企业制定营销策略。消费者行为分析轮状模型图，包括感知与认知、行为、环境、营销策略四部分内容，如下所示。

① 感知与认知是指消费者对于外部环境的事物与行为刺激可能产生的人心理上的两种反应，感知是人对直接作用于感觉器官（如眼睛、耳朵、鼻子、嘴、手指等）的客观事物的个别属性的反映。认知是人脑对外部环境做出反应的各种思想和知识结构。

② 行为，即消费者在做什么。

③ 环境是指消费者的外部世界中各种自然的、社会的刺激因素的综合体。例如，政治环境、法律环境、文化环境、自然环境、人口环境等。

④ 营销策略指的是企业进行的一系列的营销活动，包括战略和营销组合的使用，消费者会采取一种什么样的购买行为，与企业的营销策略有密切的关系。感知与认知、行为、营销策略和环境四个因素有着本质的联系。

感知与认知是消费者的心理活动，心理活动在一定程度上会决定消费者的行为。通常来讲，有什么样的心理就会有什么样的行为。相对应的，消费者行为对感知也会产生重要影响。营销刺激和外在环境也是相互作用的。营销刺激会直接地形成外在环境的一部分，而外面的大环境也会对营销策略产生影响。感知与认知、行为与环境、营销策略是随着时间的推移不断地产生交互作用的。消费者的感知与认知对环境的把握是营销成功的基础，而企业的营销活动又可以改变消费者行为、消费者的感知与认知等。但不可否认，营销策略也会被其他因素所改变。

2. 霍金斯模型

霍金斯模型是由美国心理与行为学家 D. I. 霍金斯提出的，是一个关于消费者心理与行为和营销策略的模型，此模型是将心理学与营销策略整合的最佳典范。

霍金斯模型，即消费者决策过程的模型，是关于消费者心理与行为的模型，该模型被称为将心理学与营销策略整合的最佳典范。

霍金斯认为，消费者在内外因素影响下形成自我概念（形象）和生活方式，然后消费者的自我概念和生活方式导致一致的需要与欲望产生，这些需要与欲望大部分要求以消费行为获得满足与体验。同时这些也会影响今后的消费心理与行为，特别是对自我概念和生活方式起调节作用。

自我概念是一个人对自身一切的知觉、了解和感受的总和。生活方式是指人如何生活。一般而言，消费者在外部因素和内部因素的作用下首先形成自我概念和自我意识，自我概念再进一步折射为人的生活方式。人的自我概念与生活方式对消费者的消费行为和选择会产生双向的影响：人们的选择对其自身的生活方式会产生莫大的影响，同时人们的自我概念与现在的生活方式或追求的生活方式也决定了人的消费方式、消费决策与消费行为。

另外，自我概念与生活方式固然重要，但如果消费者处处根据其生活方式而思考，这也未免过于主观，消费者有时在做一些与生活方式相一致的消费决策时，自身却浑然不觉，这与参与程度有一定的关系。

3. 刺激—反应模型

（1）刺激—中介—反应模型

这一模型是人的行为在一定的刺激下通过活动，最后产生反应。它是人类行为的一般模式，简称 SOR 模型。SOR 模型早在 1974 年由梅拉比安和拉塞尔提出，最初用来解释、分析环境对人类行为的影响，后作为环境心理学理论被引入零售环境中。

任何一位消费者的购买行为，均是来自消费者自身内部的生理、心理因素或是在外部环境的影响下而产生的刺激带来的行为活动。消费者的购买行为，其过程可归结为消费者在各种因素刺激下，产生购买动机，在动机的驱使下，做出购买某商品的决策，实施购买行为，再形成购后评价。消费者购买行为的一般模式是营销部门计划扩大商品销售的依据。营销部门要认真研究和把握购买者的内心世界。

消费者购买行为模式是对消费者实际购买过程进行形象说明的模式。所谓模式，是指某种事物的标准形式。消费者购买行为模式是指用于表述消费者购买行为过程中的全部或局部变量之间因果关系的图式理论描述。

（2）科特勒的刺激—反应模型

美国著名市场营销学家菲利普·科特勒教授认为，消费者购买行为模式一般由前后相继的三个部分构成，科特勒的刺激—反应模式清晰地说明了消费者购买行为的一般模式：刺激作用于消费者，经消费者本人内部过程的加工和中介作用，最后使消费者产生各种外部的与产品购买有关的行为。因此，该模式易于掌握和应用。

（二）消费者购买决策理论

1. 习惯建立理论

该理论认为，消费者的购买行为实质上是一种习惯建立的过程。习惯建立理论的主要内容如下。

① 消费者对商品的反复使用形成兴趣与喜好。

② 消费者对购买某一种商品的"刺激—反应"的巩固程度。

③ 强化物可以促进习惯性购买行为的形成。任何新行为的建立和形成都必须使用强化物，而且，只有通过强化物的反复作用，才能使一种新的行为产生、发展、完善和巩固。

习惯建立理论提出，消费者的购买行为，与其对某种商品有关信息的了解程度关联不大，消费者在内在需要激发和外在商品的刺激下，购买了该商品并在使用过程中感觉不错（正强化），那么他可能会再次购买并使用。消费者多次购买某商品，带来的都是正面的反映，购买、使用都是愉快的经历，那么在多种因素的影响下，消费者逐渐形成了一种固定化反应模式，即消费习惯。具有消费习惯的消费者在每次产生消费需要时，首先想到的就是习惯购买的商品，相应的购买行为也就此产生。因此，消费者的购买行为实际上是重复购买并形成习惯的过程，是通过学习逐步建立稳固的条件反射的过程。

以习惯建立理论的角度来看存在于现实生活中的许多消费行为，可以得到消费行为的解释，消费者通过习惯理论来购入商品，不仅可以最大限度地节省选择商品的精力，还可以避免产生一些不必要的风险。当然，习惯建立理论并不能解释所有的消费者购买行为。

2. 效用理论

效用概念最早出现于心理学著作中，用来说明人类的行为可由追求快乐、避免痛苦来解释，后来这一概念成为西方经济学中的一个基本概念，偏好和收入的相互作用导致人们做出消费选择，而效用则是人们从这种消费选择中获得的愉快或者需要满足。通俗地说就是一种商品能够给人带来多大的快乐和满足。

效用理论把市场中的消费者描绘成"经济人"或理性的决策者，从而给行为学家很多启示：首先，在商品经济条件下，在有限货币与完全竞争的市场中，"效用"是决定消费者追求心理满足和享受欲望最大化的心理活动过程。其次，将消费者的心理活动公式化、数量化，使人们便于理解。但需要指出的是，作为一个消费者，他有自己的习惯、价值观和知识经验等，受这些因素的限制，他很难按照效用最大的模式去追求最大效益。

3. 象征性社会行为理论

象征性社会行为理论认为任何商品都是社会商品，都具有某种特定的社会含义，特别是某些专业性强的商品，其社会含义更明显。消费者选择某一商标的商品，主要依赖于这种商标的商品与自我概念的一致（相似）性，也就是所谓商品的象征意义。商品作为一种象征，表达了消费者本人或别人的想法，有人曾说："服饰最初只是一个象征性的东西，穿着者试图通过它引起别人的赞誉。"有利于消费者与他人沟通的商品是最可能成为消费者自我象征的商品。

4. 认知理论

心理学中认知的概念是指过去感知的事物重现面前的确认过程，认知理论是 20 世纪 90 年代以来较为流行的消费行为理论，认知理论把顾客的消费行为看成一个信息处理过程，顾客从接受商品信息开始直到最后做出购买行为，始终与对信息的加工和处理直接相关。这个对商品信息的处理过程就是消费者接收、存储、加工、使用信息的过程，它包括注意、知觉、表象，记忆、思维等一系列认知过程。顾客认知的形成，是由引起刺激的情景和自己内心的思维过程造成的，同样的刺激，同样的情景，对不同的人往往产生不同的效果。认知理论指导企业必须尽最大努力确保其商品和服务在顾客心中形成良好的认知。

（三）消费者行为的影响因素

影响消费者行为的因素主要有两种，分别是个人内在因素与外部环境因素，在此基础上，还可以继续进行细分，将个人内在因素划分为生理因素与心理因素；将外部环境因素划分为自然环境因素和社会环境因素。可以说消费者行为的产生，是消费者个人与环境交互作用的结果。消费者个人内在因素与外部环境因素，直接影响着和制约着消费者行为的行为方式、指向及强度。

（四）消费者购买决策的影响因素

1. 他人态度

他人态度是影响购买决策的重要因素之一。他人态度对消费者购买决策的影响程度，取决于他人反对态度的强度及对他人劝告的可接受程度。

2. 预期环境因素

消费者购买决策要受到产品价格、产品的预期收益、本人的收入等因素的影响，这些因素是消费者可以预测到的，被称为预期环境因素。

3. 非预期环境因素

消费者在做出购买决策过程中除了受到以上因素影响外，还要受到营销人员态度、广告促销、购买条件等因素的影响，这些因素难以预测到，被称为非预期环境因素，它往往与企业营销手段有关。因此，在消费者的购买决策阶段，营销人员一方面要向消费者提供更多的、详细的有关产品的信息，便于消费者比较优缺点；另一方面，则应通过各种销售服务，促成方便顾客购买的条件，加深其对企业及商品的良好印象，促使消费者做出购买本企业商品的决策。

二、生产者理论

生产者理论主要研究生产者的行为规律，即在资源稀缺的条件下，生产者如何通过合理的资源配置，实现利润最大化。广义的生产者理论涉及这样三个主要问题：第一，投入要素与产量之间的关系。第二，成本与收益的关系。第三，垄断与竞争的关系。以下重点分析第一个问题，即生产者如何通过生产要素与产品的合理组合实现利润最大化。生产是对各种生产要素进行组合以制成产品的行为。在生产中要投入各种生产要素并生产出产品，所以，生产也就是把投入变为产出的过程。

（一）生产者

生产是厂商对各种生产要素进行合理组合，以最大限度地生产出产品产量的行为过程。生产要素的数量、组合与产量之间的关系可以用生产函数来表现。因此，在具体分析生产者行为规律之前，有必要先介绍厂商生产要素、生产函数等相关概念。厂商在西方经济学中，乃生产者，即企业，是指能够独立做出生产决策的经济单位。在市场经济条件下，厂商作为理性的"经济人"所追求的生产目标一般是利润最大化。厂商可以采取个人性质、合伙性质和公司性质的经营组织形式。在生产者行为的分析中，经济学家经常假设厂商总是试图谋求最大的利润（或最小的亏损）。基于这种假设，就可以对厂商所要生产的数量和为其产品制定的价格做出预测。当然，经济学家实际上并不认为追求利润最大化是人们从事生产和交易活动的唯一动机。企业家还有其他的目标，比如，企业的生存、安逸的生活，以及优厚的薪水等况且要计算出正确的最大利润化也缺乏资料。尽管如此，从长期来看，厂商的活动看起来很接近于追求最大利润。特别是，如果要建立一个简化的模型，就更有理由认为厂商在制定产量时的支配性动机是追求最大利润。即使在实际生活中企业没有追求或不愿追求利润最大化，利润最大化至少可以作为一个参考指标去衡量其他目标的实现情况。

（二）生产函数

厂商是通过生产活动来实现最大利润的目标的。生产是将投入的生产要素转换成有效产品和服务的活动。以数学语言来说，生产某种商品时所使用的投入数量与产出数量之间的关系，即为生产函数。厂商根据生产函数具体规定的技术约束，把投入要素转变为产出。在某一时刻，生产函数是代表给定的投入量所能产出的最大产量，反过来也可以说，它表示支持一定水平的产出量所需要的最小投入量。因此，在经济分析中，严格地说，生产函数是表示生产要素的数量及其某种数量组合与它所能生产出来的最大产量之间的依存关系，其理论本质在于刻画厂商所面对的技术障碍。

在形式化分析的许多方面，厂商是与消费者相似的。消费者购买商品，用以"生产"满足；企业家购买投入要素，用以生产商品。消费者有一种效用函数，厂商有一种生产函数。但实际上，消费者和厂商的分析之间存在着某些实质性的差异。效用函数是主观的，效用并没有一种明确的基数计量方法；生产函数却是客观的，投入和产出是很容易计量的。理性的消费者在既定的收入条件下使效用最大化；企业家类似的行为是在既定的投入下使产出数量最大化，但产出最大化并非其目标。要实现利润最大化，厂商还必须考虑到成本随产量变化而发生的变动，即必须考虑到成本函数。也就是说，厂商的利润最大化问题既涉及生产的技术方面，也涉及生产的经济方面。生产函数只说明：投入要素的各种组合情况都具有技术效率。这就是说，如果减少任何一种要素的投入量就要增加另一种要素的投入量，没有其他生产方式能够得到同样的产量。而技术上无效率的要素组合脱离了生产函数，因为这类组合至少多用了一种投入要素，其他要素投入量则同以前一样，其所生产出的产量却同其他方式一样多。

（三）生产要素

生产要素是指生产活动中所使用的各种经济资源。这些经济资源在物质形态上千差万别，但它们可以归类为四种基本形式：劳动、资本、土地和企业家才能。劳动是指劳动者所提供的服务，可以分为脑力劳动和体力劳动。

资本是指用来生产产品的产品。它有多种表现形式，其基本表现形式为物质资本，如厂房、设备、原材料和库存等。此外，它还包括货币资本（流动资金、票据和有价证券）、无形资本（商标、专利和专有技术）和人力资本（经教育、培育和保健获得的体力智力、能力和文化）。

土地是指生产中所使用的，以土地为主要代表的各种自然资源，它是自然界中本来就存在的。例如，土地、水、原始森林、各类矿藏等。

企业家才能是指企业所有者或经营者所具有的管理、组织和协调生产活动的能力。劳动、资本和土地的配置需要企业家进行组织。企业家的基本职责是：组织生产、销售产品和承担风险。生产任何一种产品或劳务，都必须利用各种生产要素。

三、市场理论

（一）市场

市场是商品经济的范畴。哪里有商品，哪里就有市场。但对于什么是市场，却有多种理解。一开始，人们把市场看作商品交换的场所，如农贸市场、小商品市场等。它是指买方和卖方聚集在一起进行交换商品和劳务的地点。但随着商品经济的发展，市场范围的扩大，人们认识到，市场不一定是商品交换的场所，哪里存在商品交换关系哪里就存在市场。可见，市场的含义，不单指商品和劳务集散的场所，而且指由商品交换联结起来的人与人之间的各种经济关系的总和。

作为市场，它由三个要素构成：一是市场主体，即自主经营、自负盈亏的独立的经济法人。它包括从事商品和劳务交易的企业、集团和个人。二是市场客体，指通过市场进行交换的有形或无形的产品、现实存在的产品或未来才存在的产品。三是市场中介，指联结市场各主体之间的有形或无形的媒介与桥梁。市场中介包括联系生产者之间、消费者之间、生产者与消费者、同类生产者和不同类生产者、同类消费者与不同类消费者之间的媒介体系模式。在市场经济中，价格、竞争、市场信息、交易中介人、交易裁判和仲裁机关等都是市场中介。市场的规模和发育程度集中反映了市场经济的发展水平和发育程度。因此，在发展市场经济过程中，必须积极培育市场。

（二）市场经济

1. 市场经济概述

简而言之，市场经济就是通过市场机制来配置资源的经济运行方式。它不是社会制度。众所周知，在任何社会制度下，人们都必须从事以产品和劳务为核心的经济活动。而当人们进行经济活动时，首先要解决以何种方式配置资源的问题。这种资源配置方式，就是通常所说的经济运行方式。由于运用调节的主要手段不同，人们把经济运行方式分为计划与市场两种形式。前者指采用计划方式来配置资源，被称为计划经济；后者指以市场方式来配置资源，被称为市场经济。可见，市场经济作为经济活动的资源配置方式，不论资本主义还是社会主义都可以使用。它与社会制度没有必然的联系。虽然，市场经济是随着现代化大生产和资本主义生产方式的产生而产生的，但它并不是由资本主义制度所决定的。因为市场经济的形成与发展直接决定于商品经济的发达程度。迄今为止，商品经济发展经历了简单商品经济、扩大的商品经济和发达的商品经济三个阶段。只有当商品经济进入扩大发展阶段以后，市场经济的形成与发展才具备条件。因为在这个阶段不仅大部分产品已经实现了商品化，而且这种商品化还扩大到生产要素领域。这时，市场机制成为社会资源配置的主要手段。也就是说，这个阶段经济活动中四个基本问题，即生产什么、如何生产、为谁生产和由谁决策等，都是依靠市场的力量来解决的。由此可见，市场经济是一种区别于社会制度的资源配置方式，即经济运行方式。

2. 市场经济的运转条件

① 要有一定数量的产权明晰的、组织结构完整的企业。②要有完备的市场体系，成为社会经济活动和交往的枢纽。

③ 要有完整的价格信号体系，能够迅速、准确、明晰地反映市场供求的变化。

④ 要有完善的规章制度，既要有规范各种基本经济关系的法规，又要有确定市场运作规则的法规，还要有规范特定方面经济行为的单行法规。

⑤ 要有发达的市场中介服务组织，如信息咨询服务机构行业协会、同业公会、会计师事务所、律师事务所等市场经济作为经济运行方式。

3. 市场经济的特征

市场经济的特征可以归结为以下几个方面。

① 市场对资源配置起基础性作用。这里的资源包括人力、物力、财力等经济资源。

② 市场体系得到充分发展，不仅有众多的买者和卖者，还有一个完整的市场体系，

并形成全国统一开放的市场。

③ 从事经营活动的企业，是独立自主、自负盈亏的经济实体，是市场主体。

④ 社会经济运行主要利用市场所提供的各种经济信号和市场信息调节资源的流动和社会生产的比例。

⑤ 在统一的市场规则下，形成一定的市场秩序，社会生产、流通、分配和消费在市场中枢的联系和调节下，形成有序的社会再生产网络。

⑥ 政府依据市场经济运行规律，对经济实行必要的宏观调控，运用经济政策、经济法规、计划指导和必要的行政手段引导市场经济的发展。

第二节　市场需求分析

一、需求的含义

需求与供给这两个词汇不仅是经济学最常用的两个词，还是经济领域最常见的两个术语。需求与供给作为市场经济运行的力量，直接影响着每种物品的产量及出售的价格。市场价格在资源配置的过程中发挥着重要作用，既决定着商品的分配，又引导着资源的流向。如果你想知道，任何一种事件或政策将如何影响经济并且产生什么样的效应，就应该先考虑它将如何影响需求和供给。

需求是指买方在某一特定时期内，在"每一价格"水平时，愿意而且能够购买的商品量。消费者购买愿望和支付能力，共同构成了需求，缺少任何一个条件都不能成为有效需求。这也就是说，需求是买方根据其欲望和购买能力所决定想要购买的数量。

二、需求表与需求曲线

对需求的最基本表示是需求表和需求曲线，直接表示价格与需求量之间的基本关系。

（一）需求表

需求表是表示在不影响购买的情况下，一种物品在每一价格水平下与之相对应的需求量之间关系的表格。需求表是以数字表格的形式来说明需求这个概念的，它反映出在不同价格水平下购买者对该商品或货物的需求量。

（二）需求曲线

需求曲线是表示一种商品价格和需求数量之间关系的图形，它的横坐标表示的是数量，纵坐标表示的是价格。通常，需求曲线是向右下方倾斜的，即需求曲线的斜率为负，这反映出商品的价格和需求之间是负相关关系。

四、影响需求的因素

除了价格因素以外，还有许多因素会影响需求使之发生变化。其中，以下几方面是比较重要的影响因素。

（一）收入

假如经济危机出现了，公司为了应对危机，会相应地减少员工收入。当收入减少时，个人或家庭的需求一般会相应地减少。就是说，当收入减少时，消费支出的数额会相应地减少，因此，个人或家庭不得不在大多数物品上相应减少消费。在经济学中，当收入减少时，对一种物品的需求也相应减少，这种物品就是正常物品。一般把正常物品定义为在其他条件相同时，收入增加会引起需求量相应增加的物品。

在人们的日常生活中，消费者购买的物品，并不都是正常物品，随着人们收入水平的提高，人们会对某种物品的需求减少，这种物品就是所谓的低档物品。从经济学的角度看低档物品，将其定义为在其他条件相同时，随着收入的增加，引起需求量相应减少的物品。

（二）相关商品的价格

相关商品是指与所讨论的商品具有替代或者互补关系的商品。

在其他条件不变时，当一种商品价格下降时，减少了另一种商品的需求量，这两种物品被称为替代品。两种替代商品之间的关系是：价格与需求呈现出同方向变动，即一种商品价格上升，将引起另一种商品需求增加。

在其他条件不变时，当一种商品价格下降时，增加了另一种商品的需求量，这两种物品被称为互补品。两种互补商品之间的关系是：价格与需求呈反方向变动，即一种商品的价格上升，将引起另一种商品需求减少。

（三）偏好

决定需求的另一明显因素是消费者偏好。人们一般更乐于购买具有个人偏好的商品。人们的偏好受很多因素的影响，如广告、从众心理等。当人们的消费偏好发生变动时，相应地对不同商品的需求也会发生变化。

（四）预期

人们对未来的预期也会影响人们现期对物品与劳务的需求。对于某一产品来说，人们通过预期认为该产品的价格会发生变化，若预期结果是涨价，人们会增加购入数量；若预期结果是降价，那么人们会减少当前的购入数量。

（五）购买者的数量

购买者数量的多少是影响需求的因素之一，如人口增加将会使商品需求数量增加，反之，购买者数量的减少会使商品需求数量减少。

（六）其他因素

在影响需求变动的因素中，如民族、风俗习惯、地理区域、社会制度及一国政府采取的不同政策等，都会对需求产生影响。

五、需求量变动与需求变动

（一）需求量的变动

需求量的变动是指其他条件不变的情况下，商品本身价格变动所引起的商品需求量的变动。需求量的变动表现为同一条需求曲线上点的移动。在影响消费者购买决策的许多其他因素不变的情况下，价格的变化直接影响着消费者的消费需求，在经济学中，这就是"需求量的变动"。

（二）需求的变动

在经济分析中，除了要明确"需求量的变动"，还要注意区分"需求的变动"。需求的变动是指商品本身价格不变的情况下，其他因素变动所引起的商品需求的变动。需求的变动表现为需求曲线的左右平行移动。

在需求曲线中，当出现影响消费者的商品需求因素时，也就引起需求的变动，某种价格既定时，人们对商品需求减少，表现在需求曲线中就是曲线向左移；当人们对商品需求增加时，在需求曲线中就表现为需求曲线向右移。总而言之，需求曲线向右移动被称为需求的增加，需求曲线向左移动被称为需求的减少。

引起需求量变动和需求变动的原因不同，其不仅受到商品价格、收入、相关商品价格的影响，还受到偏好、预期、购买者数量的影响。

第三节　市场供给分析

一、供给的含义

供给是指卖方在某一特定时期内，在每一价格水平时，生产者愿意而且能够提供的商品量。供给是生产愿望和生产能力的统一，缺少任何一个条件都不能成为有效供给。这也就是说，供给是卖方根据其生产愿望和生产能力决定想要提供的商品数量。通常用供给表、供给曲线和供给函数三种形式来表述供给。

二、供给表

供给表是表示在影响卖方提供某种商品供给的所有条件中，仅有价格因素变动的情况下，商品价格与供给量之间关系的表格。

三、供给曲线

如果供给表用图形表示，根据供给表描出的曲线就是供给曲线。供给曲线是表示一种商品价格和供给数量之间关系的图形。横坐标轴表示的是供给数量，纵坐标轴表示的是价格。若是供给曲线是向右上方倾斜的，这反映出商品的价格和供给量之间是正相关的关系。

四、供给定理

从供给表和供给曲线中可以得出，某种商品的供给量与其价格是呈现出相同方向变动的。价格与供给量之间的这种关系对经济中大部分物品都是适用的，而且，实际上这种关系非常普遍，因此，经济学家称之为供给定理。

供给定理的基本内容是：在其他条件相同时，某种商品的供给量与价格呈现出同方向变动，即供给量随着商品本身价格的上升而增加，随着商品本身价格的下降而减少。

五、影响供给的因素

有许多变量会影响供给，使供给曲线发生移动，以下因素尤为重要。

（一）生产要素价格

为了生产某种商品，生产者要购买和使用各种生产要素：工人、设备、厂房、原材料、管理人员等。当这些投入要素中的一种或几种价格上升时，生产某种商品的成本就会上升，厂商利用原有投入的资金，将会提供相对减少的商品。如若要素价格大幅度上涨，厂商则会停止生产，不再生产和供给该商品。由此可见，一种商品的供给量与生产该商品的投入要素价格呈负相关。

（二）技术

在资源既定的条件下，生产技术的提高会使资源得到更充分的利用，从而引起供给增加。生产加工过程的机械化、自动化将减少生产原有商品所必需的劳动量，进而减少厂商的生产成本，增加商品的供给量。

（三）相关商品的价格

两种互补商品中，一种商品价格上升，对另一种商品的需求减少，供给将随之减少。互补商品中一种商品的价格和另一种商品的供给呈负相关。

两种替代商品中，一种商品价格上升，对另一种商品的需求增加，供给将随之增加。替代商品中一种商品的价格和另一种商品的供给呈正相关。

（四）预期

企业现在的商品供给量还取决于对未来的预期。若是预期未来某种商品的价格会上升，企业就将把现在生产的商品储存起来，而减少当前的市场供给。

（五）生产者的数量

生产者的数量一般和商品的供给呈正相关关系，即如果新的生产者进入该种商品市场，那么，市场上同类产品的供给就会增加。

六、供给量的变动与供给的变动

（一）供给量的变动

供给量的变动是指其他条件不变的情况下，商品本身价格变动所引起的商品供给量的变动。供给量的变动表现为沿着同一条供给曲线上的点移动。

影响生产者生产决策的许多其他因素不变的情况下，在任何一种既定的价格水平时，生产者提供相对应的商品数量。价格变化会直接导致商品供给数量的变化，在经济学中被称为"供给量的变动"。

（二）供给的变动

与需求相同，在经济分析中，除了要明确"供给量的变动"，还要注意区分"供给的变动"。供给的变动是指商品本身价格不变的情况下其他因素变动所引起的商品供给的变动。供给的变动表现为供给曲线左右平行移动。

在某种价格既定时，当某种商品价格上涨时，厂商对该商品的供给减少，此时供给曲线向左移；在某种既定价格时，通过科技手段来使该商品的生产能力变强时，此时供给曲线向右移。供给曲线向右移动被称为供给的增加，供给曲线向左移动被称为供给的减少。

第四节　市场均衡与政府政策

一、市场与均衡

市场上，需求和供给主要是通过价格调节的，围绕着这一主题首先分析需求曲线和供给曲线如何共同决定均衡价格和均衡产量（均衡价格下的需求量和供给量），为什么市场处于均衡状态时社会总剩余达到最大，买者和卖者之间的竞价如何使得非均衡状态向均衡调整。最后，简要介绍一下一般均衡理论，并讨论市场中的非价格机制。

市场将消费决策和生产决策分开，消费者不生产自己消费的产品，生产者也不消费自己生产的产品。但市场又通过交换将消费者和生产者联系起来。市场通常被理解为买卖双方交易的场所，比如传统的庙会、集市，现代的购物中心、百货商店等，都是市场。但市场又不仅仅是这些看得见、摸得着的实体场所。市场的本质是一种交易关系，它是一个超越了物理空间的概念。随着信息时代的到来，电商已经成为交易的一种新的形式，很多交易是在互联网上依托电商服务器完成的，在这里我们看不到具体的交易场所，但是这些网络虚拟的交易场所仍然是在我们经济学研究的市场中进行的。市场的类型多种多样，不仅有物质产品和服务产品的交易市场，也有作为投入品的要素市场。还有很多无形的标的物也可以成为市场的交易对象，比如专利市场、思想市场等。

无论什么市场，都存在买者和卖者两方。市场交易是一个竞争的过程，不仅有买者和卖者之间的竞争，而且有买者之间的竞争和卖者之间的竞争。比如，生产者之间为获得客户、销售产品而竞争，消费者之间为获得产品而竞争。竞争，意味着每个人都有自由选择的权利，即向谁买、买什么和卖给谁、卖什么的自由。只有在各方都有自由选择权利的制度下，才可以谈得上交易，才能够称之为市场。

（一）均衡价格

1. 均衡定义

经济学分析市场的一个基本工具是均衡。均衡分析有一百多年的历史，至今仍然是一个强有力的分析工具。均衡分析最初是经济学家从物理学中借用过来的，它是一种分析不同力相互作用的方法。在宇宙空间中存在着各种各样的力，各种力相互作用，达到一种稳定的状态，即均衡状态。在均衡状态下，没有任何事物会发生新的变化。市场上，供给和需求是两种基本的力量。经济学中的市场均衡，就是指供给和需求的平衡状态。

2. 市场均衡核心

关于市场均衡的概念述说起来就是，供给和需求的平衡状态。价格是市场均衡的核心，需求和供给都受价格影响，都是价格的函数。但需求和供给对价格做出反应的方向不同：需求量随着价格的下跌而上升，供给量随着价格的上升而上升。因此，需求量和供给量不可能在任何价格下都相等。但需求和供给的反向变化也意味着，使得需求量和供给量相等的价格是存在的。在经济学上，我们把使得需求量和供给量相等的价格称为"均衡价格"，对应的需求量（供给量）称为"均衡产量"。也就是说，在均衡价格下，所有的需求量都能得到满足，所有愿意在这个价格下出售的产品都可以卖出去。

3. 均衡价格与边际成本

均衡价格是指，当需求量等于供给量的状况下，由需求曲线和供给曲线的交点决定的。

（1）供给曲线与边际成本曲线重合

供给曲线与边际成本曲线重合，需求曲线与消费者的边际效用曲线也是重合的。需求曲线上的价格代表了消费者的最高支付意愿，也就是厂商要把某一固定产量的商品全部销售出去，可以卖出的最高价格。为什么随着产量的增加，消费者愿意付的钱越来越少？因为边际效用是递减的。也就是说，每个人一开始总是满足最迫切的需要，他愿意为最迫切的需要付出的代价最大；迫切的需要满足之后，对于不那么迫切的需要，愿意付出的代价相对较小。

（2）供给曲线与生产者的边际成本曲线重合

它可以理解为厂商愿意接受的最低价格。只有消费者愿意付出的价格高于或至少不低于生产者愿意接受的价格时，交易才会给双方带来好处，产品才有可能成交。假设一件商品买家最高只愿意出 10 元钱，但卖家最低只能接受 12 元钱，那么交易就不会出现。因此，有效率的交易只会出现在均衡点的左侧，即需求曲线高于供给曲线的部分。

4. 均衡价格与边际效用

根据前面的论述，均衡价格也可以看作消费者的边际效用等于生产者的边际成本时对应的价格水平。这是因为消费者的最优选择意味着他愿意接受的市场价格等于其边际效用，生产者的最优选择意味着他愿意接受的市场价格等于其边际成本。这样一来，价格就把生产者和消费者联系在一起，均衡实现了双方最优。这个原理可以表示为：

$$边际效用 = 均衡价格 = 边际成本$$

可见价格是一个杠杆，它在消费者和生产者分离的情况下实现了"鲁滨孙经济"中消费者和生产者一体化情况下的最优选择条件，如下所示。

$$边际效用 = 边际成本$$

5. 均衡状态下的总剩余

交换带来的社会福利增加总额，即总剩余。总剩余包括两部分：一部分是消费者剩余，另一部分是生产者剩余。消费者剩余就是消费者支付的价格和他实际支付的价格之间的差额。总收入和总成本之间的差值即生产者获得的生产者剩余，也就是利润，其计算公式如下所示。

$$总剩余 = 消费者剩余 + 生产者剩余$$

均衡不是现实，而是现实发生变化背后的引力。只有在均衡条件下，总剩余才能达到最大，此时的市场效率是最大的。如果市场处于均衡状态的左侧，有一部分价值没有办法实现；如果市场处在均衡状态的右侧，消费者愿意支付的价格小于生产者愿意接受的最低价格，由此会出现亏损，造成社会福利的损失。所以以均衡本身对应的是经济学上讲的"最大效率"，偏离均衡就会带来效率损失。当然，现实生活中我们不可能总是达到最大效率这种状态。更准确地说，均衡不是现实，而是现实发生变化背后的引力。下面我们分析一下非均衡状态如何向均衡状态调整。

（二）均衡的移动和调整

不管是供给曲线，还是需求曲线，均会受到很多因素的影响，并且这些影响因素是随时间变化的。影响需求曲线移动的因素有：消费者偏好、收入、替代品和互补品的价格，或者其他制度性的、文化的因素的变化。影响供给曲线移动的因素有：生产技术、要素价格和原材料价格、要素供给量的变化。因此，均衡点就随时间变化而变化，价格和供求的调整过程是动态的，就像追踪一个移动的靶子，而不是追逐着一个固定的目标。

从动态角度看，市场总是处于调整当中，现实经济总是处于非均衡状态。现实中的价格总是和理论上的均衡价格不完全一样，但市场价格总是围绕随时间变化的均衡点不断调整。这就是均衡分析的意义所在。

最后需要指出的一点是，前面我们把均衡点的变化和调整过程当作一个非人格化的过程。事实上，在现实市场中，均衡点的变化和调整主要是通过企业家活动实现的。企业家是善于判断未来、发现不均衡并组织生产、从事创新活动的人。尽管企业家也会犯错误，但正是他们的存在，使得市场经济不仅有序，而且在不断发展。

（三）非均衡状态及其调整

非均衡状态可以划分为两类，分别是：实际价格低于均衡价格，或实际价格高于均衡价格。通常情况下，当价格低于均衡价格时，消费者愿意购买的数量大于生产者愿意出售的数量，这就出现了供不应求的现象；当价格高于均衡价格时，消费者愿意购买的数量小于生产者愿意出售的数量，这就出现了供大于求的现象。无论哪种情况，都有一方的意愿不能实现，从而导致效率损失。

1. 非均衡状态概述

为什么非均衡状态会出现？最基本的原因是在现实市场中，信息是不完全的。在传统的教科书中，通常假定信息是完全的，每个人都知道供求曲线和交点的位置。在这个假设下，不会有非均衡，这与现实是有出入的。市场通常由若干买家和卖家组成，他们当中每一个个体的决策都会影响整个市场，但没人知道市场的需求曲线和供给曲线具体是什么形状，消费者甚至连自己的需求曲线都画不出来，生产者也画不出自己的供给曲线，更没有人能准确知道其他人的需求和供给，因此，没有人确知均衡点究竟在哪里。但实际交易就是在这种情况下发生的。尽管出于自身利益的考虑，消费者会寻找合适的卖方，生产者也会寻找合适的买方，并希望获得对自己最有利的交易条件，但这又会带来交易成本和等待的成本。因此，交易不可能从均衡价格开始。不均衡状态还可以理解为一种后悔的状态：当消费者按照商家的标价购买一件商品后，过一段时间发现该商品价格下降了，那当初消费者实际支付的价格就是非均衡价格，这就表现出消费者的"后悔"。同样，当生产者把产品卖出后如果发现价格上涨了，也会感到"后悔"。

2. 现实交易向均衡状态的调整

尽管现实不可能处于均衡状态，但现实交易总是有向均衡状态调整的趋势。这种调整是买者和卖者竞争的结果，买者之间和卖者之间的竞争使价格从不均衡趋向均衡。现在我们就来分析一下可能的调整过程。首先考虑价格低于均衡价格的情况。设想由于某种原因，企业预期的价格低于均衡价格。此时，市场上供给的产品数量将少于消费者愿意购买的数量。当一部分消费者发现自己的购买意愿难以实现时，他们就愿意支付更高的价格；企业看到奇货可居，也会提高价格。随着价格的上升，一方面，消费者会减少需求，有些消费者甚至会完全退出市场；另一方面，企业会修正自己的预期，看到价格上升就会增加供给。如此这般，只要供给小于需求，价格就会向上调整，需求量随之减少，供给量随之增加，直到均衡为止。

现在考虑价格高于均衡价格的情况。如果市场价格高于均衡价格水平，企业会选择较高的产量，但在市场上，需求量低于产出量，造成部分商品生产出来后卖不出去。此时，由于销售困难，部分厂商会选择降价销售，以便清理库存，结果市场价格逐渐下降。随着价格的下降，企业相应地减少产量，部分原来的生产者退出了市场，导致市场供给量下降；同时，随着价格的走低，部分潜在消费者进入了市场，需求量增加。如此这般，只要供给大于需求，价格就会向下调整，需求量随之增加，供给量随之减少，直至均衡为止。

（四）亚当·斯密论的价格调整

市场上任何一个商品的供售量，如果不够满足对这种商品的有效需求，那些愿支付这种商品出售前所必须支付的地租、劳动工资和利润的全部价值的人，就不能得到他们所需要的数量的供给。他们当中有些人，不愿得不到这种商品，宁愿接受较高的价格。于是竞争便在需求者中间发生。而市场价格便或多或少地上升到自然价格以上。价格上升程度的大小，要看货品的缺乏程度及竞争者富有程度和浪费程度所引起的竞争热烈程度的大小。

反之，如果市场上这种商品的供售量超过了它的有效需求，这种商品就不可能全部卖给那些愿意支付这种商品出售前所必须支付的地租、劳动工资和利润的全部价值的人，其中一部分必须售给出价较低的人。这一部分商品价格的低落，必使全体商品价格随着低落。这样，它的市场价格，便或多或少降到自然价格（类似长期均衡价格）以下。下降程度的大小，取决于超过额是怎样加剧卖方的竞争，或者说，卖方是怎样急于要把商品卖出的。

如果市场上这种商品量不多不少，恰好够供给它的有效需求，市场价格便和自然价格完全相同，或大致相同。所以，这种商品全部都能以自然价格售出，而不能以更高价格售出。各厂商之间的竞争使他们都得接受这个价格，但不能接受更低的价格。

当然，无论供不应求还是供过于求，现实中的调整都比我们上面描述的要复杂一些。比如，在供不应求的情况下，市场价格也许会短期内冲到消费者可接受的最高点，然后再随着供给量的增加逐步回落，经过一段时间的震荡后，逐步趋于均衡；在供过于求的情况下，市场价格也许会短期内跌落到消费者愿意支付的最低点，然后随着供给量的减少逐步回升，经过一段时间的震荡后，逐步趋于均衡。

调整过程需要多长时间，不同产品，市场是不同的。特别是，由于需求很容易及时调整，调整的快慢主要取决于产品的生产周期。生产周期越长的产品，调整的速度越慢。例如，农作物的生产周期是以年计算的，调整至少需要一年的时间；而服装的生产周期很短，调整相对快一些。

容易设想，如果需求曲线和供给曲线不随时间而变化，则不论调整的时间多长，市场价格最终一定会收敛于均衡水平。现实中，尽管绝大部分产品市场达不到经济学意义上的均衡，但仍然可以达到日常生活意义上的均衡，即：在现行的价格下，消费者的意愿需求总可以得到满足，生产者也可以售出自己计划生产的产品。实际价格的相对稳定性就证明了这一点。

现实市场之所以达不到经济学意义上的均衡，是因为需求曲线和供给曲线都随时间变化而变化。

（五）一般均衡与非价格机制的调整

1. 一般均衡理论

前面讲的单一产品市场的均衡是局部均衡。一般均衡或总体均衡，是指所有市场同时达到均衡的状态。这里的市场不仅包括产品市场，还包括劳动力市场和资本市场。以下是产品市场的一般均衡。

（1）一般均衡定义

所有的产品，需求量等于供给量，即市场实现了一般均衡，或者说，消费者的总支出等于生产者的总收入（现实中，消费者的收入是通过要素价格的形式获得的）。

一般均衡又称为瓦尔拉斯均衡。经济学家花了将近一百年的时间，孜孜以求证明一般均衡的存在性和稳定性。最初，经济学家试图用求解联立方程的方式证明解的存在性和稳定性，但并不成功。20世纪50年代，阿罗、德布罗等人应用拓扑学和数学上的不动点定理，建立了现在经济学的一般均衡理论，并因此获得了诺贝尔经济学奖。因此，一般均衡又称为"阿罗—德布罗定理"。

（2）一般均衡的基本特征

在均衡状态，每个消费者都达到效用最大化的消费选择，每个生产者都达到利润最大化的产量选择；所有的产品市场都出清，所有的要素市场都达到供求平衡；所有消费者都能买到自己想买的产品，所有生产者都能卖出自己计划生产的产品；想找工作的劳动者一定能找到工作，想雇人的企业一定能雇到人；想借钱的生产者一定能借到钱，能出贷的贷款人一定能把钱贷出去。

（3）一般均衡的条件

一般均衡有一个条件：如果一种产品出现过剩，则价格等于零，等于说它给人们带来的边际效用为零。完全竞争企业的收入等于成本，没有超额利润。

（4）理论上的一般均衡

理论上，一般均衡是通过价格的不断试错而实现的：对于任意给定的一组价格，如果某种产品供过于求，该产品的价格就向下调整；如果供不应求该产品的价格就向上调整。这样，经过若干次的调整，所有产品的价格都趋于均衡。

（5）一般均衡的意义

一般均衡在理论上很完美，但现实经济不可能达到一般均衡。尽管如此，一般均衡理论仍然是很有意义的，如下所示。

第一，它为分析市场提供了一个参照系。

第二，它有助于分析政策的直接和间接效果。

我们知道，一个经济体系中，任何一个市场的价格变化不仅仅会引起该商品需求和供给的变化，而且会对其他商品的需求和供给产生影响，甚至引发劳动力市场、土地市场等要素市场的变化。这就是我们日常讲的"牵一发而动全身"。一般均衡模型可以把这些直接效果和间接效果都考虑进去，因此可以分析任何一个变量的变化引起的总体效果。

比如说，当政府对某种商品征税时，为了理解由此引起的整个经济的总效率如何变化，我们不仅要考虑税收如何影响商品的供求和价格，而且要考虑其他商品和要素的供求和价格如何变化。只有这样，我们才能准确评价政府征税对现实经济的总体影响。因此，一般均衡理论对福利经济学非常重要。当然，正因为一般均衡分析过于复杂，大部分经济学家仍然偏好于局部均衡分析。一般均衡理论也意味着，如果由于某种原因某种商品的市场偏离了原来的均衡，则所有其他商品的市场也应该偏离原来的均衡。

比如说，假定经济由两种商品组成，在均衡的情况下，第一种商品的产量是 8 个单位，第二种商品的产量是 10 个单位。如果政府规定第一种商品只能生产 7 个单位，那么，第二种商品的最优产量就应该做相应的调整，而不应该是原来的 10 个单位。这就是所谓的"次优理论"。

2. 市场的非价格机制

（1）非价格机制调节概述

非价格机制，是指通过配额、排队、限制等手段来调节供求。一般来说，价格是协调供求最有效的手段，如果价格不受管制，那么自由的市场竞价会使市场趋向均衡，尽管不能每时每刻都达到均衡。有时候政府会出于收入分配或其他目的限制竞价，如政府对一些特定产品实行配额生产或消费，政府有时候也要求企业必须雇用某些特定的员工。如我们前面指出的，整体来说，政府利用非价格手段干预市场会使经济产生效率损失。

但值得注意的是，在市场经济中，企业也会使用一些非价格手段调节需求。比如说，当某种产品非常紧俏的时候，厂家并不一定把价格提高到供求相等的水平，而是在维持价格不变的情况下实行限额购买。特别是，在金融市场和劳动力市场上，企业使用非价格手段更为频繁。比如说，银行并不把利率调整到某一水平，使得所有想贷款的人都能贷到款，而是对所有申请贷款的人进行资格审查，然后决定将款项贷给谁、不贷给谁以及贷多少。在劳动力市场上，即使求职者愿意以更低的工资获得工作机会，企业也可能不愿意降低工资，而是宁可在保持工资不变的情况下少雇用工人。

（2）非价格机制的应用

企业为什么使用非价格手段？无疑，有些情况下企业这样做是出于非经济因素的考虑，包括社会公正、舆论压力等。比如说，在自然灾害发生时，企业不愿意把产品价格提高到供求均衡的水平，可能是因为希望给每个人提供基本的生活保障，也可能是害怕被民众批评"发国难财"。但总体来说，企业使用非价格手段通常也是出于利润最大化的动机。事实上，这些手段之所以被认为是非价格手段，是因为人们对产品的定义有误解。很多非价格机制，在其本质上可以还原价格机制。

现实中有一种定价叫作打包价格机制。例如，迪士尼乐园的一张门票包含若干活动项目，理论上消费者拿一张通票可以玩所有的项目，但实际上一天下来去不了几个地方，因为每个地方都排着很长的队。所以，名义价格不变，不等于实际价格不变，非价格调节机制可以改变真实的价格。

二、政府干预的效率损失

（一）价格管制及其后果

在市场经济国家，政府有时会对价格和工资实行限制。与计划经济的政府定价不同的是，市场经济国家的价格管制一般只规定最高限价或最低限价，而不是直接定价。最高限价，即规定交易价格不能高于某个特定的水平，也就是卖出商品的标价不能超过规定的最高价格。最高价格一定低于均衡价格，否则是没有意义的。

最高限价会带来什么后果呢？从效率上来看，本来一些不是非常需要这个商品的人也进入了市场，该商品对这些消费者的效用并不高，但他们也很可能获得该商品，这对于社会资源是一种浪费。而该商品对另外一些人的价值较大，但在限价后他们可能买不到这种商品，这又是一种损失。政府会有什么对策呢？既然需求大于供给，政府可以选择的一个办法是强制企业生产市场需要的产量。这就是为什么价格管制经常会伴随计划性生产的主要原因。强制生产的结果是什么？假如政府的生产计划确实能够实现，此时生产的边际成本远远大于商品给消费者带来的边际价值，这是一种资源的浪费。

有时候政府制定了最高限价并强制企业生产，如果企业亏损则给予财政补贴。但这会弱化企业降低成本的积极性，甚至诱导企业故意增加成本、制造亏损，因为亏损越多，得到的补贴越多，不亏损就没有补贴。这又是一种效率损失。

如果政府没有办法强制企业生产，那就只能配额消费，在1200单位的需求量里面分配400单位的产量。配额会引起什么问题呢？如果政府通过抓阄的方式随机分配配额，将导致前面讲的效率损失，因为能得到该商品的并不一定是需求最迫切的消费者。

现在我们转向讨论最低限价政策。最低限价的直接目的是使得交易价格高于市场均衡价格。与最高限价的情况相反，如果政府为了保护某个产业，出台政策规定相关产品的交易价格不能低于某个最低价格，这将导致供过于求。

为了解决供过于求的问题，政府就不得不实行配额生产。即便政府能够保证把配额分配给成本最低的企业，但由于与需求量对应的产量小于均衡价格下的产量，也存在效率损失。当然，政府也可以强制消费者购买过剩的产量，但这样做不仅损害了效率，而且限制了消费者的选择自由。如果政府既不能成功地实行生产配额，也不能成功地强制消费，最低限价也就没有办法维持。解决问题的办法是把生产者价格和消费者价格分开，这就需要对生产者给予价格补贴，每单位产品的补贴额等于生产者价格和消费者价格的差额。对生产者来说，这种补贴是一种收益，但对整个社会来讲，则是总剩余的减少。

（二）税收如何影响价格

政府干预市场的另一个方式是征税。政府需要征税获得财政收入，税收的结构和额度将会改变市场的均衡状态。政府征税类似在供求之间加入一个楔子，对价格和交易量都会产生影响。税负最终是由谁来承担？这依赖于需求曲线和供给曲线的特征。但是无论如何，税负通常会降低交易效率。

1. 从量税

现在我们引入政府征税。税收中有一种税叫作从量税，是对生产者销售的每一单位产品进行征税。征收这种从量税以后，成交价格上涨了，均衡数量下降了。

下面我们来分析税收是由谁来承担的。表面上看消费者没有直接交税，但并非如此，实际上消费者与生产者共同承担起了税收。政府征走的税收可以作为转移支付，不会降低总剩余。但是征税后交易量的下降却降低了总剩余。可见，从量税会导致一定的效率损失。另外一种从量税是对消费者征税，与政府对生产者征税时相同。

现在我们来看一种特殊的情况。假如供给曲线价格没有关系，而需求曲线向下倾斜，垂直的供给曲线并不发生变化，均衡价格、量产也不变化，在这种情况下，税收全部由生产者承担。如果从量税是对消费者征收的，消费量没变，实际支出与没有税收时是一样的。税收仍然全部由生产者承担。再看另外一种情况，假如供给是有弹性的，而需求是无弹性的，也就是我们通常所说的"刚需"。生产者没有承担税收，此时税负全部由消费者承担。假设供求曲线不变，税负这时仍全部由消费者承担。只要需求和供给都有一定的弹性，税收就会造成生产效率的下降。

由此我们可以得出这样的结论：如果供给是无限弹性的，需求是有弹性的，税收将全部由生产者承担；如果需求是无限弹性的，供给是有弹性的，税收将全部由消费者承担。

一般情况下，无论向哪一方征税，供给弹性和需求弹性的比值直接决定着税负的分担比例，简单来讲，就是供给与需求哪一方弹性小，相应的负担的税收就大，一方面，需求弹性相对小，则消费者承担的税负比重高；另一方面，供给弹性相对小，则生产者承担的税负比重高。政府的税收政策一般会带来效率损失。只有在需求或供给无弹性的时候，税收才不造成效率损失，此时税负全部由消费者或生产者承担，没有导致交易数量的变化。只要需求和供给都有一定的弹性，税收就会造成生产效率下降。

生活必需品的需求弹性是比较小的，比如粮食价格上涨50%，人们的消费量不会减少50%。所以对生活必需品的征税大部分转嫁给消费者。奢侈品通常需求弹性比较大，承担税负的主要是生产者。

2. 从价税

从量税是根据销售数量定额征收，从价税是根据销售价格按一定比例征收。无论哪种情况，只要供给和需求都是有弹性的，税收就会产生效率损失。

3. 所得税

除了对交易征税，政府还会对个人和企业的收入征税，称为所得税。它是以所得额为课税对象的税收的总称。很多地方征收公司所得税，同时还有个人所得税。所得税收影响生产者的积极性，因而会影响产品价格。

总体来讲，税负不可能最终只由纳税人来承担，也会有效率损失。因为税负影响生产者的积极性，所以生产者会提高价格：假如所得税税率过高，没人愿意生产了，行业的供给量将会减少，导致市场价格上升，因此消费者就要承担部分税收。设想一个极端的情况，假如我们征收100%的利润税，企业赚的钱都纳税了，没人愿意办企业了，最后损害的将是我们社会上的每一个人。

第五章

消费者行为分析

第一节　消费者市场与行为

一、市场与消费者行为

消费者具有狭义和广义之分。狭义的消费者是指购买、使用各种消费品或服务的个人。广义的消费者是指购买、使用各种产品与服务的个人或家庭。在现实生活中，常常会有这样一种情况，即到商店买商品的人并不一定是在生活中使用商品的人。例如丈夫穿着妻子从外地买回的服装；孩子阅读父母购买的书籍；等等。那么，究竟谁是消费者？实际上消费是一个动态的过程，包括三种互相关联的行为：一是产生需要的行为；二是购买商品的行为；三是使用商品的行为。因此，参与过程中的某一个活动或全过程的人都可称为消费者。这里所说的消费者就是指实际参与消费活动的某一个行为或全过程的人。

（一）消费者市场

消费者市场是个人或家庭为了生活消费者而购买产品或服务所形成的市场。生活消费是产品或服务流通的终点，因而消费者市场也称为最终产品市场。消费者市场是相对于组织市场而言的。组织市场指以某种组织或购买单位的购买者所形成的市场，包括各类工业市场、中间商市场、政府市场和非营利组织市场。组织市场的购买目的是为了生产、销售或履行组织职能。

（二）消费者行为

1. 消费者行为的概念

关于什么是消费者行为，目前国内外并没有一个统一的、被普遍接受的定义。美国市场营销协会认为，消费者行为是指感知、认知、行为以及环境因素的互动过程，是人类履行交易职能的行为基础。消费者行为是与产品或服务的交换密切联系在一起的，通常发生在消费者与企业的交换过程之中，这一过程包括一系列的步骤，即从获取产品或服务的活动开始，到消费产品或服务的活动，最后以对产品或服务的处置而告终。消费者行为直接决定了营销企业的产品研发、销售、利润乃至兴衰。

企业研究消费者行为是为了与消费者建立和发展长期的交换关系。在探讨消费者获取产品的活动时，分析影响消费者选择产品和服务的因素；在研究消费者消费产品的活动时，主要分析消费者于何地、何时以及在何种状况下如何消费产品；在研究消费者处置产品的活动时，要了解消费者在使用完产品之后如何处理产品本身及其包装，以及消费者在购买商品或服务后所体验到的满意程度和由此所引发的反应。企业之所以强调对消费者获取产品或服务，消费产品或服务以及处置产品或服务的研究，是因为随着对消费者行为研究的深化，人们越来越深刻地意识到，消费者行为是一个整体，是一个过程，获取或者购买只是这一过程的一个阶段。因此，研究消费者行为，既应调查和了解消费者在获取产品或服务之前的评价与选择活动，也应重视在产品获取后对产品的使用、处置等活动。只有这样，对消费者行为的理解才会趋于完整。

2. 消费者行为的特点

一般来说，消费者行为具有差异性和复杂性、经常性和重复性、非专业性和可诱导性、伸缩性和季节性的特征。

（1）消费者行为的差异性和复杂性

由于消费者在性别、年龄、职业教育背景、收入、价值观念等方面存在不同程度的差异，因此，不同消费者在需求、偏好以及选择产品方面各有侧重，不可避免地存在较大的差异，表现出了消费者行为的差异性。同一消费者会受到各种文化的、经济的、个体的因素的影响。这些影响有直接的或间接的，有单独的或交叉的，通常难以识别和把握。因此，这些影响因素的复杂性决定了消费者行为的复杂性。

（2）消费者行为的经常性和重复性

由于消费者家庭日趋小型化，住宅逐渐公寓化，储藏空间有限，加之财力和习惯等因素的影响，消费者每次购买商品的数量不会太大。同时，消费者的消费具有日常性和随意性的特点，因此消费者必然要重复购买，购买频率非常高，表现出经常性和重复性。

（3）消费者行为的非专业性和可诱导性

大多数消费者购买商品活动缺乏专门的商品知识，对商品本身的性能、特点、使用、保养与维修等相关知识缺乏了解，尤其在电子产品、机械产品、新型产品层出不穷的现代市场，一般消费者很难判断各种产品的质价是否相符，因而对商品的购买表现出较强的情感性和可诱导性，容易受广告宣传、降价或人员推销等促销因素的影响，产生冲动性消费行为。所以消费者行为具有非专业性和可诱导性的特点。

（4）消费者行为的伸缩性和季节性

由于消费者受收入水平，商品的价格和促销、储蓄利率变动等因素的影响，无论在商品的数量还是品种的选择上都会出现较大的弹性。当收入增加、商品降价或者利率下调时，消费者就会增加购买行为，反之，则会减少购买行为。同时，由于季节性气候的变化以及传统节日、风俗习惯等因素的影响，导致消费者行为呈现出季节性消费的特点，冬季买冬季的消费品，夏季买夏季的消费品，元宵节吃汤圆，中秋节吃月饼，年年如此。

3. 消费者行为研究的内容

消费者行为研究模式中比较有代表性的是刺激—反应模式，市场营销因素和市场环境因素的刺激进入购买者的意识，购买者根据自己的特征处理这些信息，经过一定的决策过程做出了购买决策。

根据刺激—反应模式，可以将消费者行为的研究内容分为消费者购买决策过程、消费者个体因素、外在环境因素和市场营销因素等四个方面。其中，"购买者的反应"可以视为购买决策过程中"决策"内容的展开，不作为一个独立的因素。

消费者购买决策过程是消费者购买动机转化为购买活动的过程，分为认识问题、信息收集、产品评价、购买决策和购后行为等五个阶段。个体因素指消费者自身存在的影响消费行为的各类因素，包括心理因素、生理因素、经济因素和生活方式等。环境因素指消费者外部世界中所有能对环境产生影响的物质和社会要素的总和。市场营销因素指企业在市场营销活动中可以控制的各类因素。市场营销因素通过个体因素和环境因素作用于消费者，又受到个体因素和环境因素的影响。本书其他章节主要内容就是市场营销因素对消费者行为的影响，所以本章不展开这部分内容。

以上四类因素中，"消费者购买决策过程"即为消费者行为，其他三类因素为消费者行为的影响因素。因此，消费者行为学的研究内容又可以分为消费者行为和消费者行为影响因素两大类。

4. 消费者行为的模式

消费者行为是一种满足自身需要的行为，受消费者心理活动的支配。按照"刺激反应"的观点，人们在遭遇外界的刺激后，要经过内在的心理活动过程，而这个过程就像一只"黑箱（心理活动过程）"，是一个不可捉摸的神秘过程。消费者在接受了企业发出的市场营销刺激和客观存在的"宏观环境刺激"后，进入"心理黑箱"，然后根据自己的个人特征去处理这些信息，再经过某种心理活动过程的"转换"，最终表现为可见的消费者行为反应。

5. 消费者的外界刺激

消费者行为中的刺激因素，首先是各种不可控制因素形成的总体环境刺激，包括一个国家的经济、技术、政治和文化等要素，制约着整个消费需求的发展走向，并对消费者的"黑箱"产生显著的影响。其次是由各种企业可控因素，如产品、价格、渠道和促销等市场营销手段组成的市场营销刺激，通过不同变换和组合形式与环境因素交织，形成了影响消费者"黑箱"的最直接因素。

6. 消费者的"黑箱"

虽然难以窥测消费者行为中的"黑箱"的完整内幕，但它至少包括两方面的内容，即消费者的个性特征和决策过程。

（1）消费者的个性特征

消费者的个性特征表现为对事物的认识、情绪和意志。经济、政治、技术、文化等外界刺激因素，会影响消费者的个人特征，进而影响消费事物的认识、情绪和意志，并制约其反应。

（2）消费者的决策过程

消费者行为是从消费者认识商品到产生需要开始，然后经过挑选购买，再到使用，消费完毕告一段落，循环往复又不断发生新的变化。在这个过程中，消费者必须做出一系列的判断和决策。这些活动一方面受到了外部刺激的影响，另一方面受到个体心理特征的制约。

7. 消费者的反应

在多种因素的共同作用下，消费者最终将做出一定的反应，以满足消费者的需求和欲望。消费者所面临的各种各样的问题，可以归纳为六个方面。

（1）为什么买

为什么买即确定购买的原因。即使是同一样商品，消费者购买的动机也往往不同，实施购买行为的原因也多种多样。例如，同样是购买住房，有的人是为了居住，而有的人是为了投资。因此消费者购买或消费的动机，受制于消费者的需要与欲望。

（2）买什么

买什么即确定购买对象。它不仅包括购买哪类产品，而且包括选择商品的品牌、款式、规格、价格服务等。例如，同样为了御寒，人们可以选择棉衣或者羽绒服，在决定购买哪一种后，还有选择品牌、款式和价格的问题。因此它受制于具体的消费需求，是满足欲望的实质内容。

（3）何时买

何时买即确定购买时间。何时购买取决于商品的使用季节、消费者需求的迫切性以及市场行情的变化状况等。例如，饮品在夏季销售旺盛，月饼在中秋节集中销售等。此外还与商业、服务业的营业时间以及消费者自身的习惯有关系。

（4）到哪儿去买

到哪儿去买即确定购买地点。消费者在确定购买地点时往往会考虑：交通是否便利，商品是否齐全，价格是否合理，服务是否周到，等等。此外，在市场竞争异常激烈的今天，商家的声誉对消费者选择的影响也越来越大。

（5）如何买

如何买即确定购买方式，是选择邮购、预购、代购，还是网购或团购等，并决定是分期付款还是一次付清。随着人们经济收入的增加，生活节奏的加快，以及网络时代的到来，人们在消费支付的方式上已发生了很大的变化。从现代商业营销方式来看，越是方便和有利于消费者的购买方式，就越能促进商品的销售。例如，网上购物正成为很多消费者认可的消费方式。

（6）买多少

买多少即确定购买数量。消费者在确定购买商品或服务的数量时，将考虑其实际需要、支付能力以及市场的供应状况。在商品日益丰富的今天，人们更多的购买倾向是次数多而数量少。因此，小包装商品和个性化商品大受消费者青睐。

消费者行为的模式表明，消费者的消费心理虽然是复杂和难以捉摸的，但由于这种神秘莫测的心理作用可在消费者行为上反应显现出来，因而企业要善于分析消费者处理外部刺激和做出购买决策的规律性，这样才能制定有效的市场营销战略，发出合适的市场营销信息，去刺激和影响消费者的心理过程及其购买行为。

第二节 消费者行为决策

企业除需了解消费者的行为模式以及影响消费者的各种因素之外，还必须了解消费者如何做出购买决策及消费者行为决策的过程，以便采取相应的措施，实现企业的营销目标。消费者的购买决策是指消费者感受到问题的存在，寻找解决方案，对诸多方案进行比较和选择并对选择结果进行评价的过程。消费者决策有的很复杂，需要持续很长的时间，有的需要很短时间就可以完成。

一、购买者角色

企业必须了解每一购买者在购买决策中所扮演的角色，并针对其角色地位与特性，采取有针对性的营销策略，才能较好地实现营销目标。例如购买一辆汽车，提出这一要求的是孩子，是否购买是由夫妻共同决定，而丈夫对汽车的品牌做出决定，妻子在汽车的造型、颜色方面则有较大的决定权。只有了解购买决策中参与者的作用及其特点，企业才能制订出有效的生产计划和营销计划。可能有五种角色参与消费者购买决策过程。①发起者：第一个提议或想到去购买某种产品的人。②影响者：有形或无形地影响最后购买决策的人。③决定者：最后决定整个购买意向的人。比如买不买，买什么，买多少，怎么买，何时与何地买等。④购买者：实际执行购买决策的人。比如与卖方商谈交易条件，带上现金去商店选购等。⑤使用者：实际使用或消费商品的人。消费者以个人为购买单位时，五种角色可能由一人担任；以家庭为购买单位时，五种角色往往由家庭不同成员分别担任。

二、消费者购买决策类型

（一）根据购买决策过程的复杂程度进行划分

消费者在购买不同商品时，由于重视和关心程度的不同，使得购买决策过程的复杂程度有所不同。例如，消费者购买一双皮鞋和购买一辆汽车的重视和关心程度肯定不同。我们把消费者由某一特定购买需要而产生的对决策过程关心或感兴趣的程度称为购买介入程度。当消费者的购买介入程度由低到高变化时，他的决策过程也会随之变得更加复杂。根据决策过程的复杂程度，可以将消费者购买决策的类型划分为以下三类：

1. 名义型决策

名义型决策就其本身而言实际上并未涉及决策。当一个问题被认知后，凭借记忆经过内部搜索，消费者的大脑就浮现出某个偏爱的品牌之后，该品牌就会被选择和购买。例如，当消费者在超市购物时想起家中食用油快没了，自然就会到货架上去寻找经常使用的某品牌调和油，而根本不会想到要用别的牌子去替代。名义型决策通常发生在购买介入程度很低的情况下，决策过程较为简单。

2. 有限型决策

有限型决策是对一个有着几种选择方案的问题的认识。信息的搜索主要来自内部，外部信息的收集比较少，备选的方案也不多，且应用简单的决策规则和很少的购后评价。例如，如果你选择商品时，把价格作为衡量指标，那么在选购商品时，就会购买最便宜的一种，其余不加考虑。这种决策有时会因情感性需要或环境性需要而产生。例如，消费者可能因为对某个品牌感到厌倦，或看到别人都去选择另一个牌子的商品，自己就想改改口味，换个品牌试试。

3. 扩展型决策

扩展型决策是消费者最复杂的购买决策方式。当消费者面对不熟悉、价格昂贵或不常购买的商品时，通常选择此类决策方式。这种决策方式涉及广泛的内外部信息搜索，对多种备选方案进行复杂的比较和评价。消费者在购买了产品后，经常会对购买决策的正确性产生怀疑，进而对购买决策进行全面评价。例如，消费者在购买住房、汽车等大件商品多采用扩展型决策。

（二）按照消费者的购买行为特征进行时划分

消费者在购买商品时，会因商品价格、购买频率的不同而投入购买的程度不同。根据购买者在购买过程中的介入程度和产品品牌之间的差异程度，可以将消费者的购买行为分为四种类型。

（1）复杂的购买行为。复杂的购买行为是指消费者在购买时投入很大的时间与精力进行产品比较选择，并注重各个品牌之间的差异的购买行为。当消费者对所购买的商品不了解，感到风险比较大，或者所购买的商品价值比较高，而不同厂家所提供的产品差异性越大时，消费者就越会采取复杂的购买行为。例如对汽车的购买，由于消费者对产品的性能缺乏了解，不同品牌之间的差异又较大，为慎重起见，他们会投入较多的时间，广泛地收集有关信息，考虑不同品牌之间的差异，最后形成比较明显的品牌偏好，做出购买决策。对于复杂的购买行为，企业应尽可能给消费者提供必要的商品信息，以帮助消费者学习和了解产品的性能和属性，搞清产品的差别优势及其给消费者带来的切实利益，并通过广告与促销工作来突出本企业产品的特点，以影响消费者对不同品牌产品的选择。

（2）减少不协调的购买行为。有些产品品牌差异不大，消费者也不经常购买，但商品的价值比较高，购买时风险比较大，这时，消费者一般会货比三家，只要价格公道，购买方便，机会适合，消费者就会决定购买。这种行为称为减少不协调感购买行为。例如购买商品房，消费者不一定会注重哪个房地产商开发的房子，但会花较多的时间对商品房的地点、户型、结构、建筑质量进行比较分析再决定购买。购买以后，可能因为产品自身方面不称心，或许得到了其他产品更好的信息，消费者也许会感到一些不协调或不满意，产生不该购买这一产品的后悔心理。为了改变这种心理，他会主动寻求种种理由来减轻、化解这些不协调，以证明自己购买决策是正确的。针对这种类型的消费者行为，企业应通过调整价格和选择售货网点，并向消费者提供有利的商品信息，帮助消费者消除不平衡心理，使其在购买后相信自己做出的决策是正确的。

（3）广泛选择的购买行为。广泛选择的购买行为又称寻求多样化的购买行为。有些产品品牌差异虽大，但消费者并不愿意花费太多的时间来选择和评价，而是经常变换购买的品牌或品种，这种行为称为广泛选择的购买行为。例如购买面包，某消费者上次购买的是肉松面包，而这次却购买了鲜奶面包。这种品种的更换并不是对上次购买的不满意，而是想寻求多样化，换换口味而已。针对这种类型的消费者，企业一方面应该通过把商品摆满货架以避免脱销，通过经常性的广告来鼓励消费者习惯性的购买行为；另一方面，要通过各种有吸引力的促销活动和有特色的广告来刺激消费者进行产品品牌的选择。

（4）习惯性的购买行为。对于价格低廉、经常购买、品牌差异小的产品，消费者不需要花费太多时间进行选择，也无须经过收集信息、评价产品特点等复杂过程。

他们也许会长期购买某个品牌的商品，但只是习惯或出于方便，而不是因为对某个品牌的忠诚。这种行为称为习惯性的购买行为。对于这种类型的消费者，企业应通过反复的广告促销活动来刺激消费者的记忆，同时在销售网点的布置、商品的包装和陈列上尽可能地引起消费者的注意，并能方便消费者购买。

三、消费者行为决策过程

消费者的每一项消费行为，都会有一个决策过程，只是因所购买的产品类型以及购买者类型的不同而使购买决策过程有所区别。典型的购买决策过程一般包括确认问题、收集信息、选择评估、购买决策和购后感受五个阶段。

这个购买决策过程模式适用于分析复杂的购买行为，因为复杂的购买行为是最完整、最有代表性的购买类型，其他购买类型是越过其中某些阶段后形成的，是复杂购买行为的简化形式。模式表明，消费者的购买决策过程早在实际购买以前就已开始，并延伸到实际购买以后，这就要求营销人员注意购买决策过程的各个阶段而不是仅仅注意销售。

（一）确认问题

确认问题指消费者确认自己需要什么。需要是购买活动的起点，升高到一定阈限时就变成一种驱动力，驱使人们采取行动去予以满足。

需要产生于消费者实际状态与理想状态的差距。实际状态指消费者目前所处的状态。理想状态指消费者想要达到的状态。"状态"可以指消费者内心的生理或心理状态，也可以指外在的商品或服务状态。比如，消费者肚子饥饿是生理的实际是状态，消除饥饿生理的理想状态，二者之间的差距产生了吃的需要。再如，消费者并不饥饿，这是生理的实际状态；但是看到饭店美食诱人，想要满足口腹之欲，这是生理的理想状态。二者之间的差距产生了吃的需要。消费者手机坏了，这是商品当前的实际状态；需要有一部能够正常使用的手机，这是商品的理想状态。二者之间的差距产生了购买手机的需要。消费者手机依然完好如初，这是商品当前的实际状态；看到朋友都用了新款智能手机，自己也想有，这是理想状态。二者之间的差距也造成了购买手机的需要。虽然手机坏与没坏造成的"确认问题"都是买一部新手机，但是原因显然不同。因此，需要可由内在刺激或外在刺激唤起。内在刺激是人体内的驱使力，如饥、渴、冷等会产生食物、饮料和衣物的需要。外在刺激是外界的"触发诱因"，如美食、新款智能手机等，需要被唤起后可能逐步增强，最终驱使人们采取购买行动，也可以逐步减弱以至消失。

（二）信息收集

信息收集的前提条件是积累需要的存在。被唤起的需要立即得到满足需要三个条件：这个需要很强烈；满足需要的物品很明显；该物品可立即得到。这三个条件具备时，消费者满足被唤起的需要就无须经过信息收集阶段，也可理解为这个阶段很短、很快、接近于零。如果这三个条件有一个不具备，被唤起的需要就不能马上得到满足，而是先存入记忆中作为未满足的项目，称为"累计需要"。随着累计需要由弱变强，会出现两种情况：一是"高亢的注意力"，指消费者对能够满足需要的商品信息变得敏感。虽然并不有意识地收集信息，但是留心接受信息，比平时更加关注该商品的广告、别人对该商品的使用和评价等。二是"积极地信息收集"，指主动地、广泛地收集该产品的信息。风险越高信息收集就会越详尽，时间也会越久。通常情况下，消费者会通过各种渠道，采取各种方式进行有关信息的收集，主要的信息来源包括以下几种。

1. 个人来源

个人来源又称人际来源，包括家庭、朋友、邻居和熟人等。这方面的信息对购买决策最具影响力。

2. 商业来源

商业来源包括广告、推销员、经销商、包装品和展销会等。这方面的信息数量最多，它会给消费者提供大量有关商品的信息，起到提醒、强化品牌印象等作用。

3. 公共来源

公共来源包括报刊、电视等大众传媒和消费者协会等。这方面的信息最具客观性和权威性，具有导向作用，有助于树立品牌形象。

4. 经验来源

经验来源包括消费者从产品或服务的使用或体验中得到的经验、教训或阅历。这方面信息比较真实、可靠，是消费者做出购买决策的直接支撑点。

这些信息来源之间的影响，取决于具体的产品和购买者。一般情况下，消费者得到信息多数来自商业来源，其次为大众来源和个人来源，经验来源的信息相对较少。在消费者购买决策中，商业的信息来源信息更多地扮演传达和告知的角色，而其他非商业来源信息起到验证和评价的作用。在此阶段，企业要通过有效的促销活动提供给消费者有关的信息，使本企业的产品能成为消费者可供选择的品牌。随着网络时代的到来，消费者获取信息的渠道更加广泛。网络传媒作为一种新的传播方式，不仅可以为企业提供产品信息发布与广告宣传，同时还能与消费者开展各种互动。因此，企业应高度重视网络口碑对消费者决策的影响。

菲利普·科特勒关于消费者信息来源的解释是举例，而非定义。举例的优点是通俗易懂，不足之处是不易于把握概念的实质。比如，菲利普·科特勒将网站归为商业来源，而将大众媒体归为公共来源，事实上，网站也是一种大众媒体。再如，网站和大众媒体只是一种信息载体，并不说明信息来源是什么。对于大众而言，媒体刊登企业广告则为商业来源；媒体发布政府部门质量检测信息作为公共来源；如果朋友、熟人等登录网站发布信息则为私人来源。信息来源指该信息由谁发布而不是通过何种媒介传播。

从消费者对信息的信任程度看，经验来源和个人来源最高，其次是公共来源，最后是商业来源。研究认为，商业来源的信息在影响消费者购买决定时只起"告知"作用，由于个人来源和经验来源则起评价作用。比如，某消费者购买笔记本电脑，他从广告或企业宣传资料中得知有哪些品牌，而消费者评价不同品牌优劣时就向朋友和熟人打听。因此，除利用商业来源传播信息外，企业还要设法利用好刺激公共来源、个人来源和经验来源，也可多种渠道同时使用，以加强信息的影响力或有效性。

（三）备选产品评估

消费者在获得全面的信息后就会根据这些信息和一定的评价方法对同类产品的不同品牌加以评价并决定选择。一般而言，消费者的评价行为涉及以下五个方面。

1. 产品属性

产品属性指产品所具有的能够满足消费者需要的特性，产品在消费者心中表现为一系列基本属性的集合。在价格不变的条件下，产品具有更多的属性将增强吸引力，但是也会增加成本。营销人员应了解顾客主要对哪些属性感兴趣以确定产品应具备的属性。

2. 品牌信念

品牌信念指消费者对某品牌优劣程度的总体评价。每一品牌都有一些属性，消费者对每一属性实际达到了何种水准给予评价，然后将这些评价连贯起来，就构成他对该品牌优劣程度的总的评价，即他对该品牌的信念。

3. 建立属性权重

属性权重是指消费者对产品各种属性所赋予的相应的重要性权数，通常情况下，对于消费者特定的需要来说，不同属性的重要程度是不同的。例如，就照相机而言，摄影爱好者往往会考虑其性能的高低，而旅游者则主要考虑便利程度。当消费者被问及如何考虑某一产品属性时立刻想到的属性，叫作产品的特色属性。例如，问及消费者买鲜奶应考虑什么属性时，"营养"就应该是鲜奶的特色属性。在非特色属性中，有些可能被消费者遗忘，而一旦被提及，消费者就会认识到它的重要性。因此，营销人员应更多地关心属性权重，而不是属性特色。

4. 形成"理想产品"

消费者所期望的产品满足感是随产品属性的不同而变化的。这种满足程度与产品属性的关系，可用效用函数描述，即描述消费者所期望的产品满足感随产品属性的不同而形成相应的函数关系，它与品牌信念既有区别又有联系。品牌信念是指消费者对某品牌的某一属性已达到何种水平的评价，而效用函数则表明消费者要求该属性达到何种水平才会接受，每个消费者对不同产品属性的满意程度不同，形成不同的效用函数。例如，消费者购买一台照相机后其满足感会因质量性能好、功能齐全、操作方便等而得以实现，但也会因价格的上升而使满足感减少。把效用的各个最高点连接起来，便成为消费者最理想的相机效用曲线。

（四）购买决策

消费者经过产品评估后会形成一种购买意向，但是从购买意向到实际购买还有一些因素介入其间。

1. 他人态度

例如，某人决定购买一辆汽车，但是家人不同意，他的购买意向就会降低。他人态度的影响力取决于三个因素：其一，他人否定态度的强度。否定态度越强烈，影响力就越大。其二，他人与消费者的关系。关系越密切，影响力越大。其三，他人的权威性。他人对此类产品的专业水准越高，则影响力越大。

2. 意外因素

消费者购买意向是以一些预期条件为基础形成的，如预期收入、预期价格、预期质量、预期服务等，如果这些预期条件受到一些意外因素的影响而发生变化，购买意向就可能改变。例如，预期的奖金收入没有得到、原定的商品价格突然提高、购买时销售人员态度恶劣等都可能导致顾客购买意向改变。

（五）购买后感受

研究消费者购买后过程的目的是提高其满意度。消费者的购后感受分为三个阶段，即使用和处置、购后评价、购后行为。

1. 购后使用和处置

消费者在购买所需商品或服务之后，会进入使用过程以满足需要。购后使用和处置有时只是一种直接消耗，比如喝饮料、看演出等；有时则是一个长久的过程，如家电、家具、汽车等耐用消费品的使用，营销人员应当关注消费者如何使用和处置产品。如果消费者使用产品频率高，会增强其购买决策正确性的信心。如果一个产品应该有高使用频率而实际使用率很低甚至丢弃，说明消费者认为该产品无用，进而懊悔自己的购买决定。

2. 购后评价

消费者通过产品使用和处置过程对所购买的产品或服务做出评价，检讨自己购买决策的正确性，确认满意程度，作为以后类似购买活动的参考。消费者的购后满意程度不仅仅取决于产品质量和性能发挥状况，心理因素也具有重大影响。预期满意理论认为顾客满意是消费者将产品可感知效果与自己的期望值相比较后所形成的心理感受状态，即消费者购买产品以后的满意程度取决于购前期望得到实现的程度。消费者满意度可用函数表示为 $S = f(E, P)$，式中，S 表示消费者满意程度；E 表示消费者对产品的期望；P 表示产品可觉察性能。消费者根据自己从卖主、熟人及其他来源所获得的信息形成产品期望 E，购买产品以后的使用过程形成对产品可察觉性能 F 的认识。如果 $P = E$，则消费者会感觉到满意；如果 $P > E$，则消费者会很满意；如果 $P < E$，则消费者会不满意，差距越大就越不满意。根据这种理论，营销企业提高顾客购后满意度应做好两项工作：①避免过度提高顾客购前期望。方法是在商品宣传上实事求是，不夸大其词。②提高顾客对商品或服务可察觉性能的感受。方法是提供及时可靠的售后服务，减少或消除购后失调感。

3. 购后行为

顾客对产品的评价决定了购后行为。信赖产品，就会重复购买同一产品，并推荐给周围的人群；对产品不满意，就会抱怨、索赔、个人抵制或不再购买、劝阻他人购买、向有关部门投诉。企业应当积极主动地采取多种措施促使顾客发生有利于企业和产品的行为，避免不利于企业和产品的行为。

第三节 影响消费者行为的个体因素

影响消费者行为的个体因素的主要有心理因素、生理因素、经济因素、生活方式等。心理因素指消费者自身心理活动、心理状态对消费行为的影响，如认识、需要、动机等因素。生理因素指消费者自身生理状况，包括性别、年龄、健康状况和生理嗜好等因素对消费行为的影响。经济因素指消费者的收入状况对其消费行为的影响。生活方式指一个人在生活中表现出来的活动、兴趣和看法的模式。其中，心理因素是个体因素的主要研究内容。

一、消费者认知

认知是由表及里、由现象到本质反映客观事物的特征与联系的过程，可以分为感觉、知觉、学习、态度与信念等阶段。

（一）感觉

感觉是人脑对当前直接作用于感觉器官的客观事物个别属性的反应。

（二）知觉

1. 知觉的概念

知觉是人类对直接作用于感觉器官的客观事物各个部分和属性的整体反应。知觉与感觉的主要区别有两个方面：其一，个别属性与整体属性。感觉是人脑对客观事物的某一部分或个别属性的反应；知觉是对客观事物各个部分、各种属性及其相互关系的综合体、整体的反应。其二，感觉过程仅仅反映当前刺激所引起的兴奋，不需要以往的知识经验的参与；而知觉过程包括了当前刺激所引起的兴奋和以往知识经验的暂时神经联系的恢复过程。

2. 知觉的性质及其营销应用

（1）知觉的整体性

知觉的整体性也称为知觉的组织性，指知觉能够根据个体的知识经验将直接作用于感官的客观事物的多种属性整合为同一整体，以便全面地、整体地把握该事物。有时，刺激本身是零散的，而由此产生的知觉却是整体的。

（2）知觉的选择性

知觉的选择性指知觉对外来刺激有选择地反映或组织加工的过程，包括选择性注意、选择性扭曲和选择性保留。选择性注意指人们在外界诸多刺激中仅仅注意到某些刺激或刺激的某些方面，而面对其他刺激加以忽略。选择性扭曲指人们有选择地将某些信息加以扭曲，使之符合自己的意向。受选择性扭曲的作用，人们在消费品购买和使用过程中往往忽视所喜爱的品牌的缺点和其他品牌的优点。选择性保留指人们倾向于保留那些与其态度和信念相符的信息。

知觉的选择性给营销人员的启示是：人们选择那些刺激物作为知觉对象以及知觉过程和结果受到主观与客观两方面因素的影响。主观因素称为非刺激因素。非刺激因素越多，所需要的感觉刺激就越少，反之就越多。企业提供同样的营销刺激，不同消费者会产生截然不同的知觉反应，与企业的预期可能并不一致。企业应当分析消费者特点，使本企业的营销信息被选择成为其知觉对象，形成有利于本企业的知觉过程和知觉结果。

（三）学习

所谓学习是指人在生活过程中，因经验而产生的行为或行为潜能的比较持久的变化。一般来说，消费者学习的模式主要包括五个阶段，分别为驱使力、刺激物、诱因、反应、强化。其中，驱使力是引发人行动的内在动力；刺激物和诱因是决定人们何时何处以及如何反应的微弱刺激因素；反应则是消费者为满足某动机所做出的选择；强化则是指如果某一反应能使消费者获得满足，那么消费者便会不断做出相同的选择。

（四）态度与信念

态度是人们对客观事物所持的主观评价与行为倾向。人们几乎对所有事物都持有态度，但态度不是与生俱来的，而是后天习得的。例如，我们对某人有好感，可能是因为他外表英俊，也可能是因为他谈吐得体，还可能是因为他知识渊博，等等。不管出自何种缘故，这种好感都是通过接触、了解逐步形成的，而不是天生固有的。态度一经形成，具有相对持久和稳定的特点，并逐步成为个性的一部分，使个体在反应模式上表现出一定的规则和习惯性。正因为态度所呈现的持久性、稳定性和一致性，使态度的改变较为困难。因此，企业应尽可能使其产品适应消费者的意向，激起消费者的购买动机，从而赢得更多的顾客和市场。

信念是指人们对事物所持的认识。消费者对商品的信念可以建立在科学的基础上（如认为"吸烟有害健康"），也可以建立在某种见解的基础上（如认为"汽车越小越省油"），还可以建立在信念的基础上（如认为"名牌产品质量总是有保证的"），等等。不同消费者对同一事物也可能拥有不同的信念，而这种信念又会影响消费者的态度。例如，一些消费者认为名牌是质量的象征，要买就买名牌，而另一些消费者并不认为名牌和一般产品有多大区别。很显然，上述不同的信念会导致对名牌产品不同的态度。因此作为企业营销人员应关注消费者对其产品或服务所持的态度和信念，运用促销活动尽可能为本企业树立良好的产品品牌形象。

二、消费者的需要与动机

（一）需要与动机的含义

1. 需要

需要是个体对内在环境和外部条件的较为稳定的要求。心理学对需要的解释主要分为两种，一是重视它的动力性意义，把需要看作一种动力；二是把需要看作个体在某方面的不足。德国心理学家勒温认为，个人与环境之间有一定的平衡状态，如果这种平衡遭到破坏，就会引起一种紧张，产生需要或动机。如果需要得不到满足或受到阻碍，紧张状态就会保持，推动着人们从事消除紧张、恢复平衡、满足需要的活动。需要满足后，紧张才会消除。因此，需要是行为的动力。

2. 动机

动机指人们产生某种行为的原因。购买动机指人们产生购买行为的原因。动机的产生必须有内在条件和外在条件。产生动机的内在条件是达到一定强度的需要。需要越强烈，则动机越强烈。产生动机的外在条件是诱因的存在。诱因指驱使动机产生一定行为的外在刺激，可分为正诱因和负诱因。正诱因指能够满足需要，引起个体趋向和接受的刺激因素。负诱因指有害于需要的满足，引起个体逃离和躲避的刺激因素。例如，对于饥饿的人来说，米饭是正诱因，体罚是负诱因。诱因可以是物质的，也可以是精神的。同事对某款服装的称赞就是驱使消费者购买服装的精神诱因。当内在条件与外在条件同时具备，即个体的需要达到一定强度且有诱因存在时就会产生动机。例如，当行人口渴达到一定程度并且附近商店有饮料出售的时候，就会产生购买饮料的动机。

根据内在条件和外在条件所起的作用不同，动机可分为"推"和"拉"两种类型。"推"是指动机中的内在条件起了决定作用。例如，消费者非常饥饿的时候，即使附近没有食物，也会主动地到处寻找和购买食物。"拉"是指动机中的外在条件起了决定作用。例如，消费者有时并不饥饿。但是看到美味食品也会产生购买和进食的动机。

3. 需要与动机的关系

需要与动机都是产生行为的原因。既然需要可以直接驱使人们产生行动，为什么不直接用需要解释人的行为动因，而另外提出一个"动机"的概念呢？因为二者还有显著的不同：①需要仅仅反映产生行为的内在原因，而动机包括产生行为的内在与外在原因。②需要不一定引起个体的行动，只有处于唤醒状态才能驱使个体采取行动，而需要的唤醒既可源于外部刺激，也可源于内部刺激。③需要仅仅为行为指明总的目标或任务，但是并不规定实现目标的方法或途径。例如，在饥饿产生的时候，消除饥饿是需要，是总任务或总目标，消除饥饿的食品如米饭、馒头、鱼肉等都是实现目标的不同方法或途径，消费者选择哪种食品并不能由需要得到解释。在满足需要的多种途径中，消费者如何选择可由动机来加以解释。动机从能量与具体方向两个方面说明了行为的动因。

（二）需要层次理论及其在市场营销活动中的应用

心理学家提出多种理论揭示人类行为动机与消费者购买动机，马斯洛需要层次理论是得到广泛应用的动机理论之一。

1. 需要层次理论

美国心理学家马斯洛提出了需要层次理论，将人类的需要由低到高分为五个层次，即生理需要、安全需要、社交需要、尊敬需要和自我实现需要。

（1）生理需要

指为了生存而对必不可少的基本生活条件产生的需要。如由于饥、渴、冷、暖而对吃、穿、住产生需要，它能保证一个人作为生物体而存活下来。

（2）安全需要

指维护人身安全与健康的需要。如为了人身安全和财产安全而对防盗设备、保安用品、人寿保险和财产保险产生需要；为了维护健康而对医药和保健用品产生需要等。

（3）社交需要

指参与社会交往，取得社会承认和归属感的需要。消费行为必然会反映这种需要，如为了参加社交活动和取得社会承认而对得体的服装和用品产生需要；为了获得友谊而对礼品产生需要等。

（4）尊敬需要

指在社交活动中受人尊敬，取得一定社会地位、荣誉和权力的需要。如为了表明自己的身份和地位而对某些高档消费品产生需要等。

（5）自我实现需要

指发挥个人的最大能力，实现理想与抱负的需要。这是人类的最高需要，满足这种需要的产品主要是思想或精神产品，如教育与知识等。

马斯洛需要层次理论可进一步概括为两大类，第一大类是生理的、物质的需要，包括生理需要和安全需要；第二大类是心理的、精神的需要，包括社交需要、尊敬需要和自我实现需要。马斯洛认为，一个人同时存在多种需要，但在某一特定时期每种需要的重要性并不相同。人们首先追求满足最重要的需要，即需要结构中的主导需要，它作为一种动力推动着人们的行为。当主导需要被满足后就会失去对人的激励作用，人们就会转而注意另一个相对重要的需要。一般而言，人类的需要由低层次向高层次发展，低层次需要满足以后才会追求高层次的满足。例如，一个食不果腹、衣不蔽体的人可能会铤而走险而不考虑安全需要，可能会向人乞讨而不考虑社交需要和尊敬需要。

2. 需要层次理论的营销应用

需要层次理论最初应用于美国的企业管理中，分析如何满足企业员工的多层次需要以调动其工作积极性，以后用于市场营销中分析多层次消费需要并提供相应的营销策略予以满足。例如，对于满足低层次需要的购买者要提供经济实惠的商品，对于满足高层次需要的购买者应提供能显示其身份、地位的高档消费品，还要注意需要层次随着经济发展而由低级向高级的发展变化。

三、生理因素、经济因素与生活方式

（一）生理因素

生理因素指年龄、性别、体征（高矮胖瘦）、嗜好（如饮食口味）和健康状况等生理特征的差别。生理因素决定着消费者对产品款式、构造和细微功能有不同需求。

例如，儿童和老人的服装要宽松，穿脱方便；身材高大的人要穿特大号鞋；江浙人嗜甜食，四川人嗜麻辣；病人需要药品和易于吸收的食物。

（二）经济因素

经济因素指消费者可支配收入、储蓄、资产和借贷的能力。经济因素是决定购买行为的基本因素，决定着能否发生购买行为以及发生何种规模的购买行为，决定着购买商品的种类和档次。例如，低收入家庭只能购买基本生活必需品以维持温饱。

世界各国消费者的储蓄、债务和借贷倾向不同。日本人的储蓄倾向强，储蓄率为18%，而美国的仅为6%，因此日本银行有更多的钱和更低的利息贷给日本企业，日本企业有较便宜的资本以加快发展。美国人的消费倾向强，债务—收入比率高，贷款利率高。营销人员应密切注意居民收入、支出、利息、储蓄和借款的变化。

（三）生活方式

生活方式指一个人在生活中表现出来的活动、兴趣和看法的模式。不同的生活方式群体对产品和品牌有不同的需求，营销人员应设法从多种角度区分不同生活方式的群体，如节俭者、奢华者、守旧者、革新者、高成就者、自我主义者、有社会意识者等，在设计产品和广告时应明确针对某一生活方式群体。例如，高尔夫球场不会向节俭者群体推广高尔夫运动，名贵手表制造商应研究高成就者群体的特点以及如何开展有效的营销活动，环保产品的目标市场是社会意识强的消费者。

第四节　消费者购买决策及行为类型

一、消费者购买决策类型

消费者在购买不同商品时，由于重视和关心程度的不同，使得购买决策过程的复杂程度有所不同。例如，消费者购买一双皮鞋和购买一辆汽车的重视和关心程度肯定不同。我们把消费者因某一特定购买需要而产生的对决策过程关心或感兴趣的程度称为购买介入程度。当消费者的购买介入程度由低到高变化时，他的决策过程也会随之变得更加复杂。根据决策过程的复杂程度，可以将消费者购买决策划分为以下类型：

1. 名义型决策

名义型决策就其本身而言实际上并未涉及决策。当一个问题被认知后，凭借记忆经过内部搜索，消费者的大脑就浮现出某个偏爱的品牌之后，该品牌就会被选择和购买。例如，当消费者在超市购物时想起家中食用油快没了，自然就会到货架上去寻找经常使用的某品牌调和油，而根本不会想到要用别的牌子去替代。名义型决策通常发生在购买介入程度很低的情况下，决策过程较为简单。

2. 有限型决策

有限型决策是对一个有着几种选择方案的问题的认识。信息的搜索主要来自内部，外部信息的收集比较少，备选的方案也不多，且应用简单的决策规则和很少的购后评价。例如，如果你选择商品时，把价格作为衡量指标，那么在选购商品时，就会购买最便宜的一种，其余不加考虑。这种决策有时会因情感性需要或环境性需要而产生。例如，消费者可能因为对某个品牌感到厌倦，或看到别人都去选择另一个牌子的商品自己就想改改口味，换个品牌试试。

3. 扩展型决策

扩展型决策是消费者最复杂的购买决策方式。当消费者面对不熟悉、价格昂贵或不常购买的商品时，通常选择此类决策方式。这种决策方式涉及广泛的内外部信息搜索，对多种备选方案进行复杂的比较和评价。消费者在购买了产品后，经常会对购买决策的正确性产生怀疑，进而对购买决策进行全面评价。例如，消费者在购买住房、汽车等大件商品多采用扩展型决策。

二、消费者购买行为类型

参与度和产品品牌差异不同，消费者的购买决策过程则显著不同。同类产品不同品牌之间的差异越大，产品价格越昂贵，消费者越是缺乏产品知识和购买经验，感受到的风险越大，购买决策过程就越复杂。例如，牙膏、火柴与电脑、轿车之间的购买复杂程度显然是不同的。阿萨尔根据购买者的参与程度和产品品牌差异程度区分出四种购买类型。

（一）复杂的购买行为

如果消费者属于高度参与，并且了解现有各品牌、品种和规格之间具有显著差异，则会产生复杂的购买行为。复杂的购买行为指消费者完整细致地经历购买决策过程各个阶段的一种购买行为。消费者会在广泛收集信息和全面的产品评估的基础上制定购买决策，认真地进行购后评价。

对于复杂的购买行为，营销者应制定策略帮助购买者掌握产品知识，运用各种途径宣传本品牌的优点，影响最终购买决定，简化购买决策过程。

（二）减少失调感的购买行为

如果消费者属于高度参与，但是并不认为各品牌之间有显著差异，则会产生减少失调感的购买行为。减少失调感的购买行为指消费者购买过程简单而迅速，但是在购买之后易于产生失调感并力求降低失调感的一种购买行为。地毯、房内装饰材料、服装、首饰、家具和某些家用电器等商品的购买大多属于减少失调感的购买行为。此类产品价值高、不常购买，但是消费者看不出或不认为某一价格范围内的不同品牌有什么差别，并未在不同品牌之间精心比较和选择，购买决策过程迅速，可能会受到与产品质量和功能无关的其他因素的影响，如因价格便宜、销售地点近、熟人介绍而觉得购买。购买之后，会因使用过程中发现产品的缺陷或听到其他同类产品的优点而产生失调感并力求减少失调感。

对于减少失调感的购买行为，营销者要提供完善的售后服务，通过各种途径经常提供有利于本企业和产品的信息，使顾客相信自己的购买决定是正确的。例如，耐用消费品经营企业在产品售出以后应定期与顾客联系，感谢购买并指导使用，提供维修保养，通报本企业产品的质量、服务和获奖情况，征询改进意见等，还可以建立良好的沟通渠道处理消费者意见并迅速赔偿消费者所遭受的不公平损失。事实证明，购后沟通可减少退货和退订现象。如果让消费者的不满发展到投诉或抵制该产品的程度，企业将遭受更大的损失。

（三）多样性购买行为

如果消费者属于低度参与并了解现有同类产品各品牌和品种之间具有显著差异，则会产生多样性购买行为。多样性购买行为指消费者随意购买和随意转换以试用同类产品多种品牌和品种的一种购买行为。消费者并不深入收集信息和评估比较就决定购买某一品牌，在消费时才加以评估，在下次购买时又转换其他品牌。转换的原因是厌倦原产品或想试试新产品，是寻求产品的多样性而不一定有不满意之处。

对于多样性购买行为，市场领导者和挑战者的营销策略是不同的。市场领导者力图通过占有货架、避免脱销和提醒购买的广告来鼓励消费者形成习惯性购买行为，避免多样性购买。而挑战者则以较低的价格、折扣、赠券、免费赠送样品和强调试用新品牌的广告来改变消费者原有的习惯性购买行为，鼓励多样性购买。

（四）习惯性购买行为

如果消费者属于低度参与并认为各品牌之间没有什么显著差异，就会产生习惯性购买行为。习惯性购买行为指消费者持续地购买熟悉产品的一种购买行为。由于消费者认为产品并不重要且各品牌之间也没有什么显著差异，因此在购买过程中并不深入收集信息和评估品牌，只是持续购买自己熟悉的品牌，在购买后可能评价也可能不评价产品。

如果消费者已经对本企业产品形成习惯性购买行为，企业应当通过保证质量，提供优质服务，拓展销售渠道方便购买等措施强化消费者的习惯性购买行为。但是竞争者却要设法改变消费者的习惯性购买行为，吸引消费者购买本企业产品。

1. 吸引消费者试用

由于竞争性品牌与消费者习惯购买的品牌以及同类其他品牌相比并无显著性差异，难以找出独特的优点以引起消费者的兴趣，就只能依靠合理价格与优惠、展销、示范、赠送、有奖销售等销售促进手段吸引顾客试用。一旦顾客了解和熟悉产品，就可能经常购买以至形成购买习惯。

2. 加强消费者的品牌熟悉度

在低度参与和品牌差异小的情况下，消费者并不主动收集品牌信息，也不评估品牌，只是被动地接受包括广告在内的各种途径传播的信息，根据这些信息所产生的对不同品牌的熟悉程度来选择，购买之后甚至不去评估它。购买决策过程是，由被动的学习形成品牌信念，然后是购买行为，接着可能有也可能没有评估过程。因此，企业必须大量做广告，使顾客通过被动地接受广告信息而熟悉品牌。为了提高效果，广告信息应简短有力且不断重复，只强调少数几个重要特点，突出视觉符号与视觉形象。根据古典控制理论，不断重复代表某产品的符号，购买者就能从众多的同类产品中认出该产品。

3. 增加购买参与程度和品牌差异

形成习惯性购买行为的消费者只购买自己熟悉的品牌而较少考虑品牌转换，如果竞争者通过技术进步和产品更新将低度参与的产品转换为高度参与的产品，扩大与同类产品的差距，就会促使消费者改变习惯性购买行为，寻求新的品牌。提高参与程度的主要途径是在不重要的产品中增加较为重要的功能和用途，并在价格和档次上与同类产品拉开差距。

第六章　市场调研与预测

第一节　市场营销信息系统

一、信息及市场信息

（一）信息

信息即消息，是事物发生、发展而发出的信号。信息和一般的物质资源相比较，具有许多的不同点。

1. 信息具有普遍性

信息是事物存在方式和运动状态的反映，因此，只要有事物存在，只要有事物运动，就存在着信息。人类面临着一个以声音、形态、色彩、气息、电波、光线、元素等构成的范围广泛的信息世界，没有不运动的事物，也没有无信息的真空。

2. 信息具有知识性

信息是组成大千世界的各种事物的不同反映，人们获得信息，就意味着获得了对客观事物变化特征的一种认识，从而就减少了对客观事物的不肯定、不了解和持疑义的程度。

3. 信息具有可感知性

人类对于客观事物的感知是通过眼、耳、鼻、舌、身等传感器官进行直接感知和识别的，如人们看到春草发芽、柳树吐絮，就获知了大地回春的信息。随着人类智能的发展，人的智力作用于物质、能量、信息，使信息的可感知性又跨越到更新的高度。如现代通信网络的发展，让人们可以通过电脑、电话在数分钟内接收万里之遥的信息。

4. 信息具有可处理性

人类可以按照既定目标要求，对信息进行收集、加工、整理、归纳、概括，通过筛选和整理，使信息成为对人类有用的情报。如信息可以采用语言、文字、数据、图表等形式表现，也可以转换成计算机的代码，或者磁带上的声波；反之，代表信息的某些代号、代码、声波等又可以转化成文字、语言。对于暂时不用的信息，可通过体内储存和体外储存两种主要方式把它们储存起来，以备随时查用。

5. 信息具有反馈性

信息的一个特点是信息输出后，可将其与实际情况相比较的结果再输送回来，从而调整未来的行动，所以利用信息反馈是控制一个系统的重要方法。

（二）市场信息

1. 市场信息的含义

市场信息是一种特定信息，是企业所处的宏观环境和微观环境的各种要素发展变化和特征的真实反映，是反映它们的实际状况、特性、相互关系的各种消息、资料、数据、情报等的统称。市场信息是社会信息的重要组成部分，它反映市场动态，表现市场供求、消费心理、竞争及市场营销活动，并不断扩散。它是企业了解市场、掌握市场供求发展趋势，了解用户以及为用户提供产品和服务的重要资源。

2. 市场信息的作用

企业的市场营销活动时时处处都受到外部市场环境和内部条件的制约，要使企业的经营活动适应瞬息万变的客观情况，信息的把握是相当重要的。尤其在信息化社会的今天，反映市场活动的特征及其发展变化情况的市场信息，对于企业更好地参与市场竞争，将显得越来越重要。

（1）市场信息是企业进行正确决策和计划的基础

决策和计划是企业市场营销活动中最重要的问题。企业的市场营销活动过程也就是决策和计划的过程。因此，决策与计划的正确与否，是企业市场营销活动成败的关键。而正确的决策和计划，是以把握最佳决策时机及找出解决问题的各种方案为基础的。所谓把握最佳决策时机，也就要求决策人分辨在什么时候或什么情况下需要做出决策，而这是一件相当困难的事情。现实的市场营销环境是在不断变化的，新事物新问题不断涌现，任何人要及时对新情况做出反应和决策，都不是轻易可以做到的。这是因为人的思维能力总是有限的，任何人不可能把各种可能出现的各种情况得到全面了解并作出判断。

（2）市场信息是监督、调控企业市场营销活动的依据

企业的市场营销计划在制订以后，就要付诸实施。在计划实施的过程中，监督和调控计划的执行，就要靠原有的信息。由于企业多项活动受到各种因素的影响，往往会与原定计划发生偏离，这实际上又向企业提供了新的信息。在执行中产生的新信息，有的证明计划是正确的，有的则证明原计划有某些失误。将这些信息及时反馈给企业，企业就会根据新的信息，对计划进行必要的调整，并监督、控制整个企业经营活动按新的信息发出指令执行。可见，企业的整个市场营销活动，都是以市场信息为依据的。

（3）市场信息是企业不断提高经济效益的源泉

市场信息是一种无形财富，关系到企业兴衰存亡，关系到企业在同行中竞争的成败，也关系到企业经济效益能否大幅度增长等。市场信息可以说是当今社会生产力中最活跃的因素。有些企业之所以经济效益好，原因就是掌握信息准、行动快；反之，有些企业之所以经济效益差，一个重要的原因就是信息不灵。一条信息救活一个企业的实例屡见不鲜。但市场信息不灵，产品方向不对头，也会置企业于死地。

（4）市场信息是社会大市场形成组织活动的纽带

现代社会是一个大整体，整个社会大市场的营销活动是一个多结构、多层次的错综复杂的庞大系统。遍及世界各地的市场营销活动，既包括不同所有制企业，又包括不同的部门（有生产部门、也有流通部门），还有各种服务行业。这样庞大的系统，其行动的协调就是依靠信息这一"神经系统"。如果没有一个四通八达的信息网络，社会大市场的有效经营就会受到严重影响。

总之，市场信息与每个企业的发展乃至与整个社会机制的正常运行息息相关，必须认真对待。

3. 市场信息的分类

企业的市场信息可分为内部信息和外部信息两大部分。

（1）内部信息

即通过企业内部管理的各项经济指标反映市场情况的信息。企业内部资料可以帮助研究人员迅速而经济地取得调研成果，它是取得市场信息的一项极为重要的来源。因此，企业应特别重视各种资料、数据的积累与管理。内部信息一般包括以下几个方面：

第一，生产成果的信息。包括产品产量（销量）、产品质量、品种三部分。产量指标用以说明生产劳动成果的数量标志。质量指标是用以说明产品本身物理、化学性能及生产过程工作好坏两个方面的标志。品种指标是用以说明满足社会需要逐步扩大新品种取得效果的标志。

第二，物资利用信息。指原材料、燃料、动力等生产过程中消耗的情况。这些信息可以通过材料储备指标、材料单耗指标、材料利用率指标等体现出来。

第三，劳动资源信息。劳动是创造物质财富的主要源泉，是生产力的决定性因素。每个企业都必须合理而节约地使用人力，争取以尽可能少的劳动耗费去生产尽可能多而好的产品。这类信息包括职工人数指标、工资总额指标、工时利用指标、劳动生产率指标等的变动情况。

第四，固定设备信息。提高设备利用率，发挥设备的效能，意味着以同样的固定资产生产出更多的优质产品。同时相对减少折旧费，降低产品成本，为企业增加利润。这类指标也是企业必须掌握的信息。

第五，财务状况信息。这类信息包括资金、成本、利润三大指标。财务状况的好坏，直接影响企业的经济效益，是企业营销必不可少的参考数据。

内部信息的内容十分广泛，认真分析这些资料可以明确机会与存在的问题，比较预期和实际完成水平。一般来说，这些资料除了由会计部门提供以外，企业的生产、运输、人事以及研究与发展部门都是内部信息的来源。

（2）外部信息

即来自企业外部反映客观环境变化的各种同市场营销活动有关的信息。外部信息具体包括以下几项：

第一，政府的方针、政策、法令、计划与有关文件。政治背景的变更往往会对企业的市场营销活动产生至关重要的影响。如政府某些政策、法令的修改就会使有的产品无销路而退出市场，另一些产品则因得到许可开发而进入市场。因此，这一类信息必须引起企业的重视。同时，各级政府和主管部门所颁发的经济统计资料和调查报告也是企业应当注意取得的重要信息，把握了这些信息就可以了解过去与当前情况以及发展趋势。

第二，市场竞争情况。市场经济社会中，参与市场营销活动的企业间相互竞争是必然的，而且随着市场经济的不断发展，这种竞争将会越来越激烈。俗话说"知己知彼，百战不殆"，企业要加速自身的发展，并在市场竞争中立于不败之地，就必须想尽一切办法去获取那些同行竞争者的信息。诸如竞争对手的经营规模（包括设备先进程度、生产规模、劳动效率等）、产品特点（包括外观、内质以及相应的价格水平等）、应变能力（包括生产多档产品、适应市场需求等）、技术设备（包括技术队伍、新产品开发、试验室建设等）的了解。把握了经营同类产品企业的概况，企业就能把握在营销活动中的相对地位和利弊条件。

第三，市场需求状况。企业进行市场营销活动的根本目的是满足社会不断增长的物质与文化生活的需要。因此，市场需求状况信息是企业必须调研的重要内容，包括消费者需要什么，消费者在何时需要以及消费者愿意按何种条件接受营销企业的产品或服务等。消费者需要既指同营销企业所提供的产品有关的方面，如产品的质量、性能、包装及销售服务等；也指消费者对本企业尚未开发生产和投入市场的产品的需求。消费者需要的时间既指具有购买支付能力的时间，又指消费者乐意或习惯上的购买时点。当然，市场需求状况也包括影响消费者购买行为产生的其他因素，如动机、爱好、家庭、文化、收入等。

第四，科技发展水平。科学技术的不断发展，导致了新产品新行业的不断产生，以及一些产品和行业的落后甚至被淘汰。特别是在科技飞跃发展的今天，人们正在电子计算机、能源、激光和新材料等方面寻求新的重大突破。这一切将对整个人类社会带来巨大影响，每个企业必须及时掌握有关科技情报，诸如同行之间对同类产品更新换代的过程（包括全新产品、重大改进等），以及国内外科技的最新成就（包括产品合理结构、质量及功能提高、新材料、新工艺、新技术的应用等），要不断改进现有产品和开发新产品，才能跟上时代前进的步伐。

第五，相关企业的情况。企业要搞好市场营销，必须要注意的另一个重要内容，就是水、电、煤、油、天然气等动力的供应和各项原材料及设备更新的来源。"巧妇难为无米之炊"，这些相关企业的生产动态，新能源、新材料及其代用材料的利用等情况，都是企业所应该掌握的重要内容。

第六，其他。除上述各方面信息外，还有自然资源条件与利用，气候变化与水旱灾情，国际形势的重大变化等，都是企业应当掌握与研究的资料。

外部信息内容繁多，企业应根据自身经营特点，在不同时期选择一些对本身影响最大的因素作为搜集分析研究和应用的重点。

以上我们把市场信息分成内外两大部分进行了论述，划分的目的在于便于信息的调研管理。任何市场信息之间，既有区别又有联系，是不能截然分开的。市场信息可以通过各种途径获取，报纸杂志、文件报表、兄弟协作单位、专业机构以及企业内的业务人员都是信息的重要来源。企业必须进行市场信息的通盘分析，综合研究，才能达到优化定案。

4. 市场信息的特征

企业营销管理者每天都会接触大量的市场信息，要使广泛的市场信息真正转化为企业的资源，为企业的营销决策所用，就必须了解市场信息本身的特性，把握市场信息运行的规律，做好市场信息的管理工作。市场信息的主要特征大致可归纳为以下几个方面：

（1）系统性

市场营销系统是一个复杂的大系统，企业在实际营销活动中要受到众多因素的影响和制约。市场信息不是零星的、个别的信息集合，而是若干具有特定内容的同质信息在一定时间和空间范围内形成的系统集合，具有层次性和可分性。

（2）有效性

市场信息是为了满足开展市场营销活动的需要而搜集整理的。有用的信息会帮助从事市场营销活动的企业制定有效的决策、实施方案和措施，从而实现营销目标。而只取得大量杂乱无章的信息是无济于事的，甚至还可能干扰决策。

（3）社会性

市场信息不同于一般信息，如生物系统内部的自然信息。市场信息是产品交换过程中人与人之间传递的社会信息，是信息发出者和信息接收者所能共同理解的数据、文字和符号，反映的是人类社会的市场经济活动。

（4）分散性和大量性

第一，市场信息的产生没有固定的时间和地点，而是随时随地发生和传播着的。例如，散见在各地、各种媒体上的市场信息，消费者某种欲望的随意流露，顾客对商品的抱怨，等等。第二，信息内容量大、面广，各类信息五花八门，十分广泛、庞杂，而企业所需要和有能力处理的信息仅仅是其中的一部分，要学会从各类信息中筛选出对自己有用的信息。第三，信息往往需要多条合在一起才能表达出某一完整的意思。某一侧面所反映的信息，可能会不够全面、清晰、代表性也不强；偶然一次出现的情况反映不出事物规律性的特征，但如果将多条信息联系在一起，就能较深刻地体现某种现象，给有关人员有益的启示。

（5）可压缩性

信息可以被人们依据各种特定的需要，进行收集、筛选、整理、概括和加工，并可建立相应的信息系统对大量的信息进行多次加工，增强信息自身的信息量。

（6）可存储性

信息可以通过体内存储和体外存储两种主要方式存储起来。

二、市场营销信息系统

市场营销信息系统是指由人员、机器设备和程序所构成的持续和相互作用的复合体，用于收集、整理、分析、评估和分配需要的、及时的、准确的市场信息。市场营销信息系统由内部报告系统、市场营销情报系统、市场营销调研系统和市场营销分析系统四个子系统组成。通过上述子系统，企业营销管理人员收集所需要的信息，适时分配信息，对营销环境及其各组成要素加以监视和分析，帮助其从事市场营销的分析、计划、执行和控制，最终使他们的营销决策和计划再流回市场，与营销环境相沟通。

（一）内部报告系统

内部报告系统以企业内部会计系统为主，以销售信息系统为辅，是营销信息系统中最基本的子系统。营销信息系统的主要任务是开发信息。企业营销管理人员所需要的信息可以从公司内部报告系统、营销情报系统和营销调研系统中获得。企业营销管理人员使用的最基本的信息是内部报告系统的信息。内部报告系统的信息由公司内部各部门收集的信息组成，用来评价营销业绩、指出营销所存在的问题和面临的机遇。会计部门提供财务报表，并留有销售、成本和现金流量的详细报告。生产部门报告关于生产计划、装运和存货情况。销售部门报告经销商的情况和竞争对手的活动。营销部门提供有关消费者的人口构成、心理状况和购买行为的资料。顾客服务部门提供有关消费者满意程度和服务问题的情况。为某一个部门所做的调研可以对其他部门也有用处，企业营销管理人员可以利用从以上提到的或公司内部的其他来源获得的信息，评价业绩、发现问题及创造新的营销机会。

（二）市场营销情报系统

市场营销情报是营销环境日常变化的信息，它可以从许多渠道获得。首先，大量的情报可以由公司内部职员提供，如经理、工程师、科学家、采购人员和销售人员等。公司必须督促内部职员进行市场信息收集，而且还要训练提高他们获取和发现新信息的能力。其次，企业还必须说服供应商、经销商和顾客提供重要情报。对于竞争对手的情报可以从竞争对手的年度报告、讲话、新闻报道和广告中获得，还可以从商业刊物和贸易展览会得到有关信息。企业要形成规范的情报循环网，提高营销信息系统收集信息的质量，帮助企业在营销活动中及时采取措施，这样或者能防患于未然，或者能领先一步抢占市场。再次，企业要争取让企业所有的相关人员都成为"情报员"。通过他们积极、自觉地利用各种途径（如报纸杂志、上级机关、行业团体、专业调研机构、供应商、中间商及顾客）收集信息，观察营销环境的变化情况，并及时向企业提供信息，从而形成较为系统的营销情报。企业同时也应配备专业人员从事情报的管理与分析工作，科学地评估收集到的情报，包括分析情报是否有用，是否可靠，是否有效；同时，通过一系列统计软件和信息处理专家的工作，将情报变为对企业营销决策具有指导意义的信息。

（三）市场营销调研系统

市场营销调研是指系统地设计、收集、分析和提出数据资料以及提出跟公司所面临的特定的营销状况有关的调查研究结果。其主要任务是搜集、评估、传递管理人员制定决策所必需的各种信息。小型公司可请企业外部的专门机构和人员来设计及执行调研项目，大型公司则需要设立自己的营销调研部门从事调研活动。调研的范围主要包括确定市场特征、估算市场潜量、分析市场占有率、销售分析、商业趋势研究、短期预测、竞争产品研究、长期预测、价格研究和新产品测试，以及各种专项调研。调研部门的工作主要侧重于特定问题的解决，即针对某一特定问题正式收集原始数据，加以分析、研究，并写出报告。

（四）市场营销分析系统

市场营销分析系统可以由营销决策支持系统来完成。营销决策支持系统由科学的统计步骤和统计模型及软件程序构成。该系统的作用是利用科学的技术、技巧、软件来分析营销信息，从中得出更为精确的研究结果，以帮助营销决策者更好地进行营销决策。

营销决策支持系统是营销管理人员进行决策时能够获得并处理信息的、交互的、灵活的计算机化的信息系统。它通过软件和硬件支持，协调数据收集，利用统计工具和模型库，结合企业内部和外部的有关信息帮助管理人员做出市场营销评价。营销决策支持系统大体上包括统计工具库、模型库和优化程序三部分。

第二节　市场营销调研过程

市场营销调研，就是运用科学的方法，有目的、有计划、有系统地收集、整理和分析研究有关市场营销方面的信息，并提出调研报告，以便帮助管理者了解营销环境，发现问题及机会，作为市场预测和营销决策的依据。

一、市场营销调研的内容

市场营销调研涉及营销活动过程的各个方面，其主要内容是产品调研、顾客调研、销售调研、促销调研。

（一）产品调研

产品调研包括对新产品设计、开发和试销，对现有产品进行改良，对目标顾客在产品款式、性能、质量、包装等方面的偏好趋势进行预测。定价是产品销售的必要因素，需要对供求形势及影响价格的其他因素变化趋势进行调研。

（二）顾客调研

顾客调研包括对消费心理、消费行为的特征进行调查分析，研究社会、经济、文化等因素对购买决策的影响，以及这些因素的影响作用到底发生在消费环节、分配环节还是生产领域。另外，还要了解潜在顾客的需求情况，影响需求的各因素变化的情况，消费者的品牌偏好及本企业产品的满意度等。

（三）销售调研

销售调研涉及对企业销售活动进行全面审查，包括对销售量、销售范围、分销渠道等方面的调研。潜在顾客的需求情况（包括需要什么、需要多少、何时需要等），产品的市场潜量与销售潜量，市场占有率的变化情况等都属于销售调研的内容。销售调研还应该就本企业相对于主要竞争对手的优劣势进行评价。

（四）促销调研

促销调研主要是对企业在产品或服务的促销活动中所采用的各种促销方法的有效性进行测试和评价。例如，广告目标、媒体影响力、广告设计及效果，公共关系的主要动作及效果，企业形象的设计和塑造等，都需有目的地进行调研。由此可见，市场营销调研的内容极为广泛，凡是与企业市场营销活动直接或间接相关的问题，都可以成为市场营销调研的对象。在市场营销调研的实际工作中，企业主要应对市场营销环境进行调研。

二、市场营销调研的要求

市场营销调研是一项重要而又复杂的工作，市场营销调研的质量关系到最终获得的市场信息的可靠性，进而影响到营销决策与营销活动的成功与否。这就对市场营销调研活动提出了一定的要求。一般而言，良好的市场营销调研应满足下列五个要求：

（一）采用科学的方法

由于市场营销调研工作的复杂性，它需要有一整套科学的调研方法作为成功的保证。可供选择的具体调研方法是很多的，但必须遵循科学的原则来运用这些具体的方法，即调研者必须贯彻实事求是的科学精神，保证调研结果的客观性，不可用主观臆测来代替对客观事实的观察。

（二）采用复合的方法

在市场营销调研中，调研者切忌过分依赖某一种自己偏爱的调研方法。对同一问题采用不同的方法进行调查研究，可以将通过不同方法获得的调查结果互相验证和补充，提高调查结果的可靠性。此外，注意从多种渠道获取信息，这样也有利于提高调查结果的可信度。

（三）注重信息的价值与成本比较

在市场营销调研中获得的信息可以为企业带来价值，但是，进行市场营销调研也必须费时费力，投入相当可观的成本。因此，企业在从事市场营销调研工作时，必然注意所获信息的价值—成本分析。这种价值—成本分析可以帮助调研者确定应当进行哪些调研项目，采用哪些调研方法，是否需要获得进一步的信息等。在一般情况下，市场调研的成本是不难确定的，困难在于估算调研成果的价值。调研成果的价值大小依赖于它本身的可靠性，它在营销决策中的作用，以及决策者是否乐于接受这一成果并据此采取行动。

（四）进行创造性的调查研究

市场营销调研应当是一种创造性的工作，它需要调研者具有强烈的创新精神。市场需求的主体是人，因而市场需求总是处于动态的发展过程之中。在进行市场营销调查时，调研者应当善于不断地发现问题、研究新问题，还应当从人们司空见惯的市场现象中发掘出对市场营销决策有积极意义的新因素。

（五）营销调研模式与数据的互依性强

在市场营销调研中，应清晰地设计出调研模式，因为调研模式对要收集的信息类型起着指导作用。在设计营销调研模式时，应力争模式与数据保持较强的互依性。

三、市场营销调研的类型

根据研究的问题、目的、性质和形式的不同，市场营销调研一般分为如下四种类型。

（一）探测性调研

探测性调研用于探询企业所要研究的问题的一般性质。研究者在研究之初对所欲研究的问题或范围还不很清楚，不能确定到底要研究些什么问题。这时就需要应用探测性研究去发现问题、形成假设。至于问题的解决，则有待进一步的研究。

（二）描述性调研

描述性调研是通过详细的调查和分析，对市场营销活动的某个方面进行客观的描述。大多数市场营销调研都属于描述性调研，如市场潜力和市场占有率、产品的消费群结构、竞争企业的状况描述等。在描述性调研中，调研者可以发现其中的关联因素，但是此时并不能说明两个变量哪个是因、哪个是果。与探测性调研相比，描述性调研的目的更加明确，研究的问题更加具体。

（三）因果关系调研

因果关系调研的目的是找出关联现象或变量之间的因果关系。描述性调研可以说明某些现象或变量之间的相互关联，但要说明某个变量是否引起或决定着其他变量的变化，就要做因果关系调研。因果关系调研的目的就是寻找足够的证据来验证这一假设。

（四）预测性调研

市场营销所面临的最大问题就是市场需求的预测问题，这是企业制定市场营销方案和市场营销决策的基础和前提。预测性调研就是企业为了推断和测量市场的未来变化而进行的研究，它对企业的生存与发展具有重要的意义。

四、市场营销调研的过程

根据营销调研活动中各项工作的自然顺序和逻辑关系，营销调研系统的有效运转一般包括以下五个步骤。

（一）确定问题和研究目标

企业营销调研的第一个步骤是确定所要调研的问题及调研工作所要达到的目标。在任何一个问题上都存在着许多可以进行调研的内容，例如，当某企业需要了解某种新型护肤化妆品的市场份额时，可以提出如下问题："消费者喜欢什么样的护肤化妆品？""消费者使用护肤化妆品的目的是什么？""消费者愿意到什么地方去购买化妆品？"等等。调研的侧重点可以多种多样，这就要求企业营销管理人员必须善于稳妥地把握，对问题的规定要适当，范围既不要太宽，也不要太窄。在调研问题明确之后，管理人员和调研人员应共同确定调研目标。

（二）制订调研计划

一旦调研专题与调研目标确定之后，市场营销调研人员就应当制订一份专门的市场营销调研计划。营销调研计划应由专业人员设计，营销管理人员必须具有充分的营销调研知识，以便能够审批该计划和分析调研结果。

①市场营销调研资料的来源。市场营销调研资料按其来源可以分为第一手资料和第二手资料。②市场营销调研方法。市场营销信息资料的采集可以借助观察法、座谈法和实验法等。对此三种方法，将在本章第三节中专门叙述。③市场营销调研工具。在市场营销调研中，收集第一手资料可以选择调查表和机械装置两种调研工具。④抽样计划。具体确定抽样群体、样本大小、抽样方法等。⑤接触被调查对象的方法。如电话访问、邮寄调查表和面谈访问。⑥费用预算。费用预算是制订调研计划时需要考虑的一项重要内容。市场营销调研的目的是为营销决策提供依据，保证决策的正确性，以提高企业市场营销活动的经济效果。然而，实施任何调研项目都是要花钱的。没有充足的经费，就无法进行市场调研。同时，如果一项调研的费用大于实施调研后可能取得的

收益，那么，这项调研也就失去了意义。因此，市场调查人员在制定调研计划时必须仔细地估算用于市场调研的费用，将费用预算编入调研计划，呈报主管人员审批。

（三）收集信息

根据企业需要调查的问题和要求，必须寻找到科学准确的调研资料。这是一个花费最高也最容易出错的阶段。营销信息的收集是指运用常规的调查方法，进行系统、科学的信息积累过程，即利用与营销活动相关的各种现成资料，如社会发展、市场行情等方面的文字资料、统计资料、图片资料等进行营销信息的收集。

（四）分析信息

对所收集到的各种信息，还需要进行整理分析，包括将资料分类编号，进行统计分析和编辑整理，对实地调查得来的资料要检查误差，发现记录不完整和数据前后矛盾的地方，应审核情报资料的根据是否充分，推理是否严谨，阐述是否全面，结论是否正确。

（五）提交调查结果

对营销调研结果做出准确的解释和结论是营销调研的最后一个步骤，市场营销调研人员或调研部门应向营销管理部门提交调查结果。这个调查结果应是与管理者正在进行的营销决策有关的一些主要结果，它们应是简明、扼要的说明与论证，而不只是一系列高深的统计数据模型。

营销调研最终必须形成书面报告，并把调研结果送交有关人员和部门。调研报告书的类型通常有两种：

1. 专门性报告书纲要

这类调查报告技术性比较强，报告的内容要尽可能详细，具体应包括研究结果纲要、研究目的、研究方法、资料分析、结论与建议、附录（附表、统计公式、测量方法说明等）。

2. 一般性报告书纲要

这类调查报告主要供给业务主管使用，他们比较关注的是研究发展趋势和结果，所以报告要求生动和重点突出，具体应包括研究发现与结果、行动建设、研究目的、研究方法、研究结果、附录。

第三节　市场营销调研的技术方法

市场营销调研的技术方法主要包括两个方面的内容：一是市场信息收集方法；二是市场信息抽样方法。

一、市场信息收集方法

市场信息可以分成第一手资料和第二手资料。研究人员首先借助第二手资料来开展调研，如果可以达到目标，就能省去收集原始资料的费用，从而降低成本，提高效率。现代信息技术特别是计算机网络技术的发展减轻了收集第二手资料的繁重任务，通过建立内部和外部的数据库，企业营销管理人员可以方便地对大量数据进行编辑、整理和分析。内部数据库包括企业的报表总结资料、销售数字、销售访问报告、发票、库存记录和以前的研究报告；外部数据库包括政府刊物（如国家和地区的统计年鉴、经济年鉴等）、报刊书籍、市场营销杂志、图书等。但是，由于第二手资料是在过去为不同的目的或在不同条件下收集的，考虑到其实用性所受到的限制，营销调研人员必须定期严格审查与评估。如果不加审查、评估就直接引用，这是相当危险的。审查与评估第二手资料的标准有三个，即公正性、有效性和可靠性。公正性，是指提供该资料的人员或组织不怀有偏见或恶意；有效性，是指研究人员是否利用了某一特定的相关测量方法或一系列相关测量方法来搜集资料；可靠性，是指从某一群体中抽出的样本资料是否能准确反映其整个群体的实际情况。

收集第一手资料的方法有观察法、座谈法、调查问卷法和实验法等方法。

（一）观察法

观察法是在现场直接观察或利用各种仪器观察被调查者行为或现场事实的一种搜集资料的方法。对商品推销人员来讲，观察法是了解市场最常用的一种方法。

在市场营销活动中，观察法多用于对零售活动、消费者购买习惯与动向、广告效果等的研究。观察法具体又可分为以下三种。

1. 直接观察法

此方法常用于研究某商品的市场占有情况。例如，某航空公司的研究人员可以逗留在飞机场、航空办事处或旅行社内，听取旅客谈论不同航空公司和代理机构如何处理飞行安排；研究人员也可以乘坐不同航空公司（包括竞争对手公司）的飞机，观察航班服务质量和听取乘客反映。

2. 实际反馈测量法

此方法是根据实际反馈情况观察市场活动。例如，为推销某种商品，企业在制定广告策略时，需要研究以何种广告媒介更为有效。采用的办法是在几种不同的报纸、杂志上同时登出广告，并附有回执，请顾客凭回执到指定商店或门市部以优惠价格购买商品，根据回执的比例，企业可以了解到以哪一种媒介刊登广告的效果最好。

3. 行为记录法

此方法是用各种仪器记录需要研究的各种行为。例如，利用监听器记录用户收看电视的基本情况，诸如大多数人喜欢看哪些电视频道、哪类节目、收看多长时间，以及在什么时间收看等，根据这些记录安排广告节目。

观察法一般被认为是定性的研究方法。观察后应当以观察记录为线索，回忆整理出详尽的笔记，保留一份标明日期顺序的笔记。

（二）座谈法

座谈法是由调研者直接与被调研者接触，通过面对面交谈了解情况，收集相关信息资料的一种实地调研方法。座谈法的特点是机动灵活，访问者可以根据特定的访问环境、访问对象随机应变地提出不同问题，或者变化提问的方法和顺序，对不清楚的问题内容，可以当即做出必要的说明和解释。这样，不仅调研对象能充分发表自己的意见，还能根据需求，深入追寻，有利于获取进一步的有用信息。另外，面对面直接访谈一般不至于遭到对方的推辞和拒绝，再加上访问者可以通过对方的语言、表情、动作等判断被访问者合作的真实程度，所以座谈法的回答率比较高，可以提高调研结果的可信度。

（三）实验法

实验法是指在控制的条件下对所研究现象的一个或多个因素进行操纵，以测定这些因素之间的关系。它来源于自然科学的实验求证，是市场营销学迈向科学化的标志。实验法的特点是方法科学，能够获得较真实的资料。

实验法是比较正式的一种调研方法，通过小规模的市场进行实验，并采用适当方法收集、分析实验数据资料，进而了解市场。该方法具体包括包装实验法、新产品实验法、价格实验法等。如研究包装或广告对产品销售量的影响，在其他因素不变的情况下，某种包装或广告使用前后销售量的变化，就可看作该包装或广告的效果。经过实验一般可取得可靠的市场信息，对企业营销决策有重要的参考价值。

（四）问卷调查法

问卷调查是为了达到调研目的，收集必要数据而设计的标准化、统一化的数据收集程序，使调查访问在一个可控的过程中进行。问卷设计者必须与调研主要负责人认真讨论调查的目的，确认调查的方式，确定设计问卷的结构和形式并尽快拿出设计初稿。同时，调查人员必须进行调查试验，根据调查试验中发现的问题，找出原因，再次修改。只有经过反复修改并确信没有问题，获得各方面的认可后，才能最后定稿，用于正式调查。

调查问卷的构成要素包括恳求受访者之合作说明、要调查的资料（核心内容）、受访者的分类资料和调查问卷本身的分类与背景。调查问题的常规设计有单项选择题、多项选择题、排序题、评判题、对比题、自由问答题等。另外，调查人员还可采用态度测量表进行调查。态度测量表是通过一套事先拟定的用语、记号和数目，来测定人们心理活动的度量工具，它可以将调查人员所要调查的定性资料进行量化。

二、市场信息抽样方法

企业在市场营销信息收集过程中，不可能对调查对象进行逐一无漏的全面普查，而往往采取非全面调查。调查样本的正确选定，是所收集的资料是否有用的基本保证。企业要根据调查目的、企业具体情况、调查实施的可能性等综合因素确定抽样群体、样本数目、抽样方法，然后按照统计推断原理，用样本提供的信息推断总体的调查结果。

（一）抽样方法分类

抽样方法包括随机抽样法和非随机抽样法两大类。

1. 随机抽样法

随机抽样是调查者排除任何主观干扰，从总体中抽取样本的方法。它能够避免调查者在抽样过程中有意或无意的偏差。当总体中的所有个体都有同等被选中的机会时，样本会比较准确地代表总体，而且，随机抽样可以对抽样误差做出估计。虽然随机样本不会与总体完全一致，但它可以使调查者对期望的误差做出估计。

随机抽样的方法主要有简单随机抽样、分层抽样和分群抽样。在选择时，应根据调查目的、要求和各种方式的特点来考虑。简单随机抽样是对总体的单位仅依随机原则从中抽出部分作为样本的一种抽样方法。采用这种方式抽取样本时，可以用随机数表法和抽签法。分层抽样也称分类抽样或类型抽样。它的主要特点是将总体按一定的标志分类编组，然后在各级中采用随机抽样方法进行抽样。分层后各层样本应根据不同情况，按不同要求，采用不同方法来形成。分群抽样是将被调查总体，按照一定原则划分成若干部分整体（或群）之后，以群为单位，随机抽取若干群作为样本，最后对作为样本的若干群中的每一个单位实施逐个调查。分群抽样应当遵循群间特征基本一致、群内个体保持差异的原则。

2. 非随机抽样法

在随机抽样之外，有许多调查应用非随机抽样的方法。非随机抽样，也称随意抽样，是调查人员根据自己的主观选择抽取样本的方法。

非随机抽样的优点是麻烦较少，费用颇低。如果调查者不需要将他的发现推广到样本以外，非随机样本可以说是极为可取的；如果调查仅仅是为一个较大的调查做实验，像对市场经营的探索性研究，情况尤为如此。

常用的非随机抽样主要有任意抽样、判断抽样、配额抽样。任意抽样也称便利抽样，这是纯粹以便利为基础的一种抽样方法，调研者不考虑标准，任意抽取样本。比如在街头、市场、展览会等场合，向遇到的行人、观众进行调研就属此法。这种方法抽样偏差很大，结果极不可靠，故一般用于准备性调查，在正式调查阶段很少采用。判断抽样是根据样本设计者的判断进行抽样的一种方法，它要求设计者对母体有关特征有相当的了解。在利用判断抽样选取样本时，应避免抽取"极端"类型，而应选择"普通型"或"平均型"的个体作为样本，以增加样本的代表性。配额抽样与分层抽样法类似，要先把总体按特征分类，根据每一类的大小规定样本的配额，然后调查人员在每一类中进行非随机的抽样。这种方法既简单，又可以保证各类样本的比例，比任意抽样和判断抽样样本的代表性都强，因而实际上应用较多。

（二）样本数目的确定

运用样本搜集市场资料时，一般认为，样本数目越大，选择的调查对象越多，样本的特征越接近于总体特征，用样本资料对总体估计，所产生的偏差也越小。但是，随着样本的增加，调查工作量必然增大，调查时间和费用也随之增加。因此，样本数目的选择既不能太少，也不能太多。如何恰当确定样本数目，是能否获取准确、及时的市场资料的重要环节。

样本数目的确定方法主要有以下两种：

1. 主观确定法

这种方法是由调查者根据拟订的调查目的和任务、内容和要求、环境和条件，以及被调查对象的基本特征、允许的调查时间和经费限额，凭借以往调查的经验和类似的先例主观选定样本数目。一旦发现统计效果不好，如精度不合要求、标准差偏大等，可以适当加大样本量。这种方法虽然未经精确计算，也不甚科学，但在实践中，由于其运用方便，所以未失普遍性。运用该方法确定样本量的合理程度，取决于调查者对调查任务、内容及对象的了解程度，以及调查者对各外部因素及以往经验的把握程度。

2. 数量分析法

这种方法是根据要求的概率度和允许误差进行计算，确定样本数目即

$$N = \frac{T^2 Q^2}{\Delta x^2}$$

其中，T 值可以从标准正态分布概率表中查得；Q 为总体标准差；Δx 为允许误差，它是给定概率度 T 与抽样平均误差 Ux 之乘积，即 $\Delta x = TUx$。

由此可见，样本数目的确定，必须综合考虑总体各单位标志值的离散程度允许误差的大小、置信度的高低以及具体的抽样方法等各种因素。

第四节　市场预测

一、市场预测的有关概念

企业从事市场预测，主要是进行市场需求和企业需求两个方面的预测。

（一）市场需求

所谓市场需求，是指一定的顾客在一定的地理区域、一定的时间、一定的市场营销环境和一定的市场营销方案下购买的总量。市场需求不等于社会需求，但市场需求包括社会需求。

（二）企业需求

企业需求就是在市场总需求中企业所占的需求份额，它表示不同水平的企业市场营销力量刺激产生的企业的估计销售额。

（三）市场预测

市场预测就是在市场调研的基础上，利用一定的方法或技术，测算一定时期内市场供求趋势和影响市场营销因素的变化，从而为企业的营销决策提供科学的依据。市场预测的内容包括市场需求预测、市场供给预测、市场物价与竞争形势预测等。对企业来说，最主要的是需求预测。市场预测同市场调研和营销决策紧密相连，是一个发展过程的不同阶段。市场调研是市场预测的依据，市场预测是营销决策的基础，调研和预测的目的是实现营销决策的精确性和科学性。

二、市场预测的类型

（一）按市场预测的性质，可以划分为定性预测和定量预测

定性预测是根据调查资料和主观经验，通过分析和推断，估计未来一定时期内市场营销的变化；定量预测是根据营销数据资料的变化，运用数学和统计方法进行推算，寻找营销变化的一般规律，对营销变化的前景做出量的估计。

（二）根据预测范围划分，可分为宏观预测与微观预测

宏观预测是指对影响市场营销的总体市场状况的预测。微观预测是从一个局部、一个企业或某种商品的角度来预测供需发展前景，其主要任务是掌握本企业供应范围内商情的变化情况，为合理安排市场供应、扩大销量、提高企业经济效益提供依据。

（三）按市场预测的时间划分，可分为短期预测、中期预测、长期预测

短期预测是指1年以内的预测；中期预测是指1～5年的预测；长期预测一般指5年以上的预测。中、长期预测主要用于宏观预测，其任务是为制订长远规划和长期计划提供依据。短期预测的主要目的是制订年度计划、季度计划，为安排市场供应提供依据。

三、市场预测的特征

（一）市场预测具有一定的连贯性

市场预测的连贯性即把未来的发展同过去和现在联系起来。市场是一个连续发展的过程，未来的市场是在现有市场的基础上演变而来，因此，企业可以依据搜集到的过去和现在的资料推测将来的变化。

（二）市场预测具有一定的相关性

市场需求的变化和国民收入水平、市场价格变动指数、消费需求结构等因素密切相关，存在着相互制约、相互依存的关系。营销人员应密切关注影响市场需求的各项变化因素，预测需求量的增减。

（三）市场预测具有一定的类推性

市场预测的类推性即市场上各种有关事物之间存在着某种类似的结果和发展模式，人们可以根据已知事物的某种类似的发展模式，类推未来某个预测目标的发展模式。

四、市场预测的程序

市场预测是一项比较复杂的工作，需要按照一定的科学的程序进行。一般来说，市场预测应遵循以下程序：

（一）确定预测目标

预测目标的确定依据有各时期的任务、上级布置的预测任务、本单位制订计划的需要、本单位急需解决的问题等。

（二）收集整理资料

根据预测目标的要求进行营销调查，取得所需要的资料，并将资料进行整理，为预测作好充分准备。

（三）选定预测方法

常用的预测方法很多，而且，还有一些现代先进的预测方法可用来进行市场营销预测。在预测中，要根据预测目标及资料情况，去选定一些可行的方法进行综合预测。

（四）分析预测误差，调整预测结果，做出最终预测

对于各种定量预测的结果，运用相关检验、假设检验及插值检验的方法来分析预测误差，进行可行性分析，并结合预测期间的政治经济形势进行定性分析，调整预测结论，做出最终预测。

五、市场预测的方法

市场预测的方法很多，归纳起来可分为两大类，即定性预测方法和定量预测方法。

（一）定性预测方法

定性预测是以市场调研为基础的经验判断法。其主要优点是简便易行，一般不需要先进的计算设备，也不需要高深的数学知识，易于普及和推广。但因其缺乏客观标

准，往往受预测者经验、认识的局限，而带有一定的主观片面性。

定性预测的具体方法主要有以下几种：

1. 购买者意向调查法

市场是由潜在的购买者构成的，购买者意向调查法是预估在营销环境和条件既定的情况下潜在购买者的可能行为，即要调查购买者。这种调查的结果是比较准确可靠的，因为只有购买者自己才知道将来可能购买什么和购买多少。所谓既定的营销环境和条件，是指：①购买者的购买意向是明确清晰的；②购买者的购买意向会转化为购买行为；③购买者愿意把其意向告诉调查人员。在满足上述三个条件的情况下，购买者意向调查法才比较有效。

对于耐用消费品（如住房、汽车、家具）以及投资、保险产品的购买者，企业营销人员一般要定期进行购买者意向调查。向被调查者提出诸如"在未来6个月内你打算买……吗"这样的问题，来调查购买者的购买意向。

对于工业产品，企业可以自行从事购买者意向调查。企业经过统计抽样选取一定数量的潜在购买者，然后，通过访问这些潜在购买者的有关部门负责人获得相关资料并进行分析，企业便可以对其产品的市场需求做出估计。尽管该种方式在人力、物力及财力上花费较多，但是企业可以从中获取在公开发行的资料中找不到的信息资料，也可以树立或巩固企业关心购买者需要的形象。

2. 销售人员意见综合法

在无法对购买者进行询问的情况下，企业可要求销售人员对未来需求做出估计。销售人员意见综合法是指每个销售人员估计现行的和潜在的顾客会买多少本企业生产的产品，再用加权平均的方法将其汇总成整个企业的预测数。

销售人员综合意见法的主要优点是：

①销售人员经常接近购买者，对购买者意向有较全面深刻的了解，比其他人有更充分的知识和更敏锐的洞察力，尤其在受技术发展变化影响较大的产品方面更是如此。②由于销售人员参与公司预测，因而他们对上级下达的销售配额有较大的信心完成。③通过这种方法，也可以获得按产品、区域、顾客，或销售人员划分的各种销售预测。

一般情况下，销售人员所做的需求预测必须经过进一步修正才能利用。原因如下：①销售人员的判断总会有某些偏差，受其最近销售成败的影响，他们的判断可能会过于乐观或过于悲观，即常常走极端。②销售人员可能对经济发展形势或公司的市场营销总体规划了解。③为使其下一年度的销售大大超过配额指标，以获得升迁或奖励的机会，销售人员可能会故意压低其预测数字。④销售人员也可能没有足够的知识、能力或兴趣以完成预测。

尽管有这些不足之处，但是这种方法仍经常为企业所利用。因为各销售人员的过高或过低的预测可能会相互抵消，这样使预测总值仍比较理想。有时，有些销售人员预测时的偏差可以预先识别出来并及时得到修正。

3. 专家意见法

专家意见法即通过征求有关专家意见来求得预测值的方法。企业可以利用诸如经销商、分销商、供应商及其他一些专家的意见进行预测。

专家意见法一般有两种形式，即专家会议法和专家征询法（即德尔菲法）。

（1）专家会议法

即组织一个专家小组开会进行某项预测，这些专家提出各自的估计，然后交换意见，最后经过综合，提出小组的预测。这种方式的缺点是，小组成员容易屈从于某个权威或者大多数人的意见（即使这些意见并不一定正确），不愿提出不同的看法；或者虽然认识到自己的意见错了，但碍于情面不愿意当众承认。

（2）专家征询法

现在这种方法应用较普遍。其基本过程是，先由各个专家针对所预测事物的未来发展趋势独立提出自己的估计和假设，经公司分析人员（调查主持者）审查、修改、提出意见，再发回到各位专家手中，这时专家们根据综合的预测结果，参考他人意见修改自己的预测，即开始下一轮估计。如此往复，直到各专家对未来的预测基本一致为止。

4. 市场试销法

企业搜集到的各种意见的价值，不管是购买者、销售人员的意见，还是专家的意见，都取决于获得各种意见的成本、意见可得性和可靠性。如果购买者对其购买并没有认真细致的计划，或其意向变化不定，或专家的意见也并不十分可靠，在这些情况下，就需要利用市场试验这种预测方法。特别是在预测一种新产品的销售情况和现有产品在新的地区或通过新的分销渠道的销售情况时，利用这种方法效果较好。

（二）定量预测方法

运用定量预测方法，一般需要大量的统计资料和先进的计算手段。定量预测方法大致可分为两大类，即时间序列预测方法和因果分析预测方法。

1. 时间序列预测方法

时间序列是指将某种经济统计指标的数值，按时间先后顺序排列所形成的序列，如按月份或年份排列的产品销售量。时间序列预测法，就是通过编制和分析时间序列，根据时间序列所反映的发展过程、方向和趋势，加以外推或延伸来预测下一时间可能达到的水平。产品销售的时间序列预测，可以分成四个组成部分。

（1）趋势

它是人口、资本积累、技术发展等方面共同作用的结果。利用过去有关的销售资料，描绘销售曲线，就可以看出某种趋势。

（2）周期

企业销售额往往呈现出某种波状运动，因为企业销售一般都受到宏观经济活动的影响，而这些宏观经济活动总呈现出某种周期性波动的特点。周期因素在中期预测中尤其重要。

（3）季节

指一年内销售量变动的形式。"季节"这个词在这里可以指任何小时、月份或季度周期发生的销售量变动形式。这个组成部分一般与气候条件、假日、贸易习惯等有关。季节形式为预测短期销售提供了基础。

2. 因果分析预测法

时间序列分析把过去和未来的销售都看作时间的函数，即仅随时间的推移而变化，不受其他任何现实因素的影响。然而，任何产品的销售都要受到很多现实因素的影响，因果分析预测法就是以事物之间的相互联系、相互依存关系为根据的预测方法。它是在定性研究的基础上，确定出影响预测对象（因变量）的主要因素（自变量），从而根据这些变量的观测值建立回归方程，并由自变量的变化来推测因变量的变化。因果分析法的主要工具是回归分析技术，因此人们又称其为回归分析预测方法。

在利用这种方法预测时，首先要确定事物之间相关性的强弱，相关性越强，预测精度越高；反之，预测精度就越差。同时还要研究事物之间的相互依存关系是否稳定，如果不稳定，或在预测期内发生显著变化，则利用历史资料建立的回归模型就会失败。

运用回归方程进行分析预测的方法主要有三种：

（1）一元回归预测

即分析一个自变量与因变量之间的相关关系，利用一元回归方程进行预测。

（2）多元回归预测

即分析因变量与若干个自变量之间的相关关系，运用多元回归方程从若干个自变量的变化去预测因变量的变化。

（3）自回归预测

即用因变量的滞后值作为自变量，建立回归方程进行预测。如根据消费者目前的食品消费水平，可以预测下一期的食品消费水平。

第七章 经济管理的管理者及管理决策

第一节　管理工作与管理者层次

一、管理工作

管理者在一个组织中往往需要完成以下三大方面的工作，以协调组织内外部的资源，让组织内外部的相关人员的行为协同一致，以实现组织的目标。

（一）管理一个组织，求得组织的生存和发展

第一，管理者要确定组织存在的目的、组织要达到的目标并制定实现组织目标的途径；第二，管理者要使组织通过各种管理活动获得最大利益；第三，管理者要保证组织"为社会服务"和为自身发展"创造顾客"。

（二）管理管理者

在组织的不同管理层次，上一级管理者又是下一级管理者的管理者，不管哪一层次的管理者都有这样的职责：主导和影响被管理者，使之为组织目标的实现积极努力工作和努力奋斗；构建适合的组织结构；培养被管理者的团队合作精神；培养下一层管理者，使其管理工作技巧提高。

（三）管理工人和工作

管理者要认识两个趋势：一是管理工作性质是不断变化的，工作的承担者既有体力劳动者，也有脑力劳动者，而且随着科学技术的进步，后者的数量大大增加，因而管理的方式需要探讨；二是处理好与各类人员的关系变得越来越重要，这要求管理者能正确认识人的特性。

二、管理职能

管理的核心职能主要有四项职能，即计划职能、组织职能、领导职能和控制职能。

（一）计划职能

计划职能指的是管理者对实现组织目标和应采取的行动方案做出选择和具体安排，包括明确组织的使命、分析外部环境和内部条件、确定目标、制定战略和作业计划、制定决策程序等。任何管理活动都是从计划开始的，因此计划是管理的首要职能。

（二）组织职能

组织职能是指管理者根据计划对组织活动中各种要素和人们的相互关系进行合理的安排，包括设计组织结构、建立管理体制、分配权力和资源、配备人员、建立有效的信息沟通网络、监督组织运行等。组织工作是计划工作的自然延伸，其目的是把组织的各类要素、各个部门和各个环节，从分工与协作、时间和空间以相互关系等方面合理地组织起来，在一定的环境下，形成资源的最佳的结合，从而使组织的各项活动协调有序地进行。

（三）领导职能

每一个组织都是由人组成的，管理者的主要任务之一是指导和协调组织中的人，这就是领导。领导职能是指管理者带领和指挥下属努力实现目标的过程有效的领导要求管理者在合理的制度环境中，针对组织成员的需要和行为特点采用适当的方式去提高和维持组织成员的工作积极性。

（四）控制职能

控制职能是指管理者在建立控制标准的基础上，衡量实际工作绩效，分析出现偏差的原因，采取控制措施的过程。控制职能与计划职能密不可分。计划是控制的前提，为控制提供目标和标准，没有计划就不存在控制；控制是实现计划的手段，没有控制，计划就不能顺利实现。

三、管理者

管理者是正式组织内拥有正式职位，运用组织授予的制度权力做出决策，负责指挥别人的活动，并承担对组织实现预期目标做出贡献和承担责任的各类从事管理活动的人，即在组织中担负计划、组织、领导、激励、协调、控制等工作以期实现组织目标的人。根据不同的分类标准，管理者可以有如下分类：

（一）按管理者在组织中所处的层次划分

组织中的管理者可以分为高层管理者、中层管理者和基层管理者三个层次，不同层次管理者工作的重点不同。

第一，高层管理者对整个组织的管理负有全面责任。其主要任务是确定组织的总体目标和总体战略，把握组织发展方向，如企业的总经理、副总经理、CEO（首席执行官）、CFO（首席财务官）、COO（首席运营官）等都属于高级管理人员。

第二，中层管理者的主要职责是贯彻执行高层管理者所制定的重大决策，监督和协调基层管理者的工作，或对组织中某一方面的工作进行具体的规划和参谋。他们在管理中起着上传下达的桥梁和纽带作用，负责协调和控制基层生产、业务活动，保证本部门任务的完成和目标实现。如企业中的计划、生产、财务等部门的负责人，公司的部门经理、分公司（事业部）经理等，都属于中层管理者。

第三，基层管理者即一线管理人员，其主要职责是给下属作业人员分派具体工作任务，直接指挥和监督现场作业活动。

在一个组织中，除了最高层主管，其余绝大多数管理者的身份都具有相对性和两重性，他既是其下属的管理者，同时又是其主管的被管理者；既是管理的主体，同时又是管理的客体。再有，管理者的人格是双重的，即每一个管理者都位于组织的某个职位上，是该职位责任和权力的化身，是一定组织利益的代表，同时每一个管理者又都是一个活生生的个人，是自身利益的代表。这两种利益有时是一致的，但有时又是矛盾的。管理者要进行有效的管理、提高管理效益，保证组织目标和个人在组织中价值的实现，就必须处理好这对矛盾。

（二）按管理者所负责的组织活动的范围分类

按管理者在组织权力体系中的职权关系性质不同，管理人员又可以划分为直线管理人员和参谋人员。

1. 直线管理人员

直线管理人员是指有权对下级进行直接指挥的管理者。直线管理者是位于组织指挥链上，对整个组织或其中某个层次中的一个单位的活动，实行综合统一管理并负有全部责任的管理者，故又称为一般管理者或综合管理者。直线管理人员的主要职能是决策和指挥，与下级之间存在着领导隶属关系，是一种命令与服从的职权关系。

2. 参谋人员

参谋人员是指对上级提供咨询、建议，对下级进行专业指导的管理者。他们与上级的关系是一种参谋、顾问与主管领导的关系，与下级是一种非领导隶属的专业指导关系。他们的主要职能是咨询、建议和指导。

第二节　管理者的角色与管理技能

一、管理者的角色

（一）人际角色

人际角色直接来源于管理者的正式权力基础，管理者在处理与组织成员和其他利益相关者的关系时，他们就在扮演人际角色。管理者所扮演的三种人际角色是代表人角色、领导者角色和联络者角色。

代表人角色。作为所在组织的领头人，管理者必须行使一些具有礼仪性质的职责。如参加社会活动、宴请重要客户等。

领导者角色。由于管理者对所在单位的成败负重要责任，管理者和员工一起工作并通过员工的努力来确保组织目标的实现。他们必须在工作小组内扮演领导者角色。

联结者角色。管理者无论是在与组织内成员一起工作时，还是在与外部利益相关者建立良好关系时，都起着联络者的作用。

（二）信息角色

在信息角色中，管理者负责确保共同工作的人具有足够的信息，从而能够顺利完成工作。管理者既是所在组织的信息传递中心，也是组织内其他工作小组的信息传递渠道。

监督者角色。管理者持续关注组织内外环境的变化以获取对组织有用的信息。根据这种信息，管理者可以识别组织潜在的机会和威胁。

传播者角色。管理者把他们作为信息监督者所获取的大量信息分配出去，保证员工具有必要的信息，以便切实有效地完成工作。

发言人角色。管理者必须代表组织把信息传递给组织以外的个人，如向董事和股东说明组织的财务状况和战略方向，向广大利益相关者如消费者保证组织在切实履行社会义务等。

（三）决策角色

在决策角色中，管理者处理信息并得出结论，并用于组织的决策。管理者负责做出组织的决策，让组织内团队和成员按照既定的路线行事，并分配资源以保证各类计划的实施。

企业家角色。管理者需密切关注组织内外环境的变化和事态的发展，以便发现机会。作为企业家，管理者对所发现的机会进行投资以利用这种机会，如开发新产品、提供新服务、发明新工艺等。

冲突处理者。管理者必须善于处理冲突或解决问题，如平息客户的怒气，同不合作的供应商进行谈判，或者对员工之间的争端进行调解等。

资源分配者。管理者决定组织资源用于哪些项目。除财力资源或设备等物资资源外，但其他类型的重要资源也要分配给项目。

谈判者角色。这一角色表现为管理者在他感到有必要时代表组织同外界打交道，管理者的谈判对象包括员工、供应商、客户和其他工作小组。

二、管理者的技能

（一）概念性技能

概念性技能就是分析、预测和做出决断的能力。具体包括对大量的信息进行抽象概括的能力；理解事物的相互关联性从而找出关键因素的能力；理解并协调各种矛盾的关系、权衡方案优劣及内在风险的能力；透过现象抓住本质的洞察力；在深刻了解各个局部的基础上把握全局的能力等。任何管理者所处的环境都是复杂多变的，从而要求他们认清各种因素之间的内在联系，抓住问题的实质，迅速做出正确的决策。管理者所处的层次越高，其面临的环境和问题就越复杂，越需要概念技能。

（二）人际技能

人际技能是管理者与别人沟通和打交道的能力。具体而言，是管理者所具有的识别人、任用人、团结人、组织人、调动人的积极性以实现组织目标的能力。对于各个层次的管理者，人际技能都很重要，特别是中层管理者，不仅要处理好与下级的关系，影响和激励下级有效工作，还要处理好与上级、同级之间的关系，学会如何支持和说服领导，如何与其他部门合作。

（三）技术技能

技术技能指利用技术完成任务的能力。管理者没有必要使自己成为精通某一领域技术的专家，因为可以依靠技术专家来解决技术问题。但他们需要了解与其管理的专业领域相关的基本技术知识，否则他们将很难与技术专家或技术主管有效沟通，从而影响他对所在业务范围内的各项管理工作进行具体指导；另外，这对他们决策的及时性、正确性也有不利影响。但基层管理人员必须全面而系统地掌握与工作内容相关的各种技术性技能。

高层的管理人员需要制定全局性的决策，所做的决策影响范围更广、影响期限更长，因此，高层管理者需要更多地掌握概念性技能，进而把全局意识、系统思想和创新精神渗透到决策过程中。基层管理人员，每天大量的工作是与从事具体作业活动的工作人员打交道，有责任检查工作人员的工作，及时解答并同工作人员一起解决实际工作中出现的各种具体问题。因此，基层管理人员必须全面而系统地掌握与本单位工作内容相关的各种技术性技能。当然，基层管理人员也可能面临一些例外的、复杂的问题，要协调所管辖工作人员的工作，制定本部门的整体计划，为了做好这些工作，也需要掌握一定的概念性技能。人际关系技能是组织各层管理人员都应具备的技能。因为不管是哪个层次的管理者，都必须在与上下级进行有效沟通的基础上，相互合作地共同完成组织的目标。

第三节　管理者的道德和社会责任

组织或个人都不可能脱离社会环境而独立存在。为了自身的生存和发展，组织或个人必然要与其他组织或个人发生这样那样的关系。伦理和道德正是维系这种社会关系和秩序最基本、最重要的规范。

一、道德概述

（一）道德的概念

道德通常是指那些用来明辨是非的规则或原则。根据这一定义，道德在本质上是规则或原则，这些规则或原则旨在帮助决策人判断某种行为是正确的或错误的，或这种行为是否为组织所接受。不同组织的道德标准可能不一样，即使是同一组织，也可能在不同的时期有不同的道德标准。此外，组织的道德标准要与社会的道德标准兼容，否则这个组织很难为社会所容纳。

（二）道德的功能

道德在人们自身生存和发展过程中，其作用和功能归纳起来主要表现为以下方面。

1. 调节功能

道德具有通过评价等方式来指导和纠正人们的行为和活动，以达到协调人际关系、维护社会秩序的能力，这就是道德的调节功能。调节方式可以有社会舆论调节、传统习惯调节、内心信念调节等。人们交往中的一切关系和活动都是道德调节的范围，它可以依靠大多数成员的评价性看法和倾向性态度，对社会道德现象进行褒贬评价，以调节人们的行为，这是社会舆论调节。也可以依靠人们在长期社会生活过程中积累起来的道德经验和所形成的社会风尚，对人们的行为进行约束和规范，此为传统习惯调节。另外，还可以通过道德教育和修养，将外在的道德规范内化为人们内心的道德信念，使人们能自觉按照社会道德要求行事，依此来调节人们的行为，此为内心信念调节。

2. 教育功能

道德可以通过评价、命令、指导、示范等方式和途径，运用塑造理想人格、榜样等手段，培养人们的道德信念、道德情感和道德品质，即道德有教育功能。因此，应根据一定社会的道德要求对人们进行系统的道德教育，使其形成相应的道德认知；另外，通过加强人们的道德修养，唤起人们完善自我、完善社会的热情，使其自觉地将外在的道德知识变为内在的道德信念。

3. 激励功能

道德具有激发人们的内在积极性和主动性，促使人们自我肯定、自我发展、自我完善的功能。在社会生活中，道德不仅包含人们"现有"的行为规范，而且包含人们"应有"的行为规范。"应有"的行为规范一般反映了社会发展的客观必然。人们为了获取社会的认同、成就，实现自己的道德理想，一定会按照"应有"的道德规范行事。因此，道德能引导和激发人们参与社会的主动性和积极性，即道德具有激励功能。

（三）道德观

1. 道德的功利观

这种观点认为决策要完全依据其后果或结果做出。功利主义的目标是为尽可能多的人提供尽可能多的利益。一方面，功利主义对效率和生产率有促进作用，并符合利润最大化的目标。但另一方面，它会造成资源配置的扭曲，尤其是在那些受决策影响的人没有参与决策的情况下，功利主义会导致一些利益相关者的权利受到忽视。

2. 道德的权利观

这种观点认为决策要在尊重和保护个人基本权利的前提下做出。权利观的积极一面是它保护了个人的自由和隐私。但接受这种观点的管理者把对个人权利的保护看得比工作的完成更加重要，从而在组织中会产生对生产率和效率有不利影响的工作氛围。

3. 公平理论道德观

这种观点要求管理者公平地实施规则。接受公平理论道德观的管理者可能决定向新来的员工支付比最低工资高一些的工资，因为最低工资不足以维持该员工的基本生活。按公平原则行事，它保护了那些未被充分代表的或缺乏权力的利益相关者的利益，但是它可能不利于培养员工的风险意识和创新精神。

4. 综合社会契约理论观

这种观点主张把实证（是什么）和规范（应该是什么）两种方法并入商业道德中，即要求决策人在决策时综合考虑实证和规范两方面的因素。这种道德观综合了两种"契约"：一种是规定了做生意的程序；另一种是规定了哪些行为方式是可接受的。这种商业道德观要求管理者要考察各行业和各公司中的现有道德准则，以决定什么是对的、什么是错的。

随着个人权利和社会公平的日益被重视，功利主义遭到了越来越多的非议，因为它在照顾多数人的利益的时候忽视了个人和少数人的利益。对个人权利和社会公平的考虑，意味着管理者要在非功利标准的基础上建立道德标准。但按个人权利、社会公平和社区标准之类的标准来进行决策，要比使用诸如对效率和利润的影响之类的标准来进行决策，更让管理者为难。

二、影响管理伦理（道德）的因素

（一）管理者的道德发展阶段

人们的道德发展可归纳为三个发展阶段：前惯例阶段、惯例阶段、规范与原则阶段，它们代表人们道德发展的不同水平。

处于前惯例阶段的人们，其行为仅受个人利益的影响，其行为特征是为避免物质惩罚而遵守规则，或只在符合直接利益时才遵守规则；处于惯例阶段的人们，其道德行为受他人期望的影响，其行为特征是做自己周围人所期望做的事，或通过履行他人所认同的准则、义务来维护传统的秩序和标准；处于规范与原则阶段的人们，其道德选择具有自主性，受自己认为正确的个人行为准则的影响、其行为特征表现为遵循自己长期所形成的道德准则，而不受外界的影响。

（二）管理者的个人特征

一个成熟的人一般都有相对稳定的个人价值准则和道德规范，即对于正确与错误、善与恶、诚信与虚假等基本信条的认识。这些认识是个人在长期生活实践中发展起来的，也是教育与训练的结果。管理者通常也有不同的个人准则，它构成了管理者道德行为的个人特征。由于管理者的特殊地位，这些个人特征很可能转化为组织的道德理念与道德准则。

（三）管理者的自信心强度

在管理过程中，一般要求管理者的谋与断、胆与识是统一的。但管理者作为一个个体，其能否把自己的价值认识转化为行动以及在多大程度上转化为行动，其个性品质中的自信心强度是极为重要的决定因素。自信心高的人比自信心低的人更能克制冲动，也更能遵循自己的判断，去做自己认为正确的事，从而在道德判断与道德行为之间表现出更大的一致性。

（四）管理者的自我控制能力

控制中心是衡量人们相信自己掌握自己命运的个性特征，它实际上是管理者自我判断、自我控制、自我决策的能力。控制中心分为内在与外在两个方面。具有内在控制中心的人，自信能控制自己的命运，故更可能对其行为后果负责任，并依据内在标准指导行为，从而在道德认识与道德行为之间表现出更大的一致性；而具有外在控制中心的人则常常是听天由命，一般不大可能对其行为后果负个人责任，而更可能依赖外部的力量，因此，在道德认识与道德行为之间常表现出很大的差异性。

（五）组织结构

合理的管理组织结构可以对组织中的个体道德行为起到明确的引导、评价、奖惩的作用，因而也就对管理者的道德行为有约束作用。

第一，要做到减少组织结构设计中的模糊性，通过减少制定严格、正式的规则和制度，有助于促进管理者的道德行为。

第二，组织要根据内外环境和条件的变化适时调整自身的组织结构，这样才能在组织管理层形成和谐、有效的人际关系，也才能够协调、激励管理者的道德行为和道德信念，进而为员工确定出可接受的和期望的行为标准。

第三，组织要有一个合理的绩效评估系统。要用科学的方法制定出切实可行的评估指标和评估程序，要从客观、全面的角度评价每一位员工，减少人们在指标的压力面前不择手段、违反道德的可能性。

（六）组织的文化建设

管理组织的文化建设对管理道德的影响主要表现为两个方面：一是组织文化的内容和性质；二是组织文化的力度。一个组织若拥有健康的和较高道德标准的组织文化，这种文化的向心力和凝聚力必然对其中每个人的行为具有很强的控制能力。另外，组织文化的力度对管理道德也有着很大的影响。如果组织文化的力度很强并且支持高道德标准，那么，它会对管理者的道德行为产生强烈的和积极的影响。

（七）道德问题的重要程度

管理者的道德问题强度主要表现在管理者对以下几个问题的判断：管理者对其道德行为产生的危害或受益的可能性的认识；管理者与其道德行为的受害者或受益者的关系接近程度；管理者对其道德行为的受害者或受益者受到多大程度的伤害或利益的关注度和内心感受；管理者的道德行为对有关人员的影响和集中程度；管理者的道德行为与所期望的结果之间持续时间的长短，等等。

三、提高管理者道德素质的途径

（一）提高管理人员的素质

管理者的道德发展阶段、自信心、自控能力等都是影响管理道德的重要因素，而这些因素也是管理人员的素质高低的体现。权力能否正确运用，在很大程度上只能取决于管理人员的良知；组织的道德水准则完全取决于组织主要负责人的个人修养。管理者素质低下极可能转向腐败或极易造成决策失误，导致组织倒闭。避免滥用权力的最好办法乃是提高个人素质，尤其是要提高其道德方面的素质。现代企业的管理者必须具备的道德素质有：①必须具备全新的经营价值观念。②必须具备正确的工作价值观。③必须坚持集体主义原则。④必须坚持公正原则。⑤必须坚持诚信原则。

（二）要求管理人员以身作则

道德准则要求管理者，尤其是高层管理者应以身作则高层管理者通过他们的言行和奖惩建立了某种文化基调，这种文化基调向员工传递和暗示了某些信息。不良的纪律来自不良的领导。企业领导者如果不能严于律己、以身作则，则势必会在企业内部形成管理松弛、制度涣散的局面。因此，管理者律己不严，就不能严整纲纪；只有以身作则，才可能军令如山、执法如山。

（三）加强管理者的职业道德修养

职业道德是指个人在从业过程中应遵循的与职业活动相关的道德行为准则，这是个人道德行为特征最具体、最重要的表现。职业道德建设包括职工道德和组织领导者、管理者的道德两个方面。两者相互联结、相互作用，构成一个完整的职业道德模式。越来越多的组织意识到对员工进行适当的道德教育的重要性，它们积极采取各种方式来提高员工的道德素质。

（四）设定工作目标并对绩效进行全面评价

员工应该有明确和现实的目标。如果目标对员工的要求不切实际，即使目标是明确的，也会产生道德问题。在不现实的目标的压力下，人们为了取得结果，就会不择手段，从而有可能产生不道德行为。在对管理者的评价中，不仅要考察其决策带来的经济成果，还要考察其决策带来的道德后果，总之，绩效评价要全面而又客观。

（五）提供正式的保护机制

正式的保护机制可以使那些面临道德困境的员工在不用担心受到斥责的情况下自主行事。例如，组织可以任命道德顾问，当员工面临道德困境时，可以从道德顾问那里得到指导。另外，组织也可以建立专门的渠道，使员工能放心地举报道德问题或告发践踏道德准则的人。

四、社会责任

企业社会责任就是指企业决策者在追求自身利益发展的同时，所必须承担的一种义务，即保护和改善公众利益的义务。如果企业在承担法律上和经济上的义务的前提下，还承担追求对社会有利的长期目标的义务，那么，我们就说该企业是有社会责任的。

企业社会责任的范围是十分丰富和广泛的。但其中最为重要的社会责任往往包含四大类问题，即企业与职工关系、企业与消费者关系、企业与社区关系和企业与生态环境关系。

一般组织的社会责任的范围包括利益相关者、自然环境和一般社会福利。

（一）企业对利益相关者的责任

利益相关者是指位于组织内部或者外部，与组织有利害关系的任何人或团体。由于每个利益相关者在组织中的利害关系是不一样的，他们对敏感度都有不同的标准。

利益相关者可以影响战略产出和对公司的收益有法定权利的个人和组织。利益相关者通过对组织的生产、竞争和利润至关重要因素的控制，实施对组织绩效的影响权。可能是客户内部的（如雇员），也可能是客户外部的（如供应商）。一般情况下，对利益相关者的责任可有如下分类：

1. 企业对员工的责任

不歧视员工，定期或不定期培训员工，营造一个良好的工作环境，善待员工的其他一些举措。

2. 企业对顾客的责任

第一，提供安全的产品，安全的权利是顾客的一项基本权利。

第二，提供正确的产品信息，企业要想赢得顾客的信赖，在提供产品信息方面不能弄虚作假，欺骗顾客。

第三，提供售后服务，企业要重视售后服务，要把售后服务看作对顾客的承诺和责任，要建立与顾客沟通的有效渠道，及时解决顾客在使用本企业产品时遇到的问题和困难。

第四，提供必要的指导，在使用产品前或过程中，企业要尽可能为顾客提供培训或指导，帮助他们正确使用本企业的产品。

第五，给予顾客自主选择的权利。企业不能限制竞争，以防止垄断或限制的出现给顾客带来的不利影响。

3. 企业对竞争对手的责任

在市场经济下，竞争是一种有序竞争。企业不能压制竞争，也不能搞恶意竞争。企业要处理好与竞争对手的关系，在竞争中合作，在合作中竞争。有社会责任的企业不会为了暂时之利，通过不正当手段打压对手。

4. 企业对投资者的责任

企业首先要为投资者带来有吸引力的投资报酬。此外，企业还要将其财务状况及时、准确地报告给投资者：企业错报或假报财务状况，是对投资者的欺骗。

5. 企业对所在社区的责任

企业不仅要为所在社区提供就业机会和创造财富，还要尽可能为所在社区做出贡献。

（二）企业对环境的责任

企业要在保护环境方面发挥主导作用，特别要在推动环保技术的应用方面发挥示范作用。企业要治理环境，要以"绿色产品"为研究和开发的主要对象。

（三）一般社会福利

除了利益相关者和环境责任之外，企业应当增加一般社会的福利。这方面的例子包括慈善捐款、资助慈善组织和非营利机构；资助博物馆、乐团和公共广播电视；以及为改善健康和教育体系做贡献。

第四节 决策的概念

明智的决策是成功的关键，人们不论做什么事情，都是首先始于决策，最后成于决策。从现实的情况来看，决策活动几乎是无处不在，无时不有的。小到我们日常生活的衣食住行，中到企业的经营管理，大到涉及国计民生的各种发展规划，都需要通过相应的决策才能使之——得以完成和实现。可见，决策活动与人类活动是密切相关的。

一、决策的定义

人类的实践活动是在理性和意图的支配下，为达到一定的目的而进行的。自从有人类以来，就有了人类的决策行动。决策有狭义和广义之分。狭义的决策是指行动方案的确定或决定，即人们通常所说的"拍板定案"。广义的决策是指人们为了达到一定目的，运用科学的理论和方法提出、选择并实施行动方案的全过程。现代管理学所讲的决策是广义的决策。

二、决策的原则

决策原则是指在决策过程中必须遵循的指导原理和行为准则，它是科学决策的反映，也是决策实践经验的概括总结在决策过程中所要遵循的具体原则是多种多样的，通常主要有以下几个原则：

（一）科学性原则

科学性原则是衡量一切事物的最高准则。科学性原则主张人们的一切活动都应从事物的本质和客观规律出发，尊重客观性，反对主观性；尊重必然性，反对偶然性；尊重本质性，反对表面性。科学性原则，是决策时必须遵循的首要原则。

（二）信息原则

信息是决策的依据，而信息的准确、全面、系统、可靠和及时等特点是科学决策的基础条件。信息不准，决策必错。信息原则要求在决策时，首先必须搜集大量的信息，保证信息的完整性，这样才能对信息进行归纳、选择，提炼出对决策有效的信息；其次必须提高信息质量，保证信息的准确性；最后必须防止信息迂回、阻塞，保证信息的时效性。

（三）系统原则

系统性是现代决策的重要特点之一。在现代条件下，决策对象通常是一个多因素组成的有机系统，运用系统理论进行决策，是科学决策的重要保证。系统理论是把决策对象看作一个系统，并以这个系统的整体目标为核心，追求整体效应为目的。为此，系统原则要求在决策时，首先应贯彻"整体大于部分之和"的原理，统筹兼顾，全面安排，各要素和单个项目的发展要以整体目标为准绳；其次强调系统内外各层次、各要素、各项目之间的相互关系要协调、平衡配套，要建立反馈系统，实现决策实施运转过程中的动态平衡。

（四）满意原则

决策的满意原则是针对最优化原则提出的。它是指决策不可能避免一切风险，不可能利用一切可以利用的机会，不可能达到"最优化"，而只能要求"令人满意"或"较为适宜"的方案。

最优化的理论假设是把决策者作为完全理性化的人，决策是以绝对理性为指导，按最优化准则行事的结果。但由于组织处在复杂多变的环境中，要使决策者对未来一个时期做出绝对理性的判断，必须具备以下条件：①决策者对相关的一切信息能全部掌握；②决策者对未来的外部环境和内部条件的变化能准确预测；③决策者对可供选择的方案及其后果完全知晓；④决策不受时间和其他资源的约束。显然，这四个条件对任何决策者，无论是个体还是集体，也不论素质有多高，都不可能完全具备。因此决策不可能是最优化的，而只能要求是令人满意的或较为适宜的。

（五）可行性原则

为了使决策付诸实施，决策必须切实可行。可行性原则要求决策者在决策时，不仅要考虑到需要，还要考虑到可能；不仅要估计到有利因素和成功的机会，更要预测到不利条件和失败的风险；不仅要静态地计算需要与可能之间的差距，还要对各种影响因素的发展变化进行定量和定性的动态分析。

（六）集体与个人相结合的原则

坚持集体与个人相结合的原则，又称民主集中制原则，就是既要充分发挥专家和智囊的作用，又要尽力调动各方面的积极性和主动性，使决策建立在广泛民主的基础上，并在民主的基础上进行集中。这样一方面可以充分发挥各方面的专长，提高决策质量，防止个体决策的片面性；另一方面又为决策的实施提供了保证。

（七）反馈原则

反馈原则，就是建立反馈系统，用实践来检验决策和修正决策。由于事物的发展和客观环境的不断变化，决策者受知识、经验、能力的限制，致使决策在实施中可能会偏离预定目标，这就需要根据反馈情况采取措施，对原方案或目标加以相应的调整和修正，使决策趋于合理。

三、决策的依据

做出科学的决策，凭借的是科学、准确、及时的决策依据。决策依据是科学决策的前提。

（一）事实依据

事实是决策的基本依据。在决策中，只有把决策对象的客观情况搞清楚，才能找到目标与现状的差距，才能正确地提出问题和解决问题。否则，如果事实不清楚，或者在对事实的认识和了解中掺进了个人主观的偏见，就会使决策失去基本依据，造成决策从根本上发生失误。

（二）价值依据

这里的价值是指决策者的价值观、伦理道德观念和某些心理因素。这些因素虽然有主观性，但仍然是决策的依据和前提。这是因为对任何事物的认识和判断都会不可避免地掺进这些主观因素，否则就不能解释为什么对同一事物会有两种或多种截然不同的看法，为什么对同一方案会有截然不同的两种或多种选择。

我们也要正确地认识事实依据与价值依据的关系。两者最基本的关系就是价值判断要以事实为基础。如果离开这个基础，就不可能产生一种正确的价值观。如果价值观离开事实的依据，有时可能做出"好"的决策，却永远做不出正确的决策。

（三）环境、条件依据

所谓环境和条件，是指决策对象事实因素和决策价值因素以外的各种因素，如自然条件、资源条件、社会制度条件、科学技术条件以及人们的文化传统和风俗习惯条件等。在决策中之所以考虑这些因素，是因为这些因素对整个决策，包括决策目标的确定、决策方案的选择以及决策方式的采用等都起着制约作用。也就是说，在决策中，不但要看决策对象在事实上能达到的程度，还必须看由于各种环境和条件所制约而达到的程度。

第五节　决策的类型及特征

决策作为一种组织活动，有着丰富的内容与多样的形式，从不同的角度，按照不同的标准，可以把决策分为不同类型。决策类型的多样性是由其内容的丰富多样所决定的。对决策的分类，主要是为了通过分类认识不同类型决策的特征，掌握不同类型决策的规律，并在实际中对不同类型的决策采取不同的决策方式和方法。

一、决策的类型

从不同的角度，依据不同的标准，决策可以分为不同的类型。

（一）战略决策与战术决策

按决策的影响范围和重要程度不同，组织的决策可分为战略决策和战术决策。"战略""战术"是从军事学上借用过来的术语，前者涉及对整个战争的总体布局和战役安排，后者指作战方案制定或者战斗进行之中采取的基本作战策略。将这一对军事概念应用到决策活动中，战略决策与战术决策的区别可概括为以下几点：

从调整对象看，战略决策调整组织的活动方向和内容，战术决策调整在既定方向和内容下的活动方式。战略决策解决的是"做什么"的问题，战术决策解决的是"如何做"的问题，前者是根本性决策，后者是执行性决策。

从涉及的时间范围来看，战略决策面对的是组织整体在未来较长一段时间内的活动，战术决策需要解决的是组织在未来各个较短时间内的行动方案因此，战略决策是战术决策的依据，战术决策是在战略决策的指导下制定的，是战略决策的落实。

从作用和影响上看，战略决策的实施是组织活动能力的形成与创造过程，战术决策的实施则是对已形成能力的应用，因此战略决策的实施效果影响组织的长远发展，战术决策的实施效果则主要影响组织的效率与生存。

（二）程序性决策与非程序性决策

按决策问题的重复程度和有无既定的程序可循，组织决策可分为程序性决策与非程序性决策。程序化决策，指经常重复发生，按原定程序、方法和标准进行的决策。处理例行问题，有固定的程序、规则和方法。程序性决策是按预先规定的程序、处理方法和标准来解决管理中经常重复出现的问题，又称重复性决策、定型化决策或常规决策。

非程序化决策指具有极大偶然性、随机性、又无先例可循且具有大量不确定性的决策活动。处理例外问题，无先例可循。依赖于决策者的经验、知识、价值观、决断能力。非程序性决策则是为解决不经常重复出现的、非例行的新问题所进行的决策。这类决策又称为一次性决策、非定型化决策或非常规决策，它通常是关于重大战略问题的决策。

（三）个体决策与群体决策

从决策主体来看，组织的决策可分为个体决策与群众决策。个体决策的决策者是单个人，所以也称为个人决策。群体决策的决策者可以是几个人、一群人甚至扩大到整个组织的所有成员。"厂长负责制"企业中的决策就主要是由厂长个人做出方案抉择的，尽管其决策过程中可能接受"工厂管理委员会"这类智囊机构的咨询意见。相比之下，"董事会制"下的决策则是一种群体决策，由集体做出决策方案的选择。

个体决策与群体决策各有优缺点。相对说来，群体决策的一个主要优点是，群体通常能比个体做出质量更高的决策。其原因在于，由群体来制定决策有利于提供更完整的信息，能产生更多的备选方案，并从更广泛的角度对方案进行评价和论证从而做出更准确、更富有创造性的决策。其次，以群体方式做出决策，也易于增加有关人员对决策方案的接受性。当然，群体决策的效果如何也受到群体大小、成员从众现象等的影响。要是决策群体成员不能够真正地集思广益。都以一个声音说话，其决策的质量就难以得到提高。再者，从决策群体的规模来看，参与制定决策的人员越多，提出不同意见的可能性虽然增大，但群体就需要花更多的时间和更多的协调来达成相对一致的意见。

（四）经验决策与科学决策

决策的方法实际上多种多样。根据决策者是基于经验还是基于科学分析做出决策，可将决策方法分为经验决策和科学决策两大类。所谓经验决策，是指决策者主要是根据其个人或群体的阅历、知识、智慧、洞察力和直觉判断等人的素质因素而做出决策。

（五）初始决策与追踪决策

从决策解决问题的性质来看，可以将决策分成初始决策与追踪决策两种。

初始决策是指组织对从事某种活动或从事该种活动的方案所进行的初次选择；追踪决策则是在初始决策的基础上对组织活动方向、内容或方式的重新调整。如果说初始决策是在对组织内外环境的某种认识基础上做出的，追踪决策则是由于这种环境条件发生了变化，或者是由于组织对环境特点的认识发生了变化而引起的。显然，组织中的大部分决策都属于追踪决策。

与初始决策相比，追踪决策具有如下特征。

1. 回溯分析

初始决策是在分析当时条件与预测未来的基础上制定的，而追踪决策则是在原来方案已经实施但发现环境条件有了重大变化或与原先的认识有重大差异的情况下进行的。因此，追踪决策必须从回溯分析开始。回溯分析，就是对初始决策的形成机制与环境条件进行客观分析，列出需要改变决策的原因，以便有针对性地采取调整措施。

2. 非零起点

初始决策是在有关活动尚未进行从而对内外环境没有产生任何影响的前提下进行的。追踪决策则不然，它所面临的条件与对象都已经不是处于初始状态，而是随着初始决策的实施受到了某种程度的改造、干扰和影响。这种影响主要表现在两个方面：第一，随着初始决策的实施，组织与外部协作单位已经建立了一定的关系。第二，随着初始决策的实施，组织内部的有关部门和人员已经开展了相应活动。

3. 双重优化

初始决策是在已知的备选方案中择优，而追踪决策则需要双重优化，也就是说，追踪决策所选的方案，不仅要优于初始决策——因为只有原来的基础有所改善，追踪决策才有意义——而且要在能够改善决策实施效果的各种可行方案中，选择最满意的决策方案。可以说，第一重优化是追踪决策的最低的基本要求，第二重优化则是追踪决策应力求实现的根本目标。

（六）确定型决策、非确定型决策和风险型决策

按决策问题所处条件不同，决策可分为确定型决策、非确定型决策和风险型决策。

确定型决策是指在决策过程中，所提出的各备选方案在确知的客观条件下，每个方案只有一种结果，比较其结果优劣做出最优选择的决策。确定型决策是一种肯定状态下的决策。决策者对被决策问题各种方案的条件、性质、后果都有充分了解，各个备选的方案只能有一种结果。这类决策的关键在于选择肯定状态下的最佳方案。这种决策由于没有不确定因素的干扰，便于决策方案的评估和选优。

风险型决策是指决策者对未来的情况无法做出肯定的判断，无论选择哪一种方案都有一定风险的决策。风险型决策的各种方案都存在两种以上的自然状态，在决策过程中所提出的各个备选方案，每个方案都有几种不同结果，其发生的概率也可测算。决策人虽不能完全肯定执行结果，但可以根据概率进行计算做出决策。风险型决策之所以存在，是因为影响预测目标的各种市场因素是复杂多变的，因而每个方案的执行结果都带有很大的随机性。在决策中，不论选择哪种方案，都存在一定的风险性。

非确定型决策是指在决策中存在许多不可控制的因素，决策过程中提出各个备选方案，每个方案有几种不同的结果，但每一结果发生的概率无法知道。在这种条件下的决策就是非确定型的决策。非确定型决策只知道每一方案产生的几种可能结果，但发生的概率并不知道。由于人们对几种可能客观状态出现的随机性规律认识不足，就增大了这类决策的不确定性程度。非确定型决策主要凭决策者的经验和智慧来做出决策。

二、决策的特征

（一）目标性

任何决策都必须根据一定的目标来制定。目标是组织在未来特定时限内完成任务所预期要达到的水平。没有目标，人们就难以拟定未来的活动方案，评价和比较这些方案也就没有标准，对未来活动效果的检查便失去了依据。旨在选择中调整组织在未来一定时间内活动方向与内容的组织决策，比纯粹的个人决策更具有明确的目的性或目标性。

（二）可行性

组织决策的目的是为了指导组织未来的活动。组织的任何活动都需要利用一定资源。缺少必要的人力、物力、财力和技术条件的支持，理论上非常完善的决策方案也

只会是空中楼阁。因此决策方案的拟订和选择不仅要考察采取某种行动的必要性，而且要注意实施条件的限制，要考虑决策的可行性。

（三）选择性

决策的实质是选择，或者说"从中择一"。没有选择就没有决策。而要能有所选择，就必须要有可以相互替代的多种方案。事实上，为了实现相同的目标，组织总是可以从事多种不同的活动。这些活动在资源需求、可能结果及风险程度等方面均有所不同。因此，组织决策时要具有选择的可能，即提出多种备选方案。从本质上说，决策目标与决策方案两者都是经由"选择"而确定的。因此在决策时最好注意两点：一是在没有不同意见前，不要做出决策；二是如果看来具有一种行事方法，那么这种方法可能就是错误的。

（四）满意性

选择组织活动的方案，通常根据的是满意原则，而非最优原则。最优决策往往只是理论上的幻想，因为它要求：决策者了解与组织活动有关的全部信息；决策者能正确地辨识全部信息的有用性，了解其价值，并能据此制订出没有疏漏的行动方案；决策者能够准确地计算每个方案在未来的执行结果；决策者对组织在某段时间内所要达到的结果具有一致而明确的认识。

（五）动态性

决策的动态性，首先与其过程性相联系。决策不仅是一个过程，而且是一个不断循环的过程。作为过程，决策是动态，没有真正的起点，也没有真正的终点。其次，决策的主要目的之一是使组织的活动适应外部环境的变化，然而外部环境是在不断发生变化的，决策者必须不断监视和研究这些变化，从中找到组织可以利用的机会，并在必要时做出新的决策，以及时调整组织的活动从而更好地实现组织与环境的动态平衡。

第六节　决策方法和工具

随着管理的发展与科技的进步，决策的方法也在不断地扩展、分化和完善。从不同的角度，按不同的标准，决策的方法有不同的类型。有定性决策方法与定量决策方法，有选择组织活动方向和内容的决策方法，也有在既定方向下选择不同行动方案的决策方法。

一、定性决策方法和工具

(一) 专家会议法

所谓专家会议法，就是通过召开有一定数量的专家参加的会议对决策方案的选择做出共同判断。专家会议可以使专家之间相互交流信息、相互启发思路，集思广益，产生"思维共振"，有可能在较短时间内得到富有成效的决策成果。因此，应在时间和其他条件允许的情况下，尽量运用专家会议法进行决策活动。

(二) 德尔菲法

德尔菲法又称专家调查法。它是把所要决策的问题和必要的资料，用信函的形式向专家们提出，得到答复后，再把各种意见经过综合、整理和反馈，如此反复多次，直到决策的问题得到较为满意的结果的一种预测方法。德尔菲法具有匿名性、反馈性和统计性等特点。应用德尔菲法进行决策时要注意的问题是：①决策的问题要十分清楚明确，其含义只能有一种解释；②问题的数量不要太多，一般以回答者在较短时间内答完为宜；③要忠于专家们的回答，调查者在任何情况下不得显露自己的倾向；④对于不熟悉这一方法的专家，应事先讲清楚决策的过程与方法；⑤要制订好调查表，选择好专家。

二、确定活动方向和内容的决策方法和工具

这类方法旨在帮助决策者根据企业自身和外部环境的特点，为整个企业或企业中的某个部门确定其经营活动的基本方向和内容。

(一) SWOT 分析法

无论是对企业还是对特定的经营业务来说，决策者要成功地制定出指导其生存和发展的战略，必须在组织目标、外部环境和内部条件三者之间取得动态的平衡。企业不能孤立地看待外部环境的机会和威胁，而必须结合自己的经营目标和内部条件来识别适合于本组织的机会。环境中存在的机会只有在与本企业自身所拥有或将拥有的资源以及与众不同的能力相匹配情况下，它才有可能变成组织的机会。如果存在于环境之中的机会并不与本企业的资源和能力状况相适应，那么组织就必须首先着眼于改善和提高自身的内部条件。

SWOT 分析，就是帮助决策者在企业内部的优势（Strengths）和劣势（Weaknesses）以及外部环境的机会（Opportunities）和威胁（Threats）的动态综合分析中，确定相应的生存和发展战略的一种决策分析方法。

(二) 经营业务组合分析法

这是大企业确定和平衡其各项业务发展方向及资源分配而提出的战略决策方法。

其前提假设是，大部分企业都经营两项以上的业务，这些业务需扩展、维持还是收缩应该立足于企业全局的角度来加以确定，以便使各项经营业务能在现金需要和来源方面形成相互补充、相互促进的良性循环局面。

1. "金牛"业务

该类经营业务的特点是：企业拥有较高的市场占有率，相对竞争地位强，能从经营中获得高额利润和高额现金回笼，但该项业务的市场增长率低，前景并不好，因而不宜投入很多资金盲目追求发展，而应该将其当前市场份额的维护和增加作为经营的主要方向。其目的是使"金牛"类业务成为企业发展其他业务的重要资金来源。

2. "明星"业务

这类经营业务的市场增长率和企业相对竞争地位都较高，能给企业带来较高的利润，但同时也需企业增加投资，扩大生产规模，以便跟上总体市场的增长速度，巩固和提高某市场占有率。因而，"明星"业务的基本特点是无论其所回笼的现金，还是所需要的现金投入，数量都非常大。

3. "幼童"业务

这类经营业务的市场增值率较高，但企业目前拥有的市场占有率相对较低，其原因很可能是企业刚进入该项相当有前途的经营领域。由于高增长速度要求大量的资金投入，但是较低的市场占有率又只能带来很少量的现金回笼。因此，企业需要将由其他渠道获得的大量现金投入到该项"幼童"业务中，使其尽快扩大生产经营规模，提高市场份额。采取这种策略的目的就是使"幼童"业务尽快转变成"明星"业务。

三、有关行动方案选择的决策方法

有关行动方案选择的决策方法主要有三类：确定型决策、风险型决策和非确定型决策。

（一）确定型决策法

对确定型决策问题，制定决策的关键环节是计算出什么样的行动方案能产生最优的经济效果。确定型决策中经常使用的方法包括量本利分析法、投资回报率评价法、现金流量分析法等。这里主要介绍量本利分析法。

量本利分析，也叫作保本分析或盈亏平衡分析，是通过分析产品成本、销售量和销售利润这三个变量之间的关系，掌握盈亏变化的临界点，从而定出能产生最大利润的经营方案。

（二）风险型决策法

风险型决策是指方案实施可能会出现几种不同的情况（自然状态），每种情况下的后果（即效益）是可以确定的，但不可确定的是最终将出现哪一种情况，所以就面临决策的不确定性。

（三）非确定型决策法

非确定型决策是指方案实施的后果可以估计，即可确定出方案在未来可能出现的各种自然状态及其相应的收益情况，但对各种自然状态在未来发生的概率却无法作出判断，从而无法估算期望收益。

第七节 决策支持系统

DSS 的概念是 20 世纪 70 年代提出的，并且在 20 世纪 80 年代获得发展。随着 Internet 和多媒体技术等的飞速发展，企业也朝着数字化、网络化、智能化、集成化、柔性化的方向发展，并由此涌现了各种先进的管理理念与模式，如敏捷制造、虚拟制造、绿色制造、虚拟样机、动态联盟、企业重组等。它们的共同之处是其整个过程涉及的领域非常广泛，不仅与设计生产技术有关，也与信息技术、计算机技术、经营管理与决策系统技术、现代管理技术等相融合，是新兴的多学科交叉领域。

企业在面对激烈竞争的全球经济一体化的趋势时，必须采用跨越式发展的方式，融合信息技术、现代管理技术、计算机技术和生产制造技术，从系统管理、产品开发设计方法/技术与技术装备等诸方面采取综合措施。为了支持现代企业的整个组织管理决策过程，迫切需要研究和开发新一代的 DSS。

一、决策支持系统的发展

（一）决策支持系统的兴起

自 20 世纪 70 年代提出决策支持系统（DSS）以来，DSS 已经得到了很大发展。它是在管理信息系统（MIS）的基础上发展起来的。MIS 是利用数据库技术实现各级管理者的业务管理，在计算机上进行各种事务处理工作。DSS 则是要为各级管理者提供辅助决策的能力。

决策支持系统主要是以模型库系统为主体，通过定量分析进行辅助决策。其模型库中的模型已经由数学模型扩大到数据处理模型、图形模型等多种形式，可以概括为"广义模型"。决策支持系统的本质是将多个广义模型有机地组合起来，对数据库中的数据进行处理而形成决策问题大模型。决策支持系统的辅助决策能力从运筹学、管理科学的单模型辅助决策发展到多模型综合决策，使辅助决策能力上了一个新台阶。

20 世纪 80 年代末 90 年代初，决策支持系统与专家系统结合起来，形成了智能决策支持系统（IDSS）。专家系统是定性分析辅助决策，它与以定量分析来辅助决策的决策支持系统相结合，进一步提高了辅助决策能力。智能决策支持系统是决策支持系统发展的一个新阶段。

（二）决策支持系统的发展与完善

DSS 从其产生以来，其发展已从最初仅通过交互技术辅助管理者对半结构化问题进行管理一直到运筹学、决策学及各种 AI 技术渗透到其中的各种实用 DSS 出现，其应用涉及多个领域，并成为信息系统领域内的热点之一。但是传统 DSS 投入应用的成功实例并不多，原因一方面是因为基于传统 DBMS 的 DSS 只能提供辅助决策过程中的数据级支持，而现实决策所需的数据却往往是分布、异构的；另一方面是实际中大多数 DSS 的应用对决策者有较高的要求，不仅要有专业领域知识也要有较高的 DSS 构模知识。因此，针对不同的社会需求，人们提出了多种类型的 DSS，有智能决策支持系统、分布式决策支持系统、群体决策支持系统、组织决策支持系统、自适应决策支持系统、战略决策支持系统等。这些系统的提出与实现，各自适用于不同的场合，都在不同程度上满足了新的决策形势的要求。

二、决策支持系统的种类

（一）分布与群体决策支持系统

分布决策支持系统（DDSS）与群体决策支持系统（GDSS）均是 20 世纪 80 年代以来 DSS 研究与应用的热门方向，以满足在制造业发展虚拟企业、网络化制造的需求。其中 DDSS 是对传统集中式 DSS 的扩展，是分布决策、分布系统和分布支持三位一体的结晶。GDSS 则是面向群体活动的，它为群体活动提供沟通支持、模型支持及机器诱导的沟通模式三个层次的支持。GDSS 与 DDSS 既有区别又有联系，前者是对个体决策支持系统的扩展，后者则是相对于集中 DSS 而言的，两者研究的重点和关注的焦点有所不同。GDSS 对群体决策的支持既可是集中式决策，又可是分布式决策。但通常情况下，群体决策是在分布环境下实施的，这就决定 GDSS 与 DDSS 有着非同寻常的联系。GDSS 大多采用分布式和分散式结构，系统支持"水平方向"分布式处理，即支持对数据对象的远距离操作；系统还支持"垂直方向"的分散式处理，即通过在用户和各应用层之间的接口，来实现各个应用领域的功能。

DDSS 与 GDSS 的这种特性使其在企业动态联盟、网络化制造、医疗等领域得到了充分的应用。有学者就针对企业动态联盟开发了一个决策支持系统，该群体决策支持系统采用开放式体系结构，既可以独立使用，也可以与 AVE 组织建立辅助工具联合使用。整个系统可根据具体 AVE 问题来建立不同类型的决策模型与决策知识，并通过决策支持系统通用开发工具定义各类决策功能对象，从而添加进系统，形成针对某类制造企业的部分通用 AVE 组织管理群体智能决策支持系统。而且该系统的决策模型、知识与参考模型库亦将随着时间的增加而不断扩充，适合基于 Internet 的计算机协同工作环境进行群体决策，为建立动态联盟的动态组织管理全过程提供问题求解与决策支持。

（二）组织决策支持系统

组织决策支持系统（ODSS）是针对目前的多人规模管理决策活动已不可能或不便

于用集中方式进行而产生的，它要求在更高的决策层和更复杂的决策环境下得到计算机的支持。ODSS 主要是在分布式环境中，用户可以通过系统从不同区域独立、并行地对其他用户进行访问、交流。

一般说来，ODSS 应具有的特征有：①同时涉及公共数据和私有数据，同时涉及公共模型和私有模型；②一个 ODSS 可以跨越多个组织部门；③注重对决策者的内容支持（即提供分析工具帮助决策者进行问题分析），也注重对决策者的过程支持（创建决策分析环境，支持决策者完成其决策过程中的各种活动）；④打破功能领域；⑤打破递阶层次；⑥有一组支持信息/过程任务的工具包，依赖计算机技术。

（三）自适应决策支持系统

自适应决策支持系统（ADSS）是针对信息时代多变、动态的决策环境而产生的，它将传统的面向静态、线性和渐变市场环境的 DSS 扩展为面向动态、非线性和突变的决策环境的支持系统，用户可根据动态环境的变化，按自己的需求自动或半自动地调整系统的结构、功能或接口。对 ADSS 的研究主要从自适应用户接口设计、自适应模型或领域知识库的设计、在线帮助系统与 DSS 的自适应设计四个方面进行，其中问题领域知识库的建立是 ADSS 成功与否的关键，它使整个系统具有了自学习功能，可以自动获取或提炼决策所需的知识。对此，必须给问题处理模块配备一种学习方法或在现有DSS 模型上再增加一个自学习构件。归纳学习策略是其中最有希望的一种学习方法，可以通过它从大量实例、模拟结果或历史事例中归纳得到所需知识。此外，神经网络、基于事例的推理等多种知识获取方法的采用也将使系统更具适应性。

市场环境变化及产品开发过程是混沌的，因此有学者提出一种支持先进制造模式的基于自组织的决策模式及决策支持系统，系统以协同论和分形理论等自组织理论为基础，具有自学习、自适应、自身动态重组、适应混沌环境的能力，从而使企业在湍流、混沌的复杂非平衡环境下，适时、快速地设计新产品，重构制造系统，再造经营过程。

（四）基于数据仓库的 DSS

在企业的生产领域中，产品开发需要全面的、大量的信息，包括需求信息、竞争情报、管理信息、产品数据等等，并且很多信息要从分布、异构的大量数据中挖掘而得，传统的 DBMS 难以满足这一需求。因此基于数据仓库（DW）的 DSS 应运而生。数据仓库系统作为面向主题的、集成的、在一定周期内保持稳定的、随时间变化的、用以支持企业或组织决策分析的数据的集合，可将来自各个数据库的信息进行集成，从事物的历史和发展的角度来组织和存储数据，供用户进行数据分析，并辅助决策支持，为决策者提供有用的决策支持信息与知识。数据仓库技术不是一种单一的技术或软件，它融合了数据库理论、统计学、数据可视化和人工智能技术等多项研究领域的成果，能在大量数据中发现有价值的知识，用于决策支持和预测未来。因此，基于这一技术的决策支持系统为决策支持系统提供了可取的数据组织方式，为决策人员提供了强有力的支持工具，能有力地推动决策的现代化进程。

基于数据仓库理论与技术的 DSS 的研究与开发尚处于起步阶段，但已得到了众多学者的重视，其主要研究课题包括：

第一，DW 技术在 DSS 系统建立中的应用以及基于 DW 的 DSS 的结构框架。

第二，采用何种数据挖掘技术或知识发现方法来增强 DSS 的知识源。

第三，DSS 中的 DW 的数据组织与设计及 DW 管理系统的设计。

总的来说，基于 DW 的 DSS 的研究重点是如何利用 DW 及相关技术来发现知识以及如何向用户解释和传达知识，为决策支持提供更有力的数据支持，有效地克服传统 DSS 数据管理难以忽视历史数据等问题。

第八章

经济管理计划

计划是管理的基本职能之一，就管理的过程而言，它位于各项管理职能之首。其主要任务是在收集大量基础资料的前提下，对组织的未来环境和发展趋势做出预测，并根据预测的结果和组织拥有的资源确立组织目标，然后制订出各种实施目标的方案、措施和具体步骤，为组织目标的实现做出完整的谋划。任何组织、任何管理活动都需要计划，它是组织进行管理的前提，其发挥得好坏将直接关系到组织的生存和发展。

第一节　计划的概念

一、计划的概念

（一）计划的几个代表性定义

第一，计划是预先决定的行动方案。

第二，计划是事先对未来应采取的行动所做的规划和安排。

第三，计划职能包含规定组织的目标、制定整体战略以实现这些目标，以及将计划逐层展开，以便协调和对各种活动的一体化。计划既涉及目标（做什么），又涉及达到目标的方法（怎么做）。

第四，计划是一种结果，它是计划工作所包含的一系列活动完成之后产生的，是对未来行动方案的一种说明。

第五，计划工作是一种预测未来、设立目标、决定政策、选择方案的连续程序，以期能够经济地使用现有的资源，有效地把握未来的发展，获得最大的组织成效。

这些陈述分别从目的角度、过程角度、结果角度、内容角度和实施角度给出了计划所包含的概念，对人们完整地理解计划的概念非常重要。

"计划"从词性上看，既可以是名词，也可以是动词。当计划作为动词使用时应理解为"做计划"或"计划工作"，而作为名词使用时则表示"计划工作"的结果。为此，给出如下定义：

计划工作是收集信息，预测未来，确定目标，制订行动方案，明确方案实施的措施，规定方案实施的时间、地点的一个过程。计划是计划工作的结果文件，其中记录了组织未来所采取行动的规划和安排，即是组织预先制订的行动方案。

（二）计划概念分析

一份完整的计划应包括以下六个方面的内容，简称"5W1H"：

第一，明确做什么（What），即给出组织不同层次的目标。组织高层目标又称为战略，组织基层目标又称为作业计划。

第二，明确为什么做（Why），即给出实施计划的原因。计划不是凭空想象出来的，它是通过对组织的内、外部环境进行分析，明确市场的机遇和挑战，清楚自身的适应性而提出的，即计划的提出是以组织内外部的客观状态为前提条件的。

第三，明确谁来实施计划（Who）。计划作为一个蓝图，它的作用不在于欣赏，而在于实现。计划的实施离不开人的行为，因此，计划必须明确由哪些部门、哪些人来完成规定的各项任务和指标。

第四，明确在什么地点实施计划（Where）。任何计划都离不开时空的约束，计划一方面必须要有实施的地点，另一方面也存在优选实施地点的问题，因此，计划必须明确优选后的实施地点。例如我国改革开放战略计划的实施，就是首先选择了具有良好条件的沿海城市进行，然后逐渐向内地扩展。

第五，明确实施计划时间表（When）。一个切实可行的计划，必须明确指出各项行动时间要求，而这种时间安排必须和组织内外部状况相适应。例如，服装企业的生产计划必须和市场产品销售的淡、旺季相适应。

第六，明确计划实施的具体方法和手段（How）。计划实施可以有多条途径，其实施的成本和对象都不尽相同，因此，选择好的实施计划的方法和手段是非常重要的，是有效实施计划的保证。

二、计划与决策的关系

计划是一个较为宽泛的概念：作为管理的首要工作，计划是一个包括环境分析、目标确定、方案选择的过程，决策只是这一过程中某一阶段的工作内容。第一，计划是管理的一个基本部分，包括预测未来并在此基础上对未来的行动予以安排；第二，计划工作在管理职能中处于首位，是"评价有关信息资料、预估未来的可能发展、拟定行动方案的建议说明"的过程，决策是这个过程中的一项活动，是在"两个或两个以上的可选择方案中作一个选择"。

决策是包括情报活动、设计活动、抉择活动和审查活动等一系列活动的过程；决策是管理的核心，贯穿于整个管理过程。因此，决策不仅包括了计划，而且包容了整个管理，甚至就是管理本身。

决策与计划是两个既相互区别、又相互联系的概念。说它们是相互区别的，是因为这两项工作需要解决的问题不同。决策是关于组织活动方向、内容以及方式的选择。我们是从"管理的首要工作"这个意义上来把握决策的内涵的。任何组织，在任何时期，为了表现其社会存在，必须从事某种为社会所需要的活动。在从事这项活动之前，组织当然必须首先对活动的方向和方式进行选择；计划则是对组织内部不同部门和不同成员在一定时期内行动任务的具体安排，它详细规定了不同部门和成员在该时期内从事活动的具体内容和要求。

所以，决策是计划的前提，计划是决策的逻辑延续。决策为计划的任务安排提供了依据，计划则为决策所选择的目标活动的实施提供了组织保证。在实际工作中，决策与计划是相互渗透，有时甚至是不可分割地交织在一起的。决策制定过程中，不论是对内部能力优势或劣势的分析，还是在方案选择时关于各方案执行效果或要求的评价，实际上都已经开始孕育着决策的实施计划。反过来，计划的编制过程，既是决策的组织落实过程，也是决策更为详细的检查和修订的过程。无法落实的决策，或者说决策选择的活动中某些无法安排的任务，必然导致决策一定程度的调整。

三、计划的特征

计划的特征可以概括为目的性、首位性、普遍性、效率性和创造性。

（一）目的性

在组织中，各种计划及其所有的派生计划，都应该有助于完成组织的总目的和各个阶段的目标。一个组织能够生存，首要的一点就是通过有意识的合作来完成群体的目标，这是管理的基本特征，计划工作是最明确反映管理基本特征的主要职能活动。

（二）首位性

由于计划、组织、人事、领导和控制等方面的管理活动都是为了支持实现企业的目标，而计划工作直接涉及制定整个集体努力完成的必要的目标。因此，计划工作放在所有其他管理职能的实施之前是合乎逻辑的，虽然在实践中，所有的管理职能相互交织形成一个行动的网络，计划工作直接影响且始终贯穿于组织、人事、领导和控制等管理活动中。

计划对组织、人事、领导工作的影响表现在，企业要实现某一特定的目标，可能要在局部或整体上改变组织的结构，比如设立新的职能部门或改变原有的职权关系，这就需要在人员配备方面考虑委任新的部门主管，调整和充实关键部门的人员以及培训员工等。而组织结构和员工构成的变化，必然会影响到领导方式和激励方式。

计划工作和控制工作更是不可分割的。计划是控制的基础，为控制工作提供标准。因为控制就是纠正偏离计划的偏差，以保证活动按既定计划进行，显然未经计划的活动是无法控制的，没有计划指导的控制是无意义的。另外，要有效地行使控制职能，就要根据情况的变化拟订新的计划或不断修改原有计划，而这又将成为下一步控制工作的基础。计划工作与控制工作这种相辅相成、连续不断的关系，通常被称为计划—控制—计划循环。

（三）普遍性

虽然计划工作的特点和范围随各级管理者的层次、职权不同而不同，计划工作是每位管理者无法回避的职能工作。每一个管理者，无论是总经理还是班组长都要从事计划工作。高层管理者不可能也没必要对自己组织内的一切活动做出确切的说明，他的任务应该是负责制定战略性计划，而那些具体的计划由下级完成。这种情况的出现主要是由于人的能力是有限的。而现代组织中工作却是纷繁复杂的，即使是最聪明、最能干的领导人也不可能包揽全部的计划工作。另外，授予下级某些制订计划的权力，还有助于调动下级的积极性，挖掘下级的潜力，使下级感受到自身存在的价值。这无疑对贯彻执行计划、高效地完成组织目标大有好处。

（四）效率性

计划的效率是用来衡量计划的经济效益的。它是用实现企业的总目标和一定时期的目标所得到的利益，扣除为制订和实施计划所需要的费用和其他预计不到的损失之后的总额来测定的。要使计划工作有效，不仅要确保实现目标，还要从众多方案中选择最优的资源配置方案，以求得合理利用资源和提高效率。就效率这个概念而言，一般是指投入和产出之间的比率，但计划效率这个概念，不仅包括人们通常理解的按资金、工时或成本表示的投入产出比率，还包括组织成员个人或群体的满意程度，后者对计划效率的影响也是不难理解的，如果计划使一个组织内很多人不满意或不高兴，那么这样的计划甚至连目标都不可能实现，更谈不上效率了。

（五）创造性

计划工作总是针对需要解决的新问题和可能发生的新变化、新机会而做出决定的，因而它是一个创造性的管理过程。它是对管理活动的设计，这一点类似于一项产品或一项工程的设计。正如一种新产品的成功在于创新一样，成功的计划也依赖于创新。

第二节　计划的层次和分类

计划是将决策实施所需完成的活动任务在时间和空间上进行分解，以便将其具体地落实到组织中的不同部门和个人。因此，可以采用多种不同的方法对计划类型进行划分，可以依据时间和空间两个不同的标准，依据所反映的内容、计划的性质和计划的表现形式等对计划进行分类。

一、短期计划、中期计划和长期计划

（一）长期计划

长期计划一般是指计划期限在五年或五年以上的计划。长期计划主要是解决组织的长远目标和发展方向是什么以及怎样实现组织的长远目标这样两个问题。

（二）中期计划

中期计划是指一年以上五年以下的计划。中期计划的编制，要以长期计划为基础，根据经济和社会发展情况，使长期计划的各项任务、指标进一步明确，因此中期计划是长期计划的具体化。同时，中期计划又是短期计划的依据，是联结长期计划和短期计划的纽带。

（三）短期计划

短期计划是指月、季、年度计划，它比中期计划更加详细具体，能够满足具体实施的需要。它根据长期计划的要求，具体规定在一个比较短的期间内组织所要达到的目标，对达成这个目标的各种资源进行合理配置，并对完成的时间和方法等做出具体的规定。

长期计划能够为组织指明发展方向，使组织的发展保持连续性和稳定性。但是，由于未来较长时间的不确定性因素很多，长期计划的编制就有较大的难度，所确定的目标就会比较抽象和不具体，所制订的计划方案也比较有弹性。为此，常常采用一种滚动计划的方法来代替长期计划。

人们常常离开长期计划来制订短期计划，这是一个十分严重的错误。长期计划和短期计划两者结合的重要性无论怎样强调也不过分。不顾长期计划的短期计划，助长了只顾眼前不顾长远的短期行为，它实际上阻碍了长期计划的实现，其破坏力有时足以改变长期计划的方向和进程。短期计划的不当，造成长期计划无法贯彻，甚至不得不修改或最终放弃的情况时有发生，结果导致常常要付出很大的代价。对一个组织来说，既要编制长期计划，也要编制短期计划，而且长期计划和短期计划之间要互相配合衔接。

二、业务计划、财务计划和人事计划

我们通常用"人、财、物，供、产、销"来描述一个企业所需的要素和企业的主要活动。因此，从职能空间上，可以将计划分为业务计划、财务计划和人事计划。

（一）业务计划

业务计划是组织的主要计划，组织只有通过从事一定的业务活动，才能立身于社会。企业业务计划主要包括产品研发和生产、物资采购和存储、产品推广和销售等内容。各种业务计划还常常按时间长短分为长期、中期和短期的业务计划。

（二）财务计划

财务计划的内容涉及"财"，人事计划的内容则涉及"人"，它们都是为业务计划服务的，也是围绕着业务计划而展开的。财务计划探讨如何从资本的提供和调用上促进业务活动的有效进行。短期财务计划要决定如何保证组织的资本供应以及监督这些资本的运营效率；长期财务计划则要研究如何开拓新的融资渠道或新的融资方式，以保证业务规模的扩展和资本增大的需要。

（三）人事计划

人事计划分析如何为业务规模的维持或扩大提供人力资源的保证。短期人事计划要解决如何将不同素质、不同性格的组织成员安排在不同的岗位上，使他们的能力和积极性得到充分的发挥；长期人事计划则要规划如何保证组织的发展，提高成员的素质，预备人才和干部力量等。

三、综合计划与专业计划

（一）综合计划

综合计划反映了组织在计划期内所要达到的整体目标。它是组织各项专业计划编制的根据。

（二）专业计划

专业计划是综合计划的具体化，它把综合计划的要求通过各项专业计划加以落实。编制综合计划可以保证组织各项活动的整体性和协调性，而编制专业计划能保证组织各项具体的目标的完成和实现，两者相辅相成。

四、战略性计划和战术性计划

（一）战略计划

战略性计划是指应用于整体组织的，为组织未来较长时期（如 5 年以上）设立总体目标和寻求组织在环境中的地位的计划。它具有五个特点：
①它是组织最高层的管理者负责制订的计划；②它是确定和实现组织长远目标的计划；③它突出了组织对未来发展的机会的把握和对风险的估计；④它着重于对组织未来的行动做出总的概括性的规定；⑤它指明了组织发展的方向。

（二）战术计划

战术性计划是指规定组织总体目标如何实现的细节的计划，需要解决的是组织的具体部门或职能在未来各个较短时期内的行动方案。战略性计划是战术性计划的依据，战术性计划是在战略性计划指导下制订的，是战略性计划的落实。战略性计划的实施是组织活动能力的形成与创造过程，战术性计划的实施则是对已经形成的能力的应用。

五、具体性计划和指导性计划

具体性计划和指导性计划是根据计划内容的明确性标准来划分的。

（一）具体性计划

具体性计划具有明确规定的目标，不存在模棱两可。比如，工程部经理要在一年内建设一座大桥，必须制定明确的工作程序、预算方案以及日程进度表等，这便是具体性计划。

（二）指导性计划

指导性计划只规定某些一般的方针和行动原则，给予行动者较大自由处理权，它指出重点，但不限定具体目标或特定行动方案。相对于指导性计划而言，具体性计划虽然更易于计划的执行、考核及其控制，但是它缺少灵活性，并且它所要求的明确性和可预见性条件往往很难得到满足。

六、使命、目标、战略、政策、程序、规则、方案和预算

（一）目的或使命

它指明一定的组织机构在社会上应起的作用，所处的地位。它决定组织的性质，决定此组织区别于彼组织的标志。各种有组织的活动，如果要使它有意义的话，至少应该有自己的目的或使命。比如，大学的使命是教书育人和科学研究，研究院所的使命是科学研究，医院的使命是治病救人，法院的使命是解释和执行法律，企业的目的是生产和分配商品和服务。

（二）目标

组织的目的或使命往往太抽象、太原则化，它需要进一步具体为组织一定时期的目标和各部门的目标。组织的使命支配着组织各个时期的目标和各部门的目标，并且组织各个时期的目标和各部门的目标是围绕组织存在的使命所制定的，并为完成组织使命而努力的。

（三）战略

战略是为了达到组织总目标而采取的行动和利用资源的总计划，其目的是通过一系列的主要目标和政策去决定和传达指望成为什么样组织的愿景。战略并不打算确切地概述这家组织怎样去完成它的目标，其实这些是无数主要的和次要的支持性计划的任务。

（四）政策

政策是指导或沟通决策思想的全面的陈述书或理解书。但不是所有政策都是陈述书，政策也常常会从主管人员的行动中含蓄地反映出来。政策帮助事先决定问题处理的方法，这减少了对某些例行事件处理的成本。政策支持了分权，同时也支持上级主管对该项分权的控制。政策允许对某些事情有酌情处理的自由，一方面我们切不可把政策当作规则，另一方面我们又必须把这种自由限制在一定的范围内。自由处理的权限大小一方面取决于政策自身，另一方面取决于主管人员的管理艺术。

（五）程序

程序是制订处理未来活动的一种必需方法的计划。它详细列出必须完成某类活动的切实方式，并按时间顺序对必要的活动进行排列。它与战略不同，它是行动的指南，而非思想指南。它与政策不同，它没有给行动者自由处理的权力。出于理论研究的考虑，我们把政策与程序区分开来，实践工作中，程序往往表现为组织的规章制度。

（六）规则

规则没有酌情处理的余地。它详细地阐明明确的必需行动或非必需的行动，其本质是它反映了一种必须或无须采取某种行动的管理决策。规则通常是最简单的计划形式。

规则不同于程序。规则指导行动但不说明时间顺序；可以把程序看作是一系列的规则，但是一条规则可能是也可能不是程序的组成部分。

第三节　战略性计划

一、战略计划的含义

所谓战略是为实现组织的长远目标所选择的发展方向、所确定的行动方针以及资源分配方针和资源分配方案的一个总纲。"战略"一词原本是个军事术语，意指"指导战略全局的谋划"。随着人类社会的发展，"战略"一词逐渐被人们广泛应用于军事以外的各个领域，诸如政治、经济、科技社会发展等领域。"战略"一词的含义也逐步演绎为"泛指对涉及组织全局性、长远性问题的谋划和决策"。因此，可以将战略理解为对组织的基本性质和发展的总方向的一种规定。

（一）概念

战略计划是指为实现组织的目标，通过对外部环境和内部条件的全面估量和分析，从组织发展全局出发而做出的较长时期的总体性的谋划和活动纲领。它涉及组织发展中带有全局性、长远性和根本性的问题，是组织的管理思想、管理方针的集中表现，是确定规划、计划的基础。

（二）特点

一个组织的战略计划是涉及一定时期内组织的发展方向、运筹计划。一般来说，战略计划具有如下特点。

1. 战略具有对抗的含义

战略计划总是针对竞争对手的优势和劣势及其正在和可能采取的行动而制订的。它突出了本身资源和技术与外界的结合，以及现实的机会与潜在的冒险性相结合。

2. 计划过程由高层管理者直接控制

战略计划的制订一般都有三个组织层次，要经过三个循环周期。

（1）组织层次

一个完整的战略计划是组织内三级管理人员——高层、中层和第一线管理人员共同努力的结果。总战略和总政策一般都是由高层管理人员提出。各职能部门和中层管理人员提出自己的职能战略计划和部门战略计划，某些具体的策略计划如那些日常的行动计划则由第一线管理人员提出，并具体执行。

（2）循环周期

每个组织都有自己独特的计划制订进程。一般的战略计划制订都要经过三个循环。在每一循环里，高级和中级的管理人员都要事先与下级的管理人员商量，然后再提出某些设想。计划的程序是一个多次重复循环的过程，每一循环都是在前一个循环提出来的计划设想上，再次进行讨论和修改，以使计划尽可能地完善。在第一循环周期中包括两个方面的工作，一是由高层领导人提出组织的总目标和总战略计划初步方案，听取中级管理人员的意见（特别是关于资源调配的意见），二是对各部门目标任务提出要求，在此基础上各部门提出本单位的目标任务和策略，如果高层批准了各部门的目标和策略，第一循环周期即完成；在第二循环周期，各部门（中级管理层）根据自己的目标和任务制订更详细的计划方案，并呈交最高层批准；第三循环周期是计划程序中的最后"预算"循环，高层要求中层部门提出预算方案，中层要求下属各部门提出预算方案，这些方案均由上级领导进行调整批准，经过经理们之间多次交换意见，最高层批准全公司的预算并把可动用的资金拨到各中级层。

从战略计划制订的组织层次、循环周期可见，整个战略计划行动都是由高层管理者直接控制的。在许多组织里虽然有庞大而有经验的专门制订战略计划的人员，在制订战略计划过程中也有很好的循环系统，但是成功制订战略计划的关键仍是高层管理者自己。

3. 具有较长远的时间概念

战略计划着重为实现组织长远目标而选择途径，一般具有较长的时间周期。

4. 经营方向的选择是战略的核心问题

一般来说，一个战略包含着四个基本方面：战略范围、资源部署、可能的有利竞争条件以及最佳协同。战略范围详细规定了本组织与社会环境因素之间发生作用的范围，即说明了要达到哪一方面的目标；资源部署要阐明在规定的战略范围内如何部署本身的资源；可能的有利竞争条件是指在新战略范围和资源部署情况下所决定的可能带来的有利竞争条件；在规定的战略范围内，还应使资源部署和竞争的有利条件达到最佳的协调，发挥最佳的协同作用，以获得全局性的更大的利益。这四个基本方面无不围绕组织经营的主要方向而展开。

（三）作用

战略计划对组织活动和各项工作起着先导的作用。

第一，制订战略计划可以对组织当前和长远发展的工作环境、工作方向和工作能力有一个正确的认识。全面了解自己的优势和劣势，在面对机遇和挑战时，利用机会，扬长避短，求得生存和发展。

第二，有了战略计划，就有了发展的总纲。有了奋斗的目标，就可以进行人力、物力、财力的优化配置，统一全体职工的思想，调动职工的积极性和创造性，实现组织目标。

第三，实行战略计划，既可以理顺内部的各种关系，又可以顺应外部的环境变化，活动。

第四，有利于组织领导者集中精力去思考、制定战略目标、战略思想、战略方针、战略措施等带有全局性的问题，可提高领导者的素质。

二、战略管理过程

战略的形成主要由四部分组成，即经营宗旨确定、外部环境估定、内部环境估定及战略分析与选择。由此明确一个机构或企业的宗旨，建立起若干年的奋斗目标；选择适应自己机构或企业的战略：制定实施战略的相应政策。并且，通过战略实施，实现组织的宗旨和目标。以上完整的过程即战略管理过程。具体来说，战略管理过程，包含七个步骤。

（一）明确组织当前的宗旨、目标和战略

每个组织都有宗旨，宗旨规定了组织的目的、组织从事的事业。回顾和明确组织当前的宗旨、目标和战略，目的是更好地了解组织的发展历程，以及目前组织处于何种状态，目前组织发展到了何种阶段，发展中遇到哪些问题。

（二）分析外部环境、识别机会和威胁

外部环境分析最重要的是社会的宏观环境分析。宏观环境分析中应考虑如下五大变量：

1. 经济力量

经济因素的变化可能给企业带来机会或威胁，核心的经济因素有 6 个部分：①国家宏观经济政策。经济发展趋势，产业结构变化，通货膨胀率、利率水平。②国民生活消费状况。居民平均收入，消费率与储蓄率，失业率，地区和消费群体差距。③金融政策。货币政策，汇率动向，银行信贷，股票市场动向。④对外经贸政策。进出口情况，劳动力和资本输出变化。⑤财政政策。政府赤字预算，税收政策和外债承受能力。⑥国际经济的动向等。

2. 社会文化和环境

社会文化和环境的主要影响因素有 4 个部分：①社会因素。家庭结构变化、单亲家庭数量、儿童生长与保健、社会职责感。②文化因素。人们的价值观、风俗习惯、行为准则，劳动者的教育水平，职业分布的变化。③人口因素。社会老龄化，民族和性别的人口结构变化，人口和地区教育水平和生活方式差异。④环境因素。对自然环境的保护、废品再利用政策、水资源及空气污染、生态平衡和沙漠化等。

3. 政治和法律

影响企业的政治、法律方面的因素有如下几方面：政府政策的稳定性、税率和税法的变化、企业法、反垄断法、广告法、环保法、关税、专利法的改变、政治运动、国防（军费）开支、进出口政策、政府预算和货币改革，各地方政府的特殊法律规定，对外国企业的态度等。

4. 技术

随着科学技术的高速发展，计算机广泛应用，互联网的发展、机器人柔性工厂、高效药物、太空通信、激光技术、卫星通信网络、光导纤维、生物工程和生命工程等技术变化，给企业生产过程和技术带来了巨大的影响。技术革新可以对企业的产品、服务、市场供应者、供货、竞争者、顾客和市场销售手段产生直接影响。

5. 竞争对手

竞争对手通常来自相同行业，甄别竞争对手主要考虑对方的强项、弱项、能力、机会、威胁、目标和战略。收集和评价竞争对手的信息是形成战略取得成功的基本条件。应把握竞争对手的动向和竞争策略，做到知己知彼，百战不殆。

环境分析的主要任务是寻找与组织相关的发展机遇。由于不同组织之间的差异，环境变化对各类组织的影响不同，可能提供的机遇也不同。

（三）分析组织资源、识别优势和劣势

首先，分析组织拥有的资源，例如组织拥有的人才资源、销售网络资源、技术储备资源（拥有专利和专有技术）、信息管理资源、企业商誉等。其中，哪些资源能够在未来发展中继续发挥重大作用。其次，对组织自身的优势与劣势展开分析，例如组织是否善于进行资产经营、组织结构的应变能力强弱等。

（四）重新评价组织宗旨和目标

综合考虑未来时期的外部环境机会和威胁，以及组织内部的优势和劣势，认真思考组织的宗旨和目标需要做哪些调整。例如，经济一体化的大背景为企业跨国经营提供了便利，企业应该考虑在全球寻找资源，以及开发全球市场。若企业确定在未来时期要开发海外业务，那么企业的发展目标就要发生变化，由以国内市场为主，向国内市场与海外市场并重转变。

（五）制定战略

在新的组织宗旨和目标下，思考各种可行的战略方案，进而着手对各个层次的战略备选方案开展评价。然后，确定未来发展的战略计划，包括相应的政策和措施。战略计划不仅应该做到各个层次协调一致，而且能够最佳地利用组织资源和市场机会。

（六）实施战略

再好的战略计划，如果不恰当地贯彻实施，也只是一项完备的计划。战略实施的首要问题是组织落实，组织是实现目标和战略的重要手段。同时，战略决定组织结构，如果公司战略有重大改变，那么就有必要对该组织的总体结构加以重新设计。战略实施的另一个问题是管理者和关键人员，通过管理者和关键人员的创造性工作，落实战略的各个环节。

（七）评估结果

战略评估是整个战略管理过程的最后一个环节。具体做法为视情况进行跟踪检查，明确各项活动进展正常与否，包含定性指标和定量指标两方面。

第四节　计划的制订程序和实施方法

一、制订计划的程序

（一）环境分析

环境分析是在实际编制计划之前进行的，是企业对未来所处环境的预测。预测内容包括外部的和内部的，即市场、销售量、价格、产品、技术等方面。组织应该对环境做出正确的预测。但由于预期环境是复杂的，影响因素很多，有的完全可以控制，有的不能控制，也有的在相当范围内可以控制。因此，预测环境、确定计划的前提，并不是对将来环境的每一个细节都给予预测，而应对计划工作有重大影响的主要因素进行预测，如经济形势的预测、政府政策的预测、销售预测等。

环境分析是计划工作的真正起点。组织只有充分认识到自身的优势、劣势、面临的机会和威胁，才能真正摆正自己的位置，明确组织希望去解决什么问题，为什么要解决这些问题，期望得到的是什么等。

（二）确定目标

在环境分析的基础上，确定整个组织的目标以及每个下属部门的目标。目标是说明预期成果的，一定要具体，不可笼统。

（三）拟订各种可行性计划方案

目标确定后，就需要拟订尽可能多的计划方案。可供选择的行动计划数量越多，被选计划的相对满意程度越高，行动就越有效。但并不是所有的可行方案都是显而易见的，只有发掘了各种可行的方案才有可能从中抉择出最佳方案，一是要依赖过去的经验拟订可行的计划方案；二是要依赖于创新拟订可行的计划方案。另外，即使采用数学方法和借助计算机，进行彻底检查可供选择方案的数量也是有限的，因此，要减少可供选择方案的数量，以便分析得到最优方案。

（四）评估选择方案

根据企业的内、外部条件和对计划目标的研究，充分分析各个方案的优缺点，并做出认真评价和比较，选择出最接近许可的条件、计划目标的要求和风险最小的方案。比较和评价可供选择方案时，首先，要特别注意发现各个方案的制约因素，即那些妨碍实现目标的因素，只有清楚地认识到这些制约因素，才能提高选择方案的效率；其次，将每个方案的预测结果和原有目标进行比较时，既要考虑到那些有形的、可以用数量表示的因素，也要考虑到许多无形的、不能用数量表示的因素，比如企业的声誉、人际关系等；最后，要用总体的效益观点来衡量方案，因为对某一部门有利的方案不一定对全局有利，对某项目标有利的方案不一定对总体目标有利。在评价方法方面，由于在多数情况下，都有很多可供选择的方案，而且有很多可待考虑的可变因素和限制条件，会给评估带来困难，通常可以采用一些数学方法进行评估，如运筹学中较为成熟的矩阵评价法、层次分析法以及多目标评价方法等。

（五）选择方案

方案选择是计划工作的关键一步，也是决策的实质性阶段——抉择阶段。计划工作的前几步都是在为方案的选择打基础，都是为这一步服务的。方案选择通常是在经验、实验和研究分析的基础上进行的，有时我们经过评估会发现一个最佳方案，但更多的时候可能有两个或更多的方案是合适的，这时主管人员必须确定优先选择的方案，然后将另外的方案进行细化与完善，以作为备选方案。

（六）拟定派生计划

选择了方案，并不意味着计划工作的完成，因为一个基本计划总是需要若干个派生计划来支持，派生计划是由各个职能部门和下属单位制定的。只有在完成派生计划的基础上才可能完成基本计划。

（七）编制预算

预算是数字化了的计划，是企业各种计划的综合反映，它实质上是资源的分配计划。通过编制预算，一方面使计划的指标体系更加明确，另一方面使企业更易于对计划执行进行控制。定性的计划，往往在可控性方面比较困难，而定量的计划，则具有较强的约束力。

二、制订计划的原则

计划工作作为一种基本的管理职能活动，有自己应遵循的规律和原则。计划工作的主要原则有：限定因素原则、承诺原则、灵活性原则和改变航道原则。

（一）限定因素原则

所谓限定因素，是指妨碍组织目标实现的因素，如果它们发生变化，即使其他因素不变，也会影响组织目标的实现程度。管理者在制订计划时，应该尽量了解那些对目标实现起主要限制作用的因素或战略因素，才能有针对性地、有效地拟订各种方案，计划方案才可能趋于最优。

（二）灵活性原则

确定计划实施的预期环境靠的是预测，但未来情况有时是难以预测的。因此，计划需要有灵活性，才有能力在出现意外时改变方向，不至于使组织遭受太大的损失，这就是计划的灵活性原则。灵活性原则在计划工作中非常重要，特别是针对承担任务重、计划期限长的情况，比如战略计划，灵活性原则在其中发挥的作用更明显。虽然，计划中体现的灵活性越大，出现意外事件时的适应能力越强，对组织的危害性越小，但灵活性是有一定限度的。

（三）承诺原则

计划期限的合理选择应该遵循承诺原则。长期计划的编制并不是为了未来的决策，而是通过今天的决策对未来施加影响。这就是说，任何一项计划都是对完成各项工作所做出的承诺，承诺越多，计划期限越长，实现承诺的可能性越小。这就是承诺原则。该原则要求合理地确定计划期限，不能随意缩短计划期限，计划承诺也不能过多，致使计划期限过长。

（四）改变航道原则

计划是面向未来的，而未来情况随时都可能发生变化，所制订的计划显然也不能一成不变，在保证计划总目标不变的情况下，随时改变实现目标的进程（即航道），就是改变航道原则。应该注意的是，该原则与灵活性原则不同，灵活性原则是使计划本身具有适应未来情况变化的能力。而改变航道原则是使计划执行过程具有应变能力，就像航海家一样，随时核对航线，一旦遇到障碍就绕道而行。

三、实施计划的方法

计划的科学性与有效性很大程度上取决于所采用的计划方法。计划的方法很多，以下介绍几种主要的计划方法。

（一）比例法

比例法是一种比较简单、但在计划工作中常常会用到的方法。它是利用过去两个相关经济指标之间形成的稳定比率来推算确定计划期的有关指标。例如，在一定的生产技术组织条件下，某些辅助材料的消耗量与企业产量之间有一个相对稳定的比率，这样就可以根据这个比率和企业的计划产量推算确定某种辅助材料的计划需用量。

（二）定额法

定额法就是根据有关的技术经济定额来计算确定计划指标的方法。这种方法广泛应用于企业的生产、劳动、物资、成本、财务等计划的编制。定额法的优点有：①由于采用定额法可以计算出定额与实际消耗之间的差额，并采取措施加以改进，所以采用这种方法有利于加强实际消耗的日常控制。②由于采用定额成本计算法可以计算出定额成本、定额差异、定额变动差异等项指标，有利于进行产品成本的定期分析。③通过对定额差异的分析，可以提高定额的管理和计划管理水平。④由于有了现成的定额成本资料，可采用定额资料对定额差异和定额变动差异在完工产品和在制产品之间进行分配。

（三）综合平衡法

综合平衡法就是从组织（如企业）生产经营活动的整体出发，根据企业各部门、各单位、各个环节、各种因素、各项指标之间的相互制约关系，利用平衡表的形式，经过反复平衡分析计算来确定计划指标。例如，企业组织在确定生产计划指标时，就要把所确定的指标与生产条件进行全面的反复的综合平衡。平衡的内容主要有：①生产任务与生产能力之间的平衡；②生产任务与劳动力之间的平衡；③生产任务与物资供应之间的平衡；④生产任务与成本、财务之间的平衡。此外，还有生产与生产技术准备、生产与销售等方面的平衡。通过平衡，可以充分挖掘企业在人力、物力、财力等方面的潜力，保证计划的实现，取得最大的经济效益。

（四）滚动计划法

对于中长期计划而言，由于环境的不断变化，以及制定计划时存在着的众多的不确定因素，计划在实施一段时间之后，就可能出现与实际不符的情况。这时，如果仍然按照原计划实施下去，就可能导致错误和损失。滚动计划法就是一种根据情况变化定期修订未来计划的方法。这种方法综合考虑了计划的执行情况、外界环境的改变以及组织方针政策的变化，采用近细远粗的方式对实施中的计划进行定期的修订，并逐期向前推移，从而使短期计划、中期计划和长期计划有机地结合起来，不断地随时间的推移而更新。

采用滚动计划法有利于在外界环境不断变化的情况下，使计划更加符合实际，更好地保证计划的指导作用，从而提高计划工作的质量；同时也有利于保证长期计划、中期计划和短期计划互相衔接，使各期计划基本保持一致；最后，它还使得组织的计划工作富有弹性，有利于提高组织的应变能力。

（五）投入产出法

投入产出法是利用数学的方法对物质生产部门之间或产品与产品之间的数量依存关系进行分析，并对再生产进行综合平衡的一种方法。它以最终产品为经济活动的目标，从整个经济系统出发确定达到平衡的条件。投入产出法的基本原理是：任何经济系统的经济活动都包括投入和产出两大部分，投入是指生产活动中的消耗，产出是指生产活动的结果，在生产活动中投入和产出之间具有一定的数量比例关系。投入产出法就是利用这种数量关系建立投入产出表，然后根据投入产出表对投入与产出的关系进行科学分析，再利用分析的结果编制计划，并进行综合平衡。

投入产出法的优点是：①反映各部门（或各类产品）的技术经济结构，可以合理安排各种比例关系，特别是在综合平衡方面是一种有效的手段；②在编制投入产出表过程中不仅能充分利用现有统计资料，而且能建立各种统计指标之间的内在关系，使统计资料系统化；③使用面广，可在不同组织和各类企业中应用。

（六）预算方法

预算是用数字表示的未来某一个时期的计划。预算可以用货币单位（如收支预算、资金预算等）或其他单位（如用工时、机时、产量、销售量、原材料消耗等）表示预期的结果。计划数字化即为预算，将使管理人员明确资金和资源与部门或个人的对应关系，从而有利于充分授权给下属人员，使其在预算的限度内实施计划。此外，由于预算便于控制，因此，预算不仅是一种细化的计划，同时也是非常常用的控制手段。常见的预算方法有如下几种：

1. 零基预算法

零基预算法的特点是：组织在编制预算时，对于任何新设的项目，均不考虑基期的费用开支水平，一律以零为起点。这种预算方法大致可分为三个步骤：首先，标出本部门所承担的任务，提出本部门在计划期内需要发生哪些费用项目，论证各个项目进行的目的及费用数额；其次，对每一个费用项目进行成本——效益分析，并依此排定各个费用项目的优先次序；再次，根据上述次序，结合计划期内可动用的资金规模，分配资金、落实预算。采用零基预算方法，由于每个项目的费用预算都是以零为基数重新加以计算的，因而避免了传统上编制预算时只重视前期变化的普遍倾向。

2. 弹性预算法

通常的预算都是以计划期内一定的业务量水平为基础来编制的。但每当实际发生的业务量与编制预算所依据的业务量发生偏差时，各费用明细项目的实际数与预算数就没有可比的基础。实际业务量水平常常是波动的，因此有必要对原预算数进行调整，于是提出了弹性预算方法。弹性预算方法也称可变预算法，即是在编制预算时，针对计划期内业务量可能发生的变动，编制出一套适应多种业务量费用的预算，以便分别反映在各种业务量水平下应开支的费用情况。这种方法多用于费用预算场合。

第九章 经济管理组织

经济管理组织

第一节　组织和组织设计

一、组织的含义

组织的含义可以从不同角度进行理解，古今中外的管理学家也对此做出了各种不同的解释。被称之为现代管理理论"鼻祖"的巴纳德将组织定义为"有意识地加以协调的两个或两个以上的人的活动或力量的协作系统"。

组织区分为有形与无形，即组织机构与组织活动。其中，作为组织活动结果的那种无形"组织"的概念，有别于作为有形实体（如工会组织、事业单位、政府部门等机构或组织）的"组织"概念。为区别起见，人们在日常生活中也常将有形的组织体称作组织机构，而将那种无形的、作为关系网络或力量协作系统的组织称作组织活动。

无形的组织活动与有形的组织机构之间的关系是一种手段与目的的关系。也就是说，作为"力量协作系统"存在的无形的组织，本身并不具有自己的目的，它不过是为了完成组织机构的目标而存在，是作为实现组织目标的手段。

（一）实体组织

从实体角度看，组织是为实现某一共同目标，经由分工与合作及不同层次的权利和责任制度而构成的人群集合系统。

1. 组织必须具有目标

任何组织都是为实现某些特定目标而存在的，不论这种目标是明确的，还是隐含的，目标是组织存在的前提和基础。最基本的目的是有效地配置内部有限的资源。如大学的目标是传授知识，培养高级人才，这是一个非常明确的目标；而一些非正式组织，它们隐含的目的就是使组织成员受到保护，满足成员在某些方面的特殊要求。

一个组织良好的机构，能使内部的关系得以理顺，并使所投入的资源得到最有效的利用，而一个组织不良的机构，则会使目标的实现受到影响。"1"加"1"可以大于"2"也可以小于"2"，这说明同样的投入要素可以产生很不相同的总体效果。

2. 组织必须有分工与协作

分工与协作关系是由组织目标限定的。一个组织为了达到目标，需要许多部门，每个部门都专门从事一种或几种特定的工作，各个部门之间又要相互配合，这就是一种分工和合作。只有把分工与合作结合起来，才能提高效率。

3. 组织要有不同层次的权力与责任制度

组织内部必须有分工，而在分工之后，就要赋予各部门及每个人相应的权力，以便于实现组织目标。但在赋予权力的同时，必须明确各部门或各人的责任。有权力而无须负责任，就有可能导致滥用权力，进而影响组织目标的实现。所以，权力和责任是实现组织目标的必要保证。

（二）无形的"组织"活动

无形的"组织"活动，是指在特定环境中为了有效地实现共同的目标和任务，确定组织成员、任务及各项活动之间的关系，对资源进行合理配置的工作。正是借助于组织活动、工程和文化等所具有的协同作用，各类组织机构内部才有可能形成一个"力量协作系统"，使个体的力量得以汇聚、融合和放大，从而体现组织的作用。其内容主要内容包括以下几点。

1. 组织机构的设计

当组织目标确定以后，管理者首先要对为实现组织目标的各种活动内容进行区分和归类，把性质相近或联系紧密的工作进行归并，成立相应的职能部门进行专业化管理，并根据适度的管理限度来确定组织的管理层次，包括横向管理部门的设置和纵向管理层次的划分。无论是纵向还是横向的职权关系，都是使组织能够促进各部门的活动并给组织带来协调一致的因素。

2. 适度和正确授权

在确定了组织机构的形式后，要进行适度的分权和正确的授权。分权是组织内管理的权力由高层管理者委派给各层次和各部门的过程。分权适度，授权成功，则会有利于组织内各层次各部门为实现组织目标而协同工作，同时也使得各级管理人员能够产生满足感。

3. 人力资源管理

人是组织的主体，人群中存在着复杂的人际关系。组织活动包括人员的选择和配备、训练和考核、奖励和惩罚制度，以及对人的行为的激励措施等。

4. 组织文化建设

组织活动包括为创造良好的组织气氛而进行团体精神的培育和组织文化的建设。无数成功组织的事例证明，组织文化是否良好，对于一个组织能否发挥有效作用至关重要。

二、组织的类型

（一）按组织的性质分

按组织的性质分，组织分为经济组织、政治组织、文化组织、群众组织。

1. 经济组织

经济组织是人类社会最基本、最普遍的社会组织，它担负着提供人们衣食住行和文化娱乐等物质生活资料的任务，履行着社会的经济职能。在现代社会中经济组织已形成庞大复杂的体系，其中包括生产组织、商业组织、银行组织、交通运输组织和服务性组织等。

2. 政治组织

政治组织出现于人类社会划分阶级之后，它包括政党组织和国家政权组织。在现代社会中，政党代表本阶级的利益和意志，为本阶级提出奋斗目标，制定方针政策。国家政权组织是国家管理社会的重要机器。

3. 文化组织

文化组织是以满足人们各种文化需求为目标，以文化活动为其内基本内容的社会团体，如学校、图书馆、影剧院、艺术团体、科学研究单位等。

4. 群众组织

如工会、共青团、妇女联合会、科学技术协会等，这些组织在党和政府的领导下，广泛团结各阶层、各领域的人民群众，开展各种有益活动，为社会贡献力量。

（二）按组织是否自发形成分

按组织是否自发形成分，组织可以分为正式组织和非正式组织。

1. 正式组织

正式组织是为了有效地实现组织目标而规定组织成员之间职责范围和相互关系的一种结构，正式组织具有下述特征：

（1）非自发形成

正式组织是根据社会的需要，经过设计、规划、组建而成，不是自发形成，其组织结构的特征反映出一定的管理思想和信念。

（2）有明确的目标

正式组织具有十分明确的组织目标，并且为实现组织目标制定组织规范，以最经济有效的方式达到目标。

（3）以效率逻辑为标准

在正式组织中，以效率逻辑为其行动标准，为推广效率，组织成员之间保持着形式上的协作。

（4）强制性

正式组织通过方针、政策、规则、制度等对组织成员发挥作用，通过建立权威，约束组织成员的行为，因而对组织成员具有强制性作用。

2. 非正式组织

非正式组织是人们在共同工作或活动中，由于抱有共同的社会感情和爱好，以共同的利益和需要为基础而自发形成的团体。非正式组织具有以下特征：

（1）自发性

如果正式组织不能满足其成员获得友谊、帮助和社交的需要，成员就会在正式组织之外自发地组成一些非正式组织，以满足其需求。

（2）内聚性

非正式组织没有严格的规章制度约束其成员，他们之所以能够集合在一起，是出于他们有相近的价值观或共同的兴趣爱好，或有切身的利害关系等，这些都会使其成员产生较为一致的"团体意识"，起着内聚和维系其成员的作用。

（3）不稳定性

由于非正式组织是自发产生、自由结合而成的，因而呈现出不稳定性，它往往随着环境的变化、观念的更新、新的人际关系的出现、活动范围的改变而发生变动。

（4）领袖人物作用较大

非正式组织中往往会有一、两个自然形成的领袖人物，他们在组织中起着诸如提出权威性意见、负责维系其组织的相对稳定、提供行为模式等作用，对其组织成员的行为影响极大。

三、组织的功能

无论是自然界还是人类社会，组织的作用与功能都是显而易见的。金刚石和石墨，其化学成分都是碳，构成要素一样，但分子结构不同，硬度就相差极大；一队士兵，数量上没有变化，仅仅由于组织和排列布阵方式的不同，在战斗力上也会表现出质的差异。

（一）人力汇集作用

人类的组织产生于人类社会的生产斗争和社会斗争。在人类社会发展中，由于个人有所期望而又无力实现这一期望，于是就需要和他人相互合作，联合起来，共同行动。长期的实践，使人们有了发展这种合作、增进相互依存关系，并使这种关系科学化、合理化的要求。组织就是人们对于这种要求的认识和行动的结果。组织实际上是个人力量的一种汇集，把分散的个人汇集成为集体，进而在同大自然的和谐相处中实现个人存在的价值。

（二）人力放大作用

人力汇集起来的力量绝不等于个体力量的算术和，正如古希腊学者亚里士多德提出著名命题："整体大于各个部分的总和"。正是从这个意义上说，组织具有一种放大人力的作用，即对汇集起来的个体力量的放大。人力放大是人力之间分工和协作的结果，而任何人力的分工和协作都必然发生于一定的组织体系之中。

四、组织设计

（一）组织设计的内容

组织设计的基本内容包括两个方面：一是组织结构的设计；二是组织体制的设计。对于一个新组织来说，组织结构设计就是按照该组织的目标、任务和战略对该组织在职、责、权、利等方面的需要进行新的设计。对于大量的原有组织来说，组织结构设计就是按照变化了的条件对组织原有的组织结构进行再设计，即组织结构的优化和变革。组织结构的正常运行还必须有相应的组织规范、管理制度和管理方法与之相适应。这样，与组织结构相适应的组织规范、管理制度和管理方法就成组织体制。组织体制是静态组织结构的规范，也是动态组织结构即组织结构的优化和变革的准则。也就是说，组织体制要为将来组织结构的调整、优化和变革规定基本程序和指导原则。

1. 组织结构设计

组织结构设计就是要对企业的业务与组织的职、责、权、利等方面的内容进行适当划分，划分的方法有很多，可以按照简单的人数、时间、组织职能、地区或地域、顾客、工艺流程及设备、产品项目等来划分，也可以按照项目来划分，可以综合以上各种划分方法的优点来划分。划分方法尽管很多，但都离不开业务和职、责、权、利等内容的设计。以下就从几个方面来介绍业务和职、责、权、利等因素的设计。

（1）组织层次设计

组织层次又称管理层次，是指一个组织机构从最上一级管理组织到最下一级管理组织之间的管理层级，用来描述一个组织机构纵向结构的组织结构体系。组织层次既包括职务层级也包括业务层级。职务层级是指按照组织内各个责任人的职务级别来计算的管理层级。

组织层次是组织内部纵向分工的表现形式。在企业规模一定的条件下，组织层次与管理幅度成反比，即组织层次越多，管理幅度就越窄；组织层次越少，管理幅度就越宽。前者属于锥形结构，后者属于扁平结构。所以，管理幅度是决定组织层次的一个制约因素；反过来，组织层次也是管理幅度的一个制约因素。在其他条件不变的情况下，保持组织层次和管理幅度之间的平衡以使得组织效率最大化是组织设计的重点，同时也是难点。除此之外，它的制约因素还有组织的规模、组织成员的素质、业务性质、业务量的大小、组织职能的纵向结构等。

设计组织层次可以从如下几个方面进行：按照组织的纵向职能分工来设计组织层次；按组织内部业务的总体和个体关系来设计组织层次；按照组织效率最大化的原则来设计组织层次；按照有效管理幅度来设计组织层次。

（2）管理幅度设计

管理幅度也称管理跨度，是指一个领导者能够有效管理下级人员的人数。每一个领导者有效管理下级人员的人数都是有限的，只不过是人数多与少的问题，这时因为人的领导能力都是有限的。管理幅度与全体员工的整体素质、所从事业务活动的特点等因素密切有关。领导者和下属员工的素质越高，管理幅度就可能越宽；反之则可能越窄。业务活动的要求越低，一般来说管理幅度就可能越宽；反之则可能越窄。管理幅度还与管理所属管理层次有紧密联系。一般来说管理层次越高，管理幅度就越窄；反之则越宽。

一个领导者究竟能够有效管理多少下属人员，这些影响因素主要有如下几个方面：①管理工作的不同性质；②领导者及其下属人员的素质；③授权的明确程度；④计划的明确程度；⑤控制的难易程度；⑥信息沟通效率；⑦组织变革的速度；⑧下属人员和组织空间的分布程度。

设计管理幅度最简单的方法就是根据以前的管理经验进行确定，包括根据本单位的管理经验和其他同类型单位的管理经验。这种设计方法往往被称为经验决定法。经验决定法简单易行，但主观成分很大，提出的管理幅度可能与实际需要相差甚远。所以，比较科学的方法是采用以定量分析为主、定性分析为辅的方法对影响管理幅度的各种因素进行考量，并根据考量结果决定管理幅度，这种方法称为定量测定法。它的考量步骤和方法如下：①确定影响管理幅度的各种因素；②确定各种影响因素各自对管理幅度的影响程度；③确定各种影响因素对管理幅度的总体影响程度；④确定具体的管理幅度。

（3）结构设计

组织的结构设定必须根据组织的纵向联系结构和横向联系结构的特点来进行。组织的纵向联系结构主要是指管理层次与层次之间的联系结构，如上层与中层、中层与基层之间的联系结构。它们各自之间的联系具有不同的特点，组织的纵向结构设计应该根据它们之间的联系和特点来进行。一个企业的组织分工，也和其他许多组织机构的内部组织分工一样，横向的结构分工是最主要的分工形式。组织的结构设计除了纵向结构的设计之外，更重要的就是横向结构的设计，包括职能设计、职权设计、部门设计和横向联系设计等。

2. 组织体制设计

组织体制为组织结构设计提供了基本要求和总体原则，也为组织结构能够按照设计要求正常运行提供了保证。所以，组织体制的设计也是组织设计的重要内容。它既是组织设计的开始，为组织结构设计提供基本要求和总体原则；又是组织结构设计的继续，巩固和稳定组织结构，为组织结构的顺利运行提供制度上的保证，使设计出来的组织结构合法化和规范化。

（1）组织体制的内涵

组织体制是指企业等组织在机构设计、领导隶属关系、管理权限划分、组织运行规范与保障等方面的体系、制度、方法和形式等，它包括组织设计的基本程序、组织设计的指导原则以及其他基本要求和总体原则；它还包括保证组织结构正常运行的各种管理条例、制度、章程、标准、办法、程序、守则等。

（2）组织体制分类

① 管理制度

管理制度主要规范各个管理层次、管理部门以及各项专业管理的职能范围、所应承担的责任、应该拥有的政权以及管理业务的工作程序和工作方法。从所涉及范围的大小及规定的详细程度，它又可以分为基本管理制度、专业管理制度、部门责任制度和岗位责任制度等。

② 企业标准

企业标准是指对企业在日常的生产和经营活动中应该达到的技术、经济和管理水平所做出的规定合考核依据，包括生产技术标准、生产技术规程和管理标准。企业标准化工作常常被列为企业管理基础工作的一项重要内容。

③ 管理工作标准

企业推行管理工作的标准化，可以有效地建立起严格与规范的管理秩序，可以有效地提高管理人员的素质，从而有效地提高管理的组织效率。所以，推行管理工作的标准化是组织设计工作的重要组成部分。管理工作标准就是指为了满足推行管理标准化的需要而针对每一项管理业务的工作程序和工作内容而制订的内容，以及对每一项工作程序和工作内容所规定的质量要求。

其他组织体制还有管理方法标准、工作分析与工作评价操作程序、织机构规程、职权设计规程、请示规程、会议规程、综合组织规程等。

（3）组织体制设计步骤

组织体制贯穿于组织设计工作的全过程，对组织设计的全过程产生重大影响。组织体制的设计工作先于组织结构设计工作，又是组织结构设计工作完成以后的继续和补充。一般采取如下步骤进行：①确定组织设计的基本和总体原则；②确定组织设计的各种运作规程和操作指南，即对基本程序和总体原则细化；③在具体的设计工作中体现各种组织体制；④制定结构运行的规范和保障措施；⑤制定结构运行的信息反馈和修正机制。

3. 组织优化

一个新企业在完成第一次的组织设计以后，企业所处的内外环境将会发生变化，企业也有扩展和成长需要，企业组织无论是在结构上还是在体制上都要适应这一变化。同时，由于环境变化会造成组织出现缺陷，并使原有组织不能按照原来组织设计的要求正常运行，因此，企业组织存在着变革的需要，即需要对原有组织进行组织改造。组织改造的过程也就是组织再设计过程，组织的多次改造使企业组织不断得到完善和提高，所以，组织的多次改造过程又是组织优化过程。

（1）组织优化的内涵

第一，组织运作都要经过"组织设计→组织运行→组织环境变化→出现组织缺陷→组织改造→组织运行→组织环境变化→出现组织缺陷→组织结束"这样一个过程。

其中，组织经过改造以后又可以获得新生，重新进入下一循环，而且这一循环可以反复地进行下去，直到企业结束。一般来说，企业的存在是企业内组织存在的条件，组织的结束要到企业结束时才发生，所以，组织结束和企业结束往往是同时的。组织出现缺陷，如果不进行组织改造而继续这样发展下去，其结果必然使企业无法再生存下去，从而导致企业结束和组织结束；进行慎重的组织改造，组织将会获得新生，进入一个新的循环周期，这一循环周期反复进行，使企业和企业内组织长期地发展下去。

第二，组织运作周期的每一次循环都要经过组织改造的过程，每一次改造的结果必然使组织的旧体制得到一次改善，使组织成员更适应组织，组织更适应组织成员。这样，组织经过一次一次的优化，可以说，组织优化就是组织在运行过程中不断得到改善和提高的过程。

（2）组织缺陷的表象

组织缺陷主要体现在管理幅度、组织层次、职能、职权、部门和部门之间的关系等方面的设计出现了问题，或者原有的设计已经不能适应新环境的要求。组织缺陷的本质是组织成员的愿望与领导人的愿望的背离或对立。

（3）组织诊断

组织改造依赖于组织诊断。组织诊断就是在掌握完整和真实的调查资料的基础上对组织存在缺陷的原因进行深入分析，并提出具体的改造建议。只有对组织结构和组织体制进行深入的调查和分析才能指出组织缺陷存在的真实原因，并提出具体的改造建议：

① 组织调查

组织调查是组织诊断的第一步。只有搞好了组织调查工作，才能正确地评价组织工作，才能正确找出组织缺陷存在的真实原因，才能科学地提出改进和完善组织的合理化建议。所以，调查工作在组织诊断工作中处于非常重要的位首位置。

② 组织分析

经过深入调查，掌握了丰富、翔实的资料和情况之后，就要对这些资料和情况进行深入分析，分析现行组织机构在设置和运行过程中存在的问题和缺点。这种分析工作是全面和深入的，一般都要包括如下几个方面：管理幅度分析、职能分析、职权分析、部门分析、关系分析和运行分析等。

③ 诊断报告

对调查的资料进行详细的分析和整理以后就可以得出组织诊断的结论，这样，就可以写出详细的诊断报告交给高层领导，为下一步的组织改造做准备。一般来说，诊断报告应包含如下三个部分：①组织诊断的原因、方法和经过；②组织诊断的结论；③提出组织改造的建议。

（二）组织改造

1. 组织改造的三种基本方式

组织改造的基本方式方法归纳起来有三种：改良式、爆破式和计划式。

第一，改良式改造只是对原有组织作比较小的调整，属于小修小补，不对原有机构做大幅度、根本性的变革。其优点是改革的阻力较小；缺点是缺乏总体规划，难以解决根本问题。

第二，爆破式改造是一种根本性、重大性的变革，也是一种在短时间内必须完成的变革。它往往涉及企业的各个部门，改革比较彻底，能够从根本上解决组织缺陷等问题，但阻力巨大，对员工安全感等方面的影响比较大，必须同时做好员工的思想工作。

第三，计划式改造就是通过对组织结构和组织体制进行系统的研究和分析，制定合理、科学的改革方案，并结合各个时期的工作重点有计划、有步骤地实施这些改革方案。这种方式的优点是改革阻力很小，又能比较彻底地解决根本性问题；改革可以跟人员培训、管理方式改进同步进行，使人员与组织变革的互相适应变得更为容易，符合组织长期发展的要求，因而具有战略的眼光。

2. 不同工作重心的组织改造

组织改造按照不同的工作重心来划分，可以分为以人员为中心的组织改造、以任务为中心的组织改造、以技术为中心的组织改造和以结构为中心的组织改造。

第一，以人员为中心的组织改造法又分调查反馈法、方格组织发展法、交往分析法和敏感性训练法四种。这四种方法的共同特点是以人员为中心，通过改善每个组织群体成员之间以及群体与群体之间的关系来优化组织结构和组织体制。

第二，以任务为中心的组织改造法又涉及工作内容丰富化法、自主小组法和目标管理法三种。这三种组织改造共同特点就是都是以任务为中心，通过增加或减少一个工作岗位或工作单位的任务难度和任务可变性来优化组织结构和组织体制。

第三，以技术为中心的组织改造法就是通过提高技术水平或降低技术水平以提高技术水平对组织的适应程度。

第四，以结构为中心的组织改造法就是通过改造职权结构和部门结构以及它们之间的关系，并通过修改它们外部变量或力量以改变群体成员的行为来实现组织结构和组织体制的优化。

五、组织设计的原则

组织所处的环境、采用的技术、制定的战略、发展的规模不同，所需的职务和部门及其相互关系也不同，但任何组织在进行机构和结构的设计时，都需要遵守一些共同的原则。

（一）因事设职与因人设职相结合的原则

组织设计的根本目的是为了保证组织目标的实现，使目标活动的每项内容部落实到具体的岗位和部门，即"事事有人做"，而非"人人有事做"。因此，组织设计中，逻辑性地要求首先考虑工作的特点和需要，要求因事设职，因职用人，而非相反。但这并不意味着组织设计中可以忽视人的因素，组织设计过程中必须重视人的因素。

第一，组织设计往往并不是为全新的、迄今为止不存在的组织设计职务和机构。在那种情况下，也许可以不考虑人的特点。但是，在通常情况下，人们遇到的实际上是组织的再设计问题。随着环境、任务等某个或某几个部分变化、程序设计或调整组织的机构与结构，这时就不能不考虑到现有组织中现有成员的特点。组织设计的目的就不仅是要保证"事事有人做"，而且要保证"有能力的人有机会去做他们真正胜任的工作"。

第二，组织中各部门各岗位的工作最终是要人去完成的，即使是一个全新的组织，也不总是能在社会上招聘到每个职务所需的理想人员的。如同产品的设计，不仅要考虑到产品本身的结构合理，还要考虑到所能运用的材料的特征、性能和强度的限制一样，组织机构和结构的设计，也不能不考虑到组织内外现有人力资源的特点。

第三，任何组织，首先是人的集合，而不是事和物的集合。人之所以参加组织，不仅有满足某种客观需要的要求，而且希望通过工作来提高能力、展现才华、实现自我的价值。现代社会中的任何组织，通过其活动向社会提供的不仅是某种特定的产品或服务，而且是具有一定素质的人。可以说，为社会培养各种合格有用的人才是所有社会组织不可推卸的社会责任。

（二）权责对等的原则

组织中每个部门和职务都必须完成规定的工作。而为了从事一定的活动，都需要利用一定的人、财、物等资源。因此，为了保证"事事有人做""事事都能正确地做好"，组织不仅要明确各个部门的任务和责任，而且在组织设计中，还要规定相应的取得和利用人力、物力、财力以及信息等工作条件的权力。没有明确的权力，或权力的应用范围小于工作的要求，则可能导致责任无法履行、任务无法完成。当然，对等的权责也意味着赋予某个部门或岗位的权力不能超过其应负的职责。权力大于工作的要求，虽能保证任务的完成，但会导致不负责任地滥用，甚至会危及整个组织系统的运行。

第二节　组织设计的影响因素

组织设计的任务是确定为保证组织目标的达成，组织中需要设立哪些岗位和部门，并规定这些岗位和部门间的相互关系。组织的目标不同，为实现目标所进行的活动不同，活动的环境和条件不同，企业需要设立不同的岗位，这些岗位又在不同的部门，这些部门之间的相互关系也必然表现出不同的特征，从而成为影响企业经营活动、影响企业组织设计的主要因素。

一、经营环境对企业组织设计的影响

广义地讲，企业外部存在的一切都是企业的环境。当然，环境中的不同因素对企

业活动内容的选择及其组织方式的影响程度也是不同的。下面主要分析环境中对组织来说敏感的和必须做出反应的方面。所以企业组织的外部环境可以被定义为存在于企业组织边界之外、并对企业组织具有潜在的直接影响的所有因素。

这些因素可以分为两个层次：任务环境与一般环境。任务环境主要作用于对组织实现其目标的能力具有直接影响的部门。如顾客、供应商、竞争对手、投资和金融机构、工会组织、行业协会和政府机构等。一般环境指那些对企业的日常经营没有直接影响，但仍对企业和企业的任务环境产生影响的经济、技术、政治、法律、社会、文化和自然资源等要素。

不确定性是企业外部经营环境的主要特点，这个特点使企业决策者很难掌握足够的关于环境因素的信息，从而难以预测外部环境的变化并据此采取相应措施。因此，外部环境的不确定性特点提高了企业对外部环境反应失败的风险。

环境的不确定性取决于环境的复杂性和环境的变动性。复杂性是指环境有多个同质的要素构成。随着复杂性程度的提高，组织就要设置更多的职位和部门来负责对外联系，并配备更多的综合人员来协调各部门工作，结构的复杂程度就随之提高，组织的集权化程度也必然降低；环境的变动性取决于构成要素的变化及这种变化的可预见程度。

环境的特点及其变化对企业组织的影响主要表现在以下三个方面：

（一）对职务和部门设计的影响

组织是社会经济大系统中的一个子系统。组织与外部存在的其他社会子系统之间也存在分工问题。社会分工方式的个同决定了组织内部工作内容，从而所需完成的任务、所需设计的职务和部门不一样。在我国，随着经济体制的改革，国家逐步把企业推向市场，使企业内部增加了要素供应和市场营销的工作内容，要求企业必须相应地增设或强化资源筹措和产品销售的部门。

（二）对各部门关系的影响

环境不同，使组织中各项工作完成的难易程度以及对组织目标实现的影响程度亦不相同。同样在市场经济的体制中，对产品的需求大于供给时，企业关心的是如何增加产量、扩大生产规模、增加新的生产设备或车间，从而生产部门会显得非常重要，而相对要冷落销售部门和销售人员；而一旦市场供过于求，从卖方市场转变为买方市场，则营销职能会得到强化，营销部门会成为组织的中心。

（三）对组织、结构总体特征的影响

外部环境是否稳定，对组织结构的要求也是不一样的。稳定环境中的经营，要求设计出被称为"机械式管理系统"的组织结构，管理部门人员的职责界限分明：工作内容和程序经过仔细的规定，各部门的权责关系固定，等级结构严密；而多变的环境则要求组织结构灵活（称为"柔性的管理系统"），各部门的权责关系和工作内容要经

常做适应性的调整，强调的是部门间横向沟通而不是纵向的等级控制。

二、经营战略对企业组织设计的影响

组织结构必须服从组织所选择的战略的需要。适应战略要求的组织结构，为战略的实施，从而为组织目标的实现，提供了必要的前提。

战略是实现组织各种行动方案、方针和方向选择的总称。为实现同一目标，组织可在多种战略中进行挑选。战略选择的不同，在两个层次上影响组织结构：不同的战略要求不同的业务活动，从而影响管理职务的设计；战略重点的不同，会引起组织的工作重点的改变，从而引起各部门与职务在组织中重要程度的改变，因此要求各管理职务以及部门之间的关系作相应的调整。

战略的类型不同，企业活动的重点不同，组织结构的选择不同。

（一）从企业经营领域的宽窄来分

企业经营战略可分为单一经营战略及多种经营战略。如果一家公司采取的是只向有限的市场提供一种或少数几种产品或服务的战略，它通常可能采用倾向集权的组织结构。因为这类企业的组织目标强调内部效率和技术质量，控制和协调主要通过纵向层级来实现，不太需要横向协调。随着企业的发展，其战略会自然而然趋于多样化，提供多种产品并扩展到新的市场，企业的组织层级也会随之发展为分权的结构，因为此时企业的目标更强调灵活性和快速决策，以适应外部环境。

（二）按企业对竞争的方式和态度分

其经营战略可分为保守型战略、风险型战略及分析型战略。

第一，保守型战略的企业领导可能认为，企业面临的环境是较为稳定的，需求不再有大的增长和变化。战略目标为致力保持该产品已取得的市场份额，集中精力改善企业内部生产条件，提高效率，降低成本。采取这种保守型战略，保持生产经营的稳定和提高效率便成为企业主要任务。在组织设计上强调提高生产和管理的规范化程度，以及用严密的控制来保证生产和工作的效率。因此，采用刚性结构应是这种组织结构的基本特征。具体表现在以下几个方面：实行以严格分工为特征的组织结构；高度的集权控制；规范化的规章和程序；以本和率为中心的严格的计划体制；生产专家和成本控制专家在管理中，特别是在高层管理中占重要地位；信息流向以纵向为上。

第二，选择风险型战略的领导则可能认为环境复杂多变，需求高速增长，市场变化很快，机遇和挑战并存。企业必须不断开发新产品，实行新的经营管理方法。为了满足组织不断开拓和创新的需要，在组织设计上就不能像保守型那样以规范化和控制为目标，而应以保证企业的创新和部门间的协调为目标，因而，实行柔性结构是成为这类组织的基本特征：规范化程度较低的组织结构；分权的控制；计划较粗放而灵活；高层管理主要由市场营销专家和产品开发研究专家支配；信息沟通以横向为主。

第三，分析型战略是介于前两者之间。它力求在两者之间保持适度的平衡，所以其组织结构的设计兼具刚性和柔性的特征：既强调纵向的职能控制，也重视横向的项目协调；对生产部门和市场营销部门实行详细而严格的计划管理，而对产品的研究开发部门则实行较为粗放的计划管理；高层管理层由老产品的生产管理、技术管理等职能部门的领导及新产品的事业部领导联合组成，前者代表企业的原有阵地，后备代表企业进攻的方向；信息在传统部门间主要为纵向沟通，在新兴部门间及其与传统部门间主要为横向沟通；权利的控制是集权与分权的适当结合。

三、技术及其变化对企业组织设计的影响

组织的活动需要利用一定的技术和反映一定技术水平的特征手段来进行。技术以及技术设备的水平不仅影响组织活动的效果和效率，而且会作用于组织活动的内容划分、职务的设置和工作人员的素质要求。信息处理的计算机化必将改变组织中的会计、文书、档案等部门的工作形式和性质。

现代企业的一个最基本特点是在生产过程中广泛使用了先进的技术和机器设备。技术是指企业把原材料加工成产品并销售出去，这一转换过程中，不仅包括企业的机器、厂房和工具，而且包括职工的知识和技能，生产工艺和管理业务方法等。由于制造的设备和设备体系有其自身的运转规律，这个规律决定了对运用设备进行作业的工人的生产组织。在某些条件下，人们必须把某一类产品的制造在一个封闭的生产车间内完成；而在另一些条件下，人们又可以让不同车间的生产专门化，只完成各类产品的某一道或某几道工序的加工。

可以把技术分成作用于资源转换的物质过程的生产技术与主要对物质生产过程进行协调和控制的管理技术。管理过程是利用反映企业经营要素在时空上的运动特点与分布状况的各种信息来计划、组织、协调与控制企业生产经营活动。

（一）生产技术对企业组织的影响

工业企业的生产技术同组织结构及管理特征有着系统的联系。每一种有着类似的技术复杂程度。技术复杂程度包括产品制造过程的机械化程度，以及制造工程的可预测性。技术复杂程度高，意味着大多数生产操作是由机器来完成的，因而制造过程的可预测性高。

（二）信息技术对组织的影响

信息技术对组织方面的影响如同计算机一体化技术对生产的影响，提高了企业的生产效率和管理效率，它也同样需要新型的组织结构来配合它的发展。

1. 对集权化和分权化可能带来双重影响

希望集权化的管理者能够运用先进技术去获得更多的信息和做出更多的决策。同时管理者也能够向下属分散信息并且增强参与性与主动性。

2. 要求给下级以较大的工作自主权

在信息技术很发达的情况下，很少有管理工作将服从严格的政策限定为工作描述。

四、企业发展阶段对企业组织设计的影响

企业初始阶段，其组织层级比较简单，如企业在初创时可能以个人业主制或手工作坊等简单的形式出现。在早期发展阶段，其层级很简单，其管理者很可能同时担任着决策者和执行者的角色，即企业的管理层和执行层是合二为一的，或者其层级可能是包括管理层和执行层在内的两个简单层级。

在企业逐步向高级阶段发展时，企业可能将一部分通过市场交易的资源通过内部化来进行交易，因为企业发现通过市场交易这一部分资源的交易费用远高于内部化的费用，这样企业就以其内部的行政协调取代市场作为资源的配置方式。正式企业要求有相应的层级组织来执行行政协调配置资源的功能，因而企业的组织层级很可能增加，即由简单的两级层级跃升为三级或更多级别；或者伴随着企业由简单的初始阶段的原始的组织形式发展为成熟阶段或是发展阶段的比较高级的企业组织形式如股份制，企业的所有权与经营权可能发生分离。此时原先企业的所有者若缺乏必要的知识、信息和管理技术与手段，则很可能放弃企业的经营权和管理权，将企业的管理权通过委托的方式交由专门从事经营管理的经理人管理，这样企业就会相应增加其组织层级。

五、规模对企业组织设计的影响

规模是影响组织结构设计的一个重要变量。随着企业的发展，企业活动的规模日渐扩大，内容日趋复杂，组织管理的正规化要求逐渐提高，管理文件愈来愈多，对不同岗位以及部门间协调的要求愈来愈高，组织愈来愈复杂。

（一）规范化

规范化是指规章、程序和书面文件，如政策手册和工作描述等，这些规定了雇员的权利与义务。大型组织具有更高的规范化程度，原因是大型组织更依靠规章、程序和书面文件去实现标准化和对大量的雇员与部门进行控制。规范化也可能提高大型官僚组织和更加规范的和非人格化的行为和作用方式。相反，在小型松散的组织中则更多是自发的偶然性行为和社会性作用方式。

（二）分权化

集权化与分权化主要与组织中决策权力的集中或分散有关。在集权化的组织中，决策是由高层做出的，而在分权化的组织中，类似的决策存在较低的层次上做出。在完全的官僚制中，所有的决策是由那些具有完全控制权的高层管理者做出的。然而，随着组织的成长壮大会有越来越多的部门和人员。因此，组织规模的研究表明，组织规模越大就越需要分权化。

（三）复杂性

复杂性与组织中的层级数（纵向复杂性）以及部门和工种的数量（横向复杂性）

有关。大型组织具有复杂性这一明显特征。规模与复杂性之间的关系也是显而易见的。

第三节 常见的组织结构形式

一、直线型

（一）直线型组织结构的含义

直线型是一种最早也是最简单的组织形式，它也是一种集权式的组织结构形式。直线型组织结产生于手工作坊，当时老板和工场主都是实行"个人管理"，生产、技术、销售、财务等各项事务都亲自处理，因而这种组织没有职能机构，从最高管理层到最低管理层，实行直线领导。

（二）直线型组织结构的特点

直线型组织结构的特点是企业各级行政单位从上到下实行垂直领导，下属部门只接受一个上级的指令，各级主管负责人对所属单位的一切问题负责。其优点是结构比较简单，责任分明，命令统一，信息沟通方便，便于统一指挥、集中管理。其缺点是它要求行政负责人通晓多种知识和技能，亲自处理各种业务。这在业务比较复杂、企业规模比较大的情况下，把所有管理职能都集中到最高主管一人身上，显然是难以胜任的。直线型只适用于规模较小，生产技术比较简单的企业，对生产技术和经营比较复杂的企业并不适用。

二、职能型

（一）职能型组织结构的含义

所谓职能型组织结构，是指组织在结构设计时利用按职能分工，实行专业化的管理办法来代替直线型的全能管理者，即在总负责人下设立职能机构人员，把相应的管理职权交给这些职能机构，各职能机构在自己的业务范围内可以向下级单位下达命令和指示，直接指挥下级。

（二）职能型组织结构的特点

职能型也称为多线型，因为下级直线主管除了接受上级直线主管的领导外，还必须接受上级各级职能机构的领导的指示。其优点是能适应现代化工业企业生产技术比较复杂，管理工作比较精细的特点；能充分发挥职能机构的专业管理作用，减轻直线领导人员的工作负担。其缺点是它妨碍了必要的集中领导和统一指挥，形成了多头领导；不利于建立和健全各级行政负责人和职能科室的责任制等。职能型组织结构是用于任务较复杂的社会管理组织或生产技术复杂、各项管理需要具有专门知识的企业管理组织。现代企业一般较少采用职能型。

三、直线职能型

（一）直线职能型组织结构的含义

直线职能型也叫生产区域型，或直线参谋型。它是一种综合直线型和职能型两种类型组织的特点而形成的组织结构形式，以直线为基础，在各级行政负责人之下设置相应的职能部门，分别从事专业管理，作为该级领导者的参谋，实行主管统一指挥与职能部门参谋、指导相结合的组织结构形式。职能部门拟定的计划、方案，以及有关命令，统一由领导者批准下达，职能部门无权直接下达命令或进行指挥，只起到业务指导作用。

（二）直线职能型组织结构的特点

这种组织结构形式是把企业管理机构和人员分为两类，一类是直线领导机构和人员，按命令统一原则对各级组织行使指挥权；另一类是职能机构和人员，按专业化原则，从事组织的各项职能管理工作。直线职能型的优点是既保证了企业管理体系的集中统一，又可以在各级行政负责人的领导下，充分发挥各专业管理机构的作用。其缺点是职能部门之间的协作和配合性较差，职能部门的许多工作要直接向上层领导报告请示才能处理，这一方面加重了上层领导的工作负担，另一方面也造成办事效率低。为了克服这些缺点，可以设立综合委员会，或建立各种会议制度，以协调各方面的工作，起到沟通作用，帮助高层领导出谋划策。直线职能型是一种普遍适用的组织形式。目前，绝大多数企业都采用这种组织结构形式。

四、事业部型

（一）事业部型组织结构的含义

事业部型是指公司总部只对公司总体战略做出决策并决定资源在各事业部的分配方案，各事业部则拥有完整的发展战略及运营决策自主权。总公司只保留预算、人事任免和重大问题的决策等权力，并运用利润等指标对事业部进行控制。

（二）事业部型组织结构的特点

事业部型组织结构的主要特点是：集中决策，分散经营，即在集权领导下实行分权管理。各事业部只要不违反总部的总体战略，可以采取任何自己认为有效的方式进行管理。事业部型的优点是：总公司领导可以摆脱日常事务，集中精力考虑全局问题；事业部实行独立核算，更能发挥经营管理的积极性，更利于组织专业化生产和实现企业的内部协作；各事业部之间有比较，有竞争，这种比较和竞争有利于企业的发展；事业部内部的供、产、销之间容易协调，不像在直线职能型下需要同层管理部门过问；事业部经理要从事业部整体来考虑问题，这有利于培养和训练管理人才。

五、矩阵型

（一）矩阵型组织结构的含义

矩阵型结构是在直线职能的垂直指挥链系统的基础上，再增设一种为了完成某一任务而组成横向指挥链系统，形成具有双重职权关系的组织矩阵。

（二）矩阵型组织结构的特点

矩阵型组织结构的特点表现在围绕某项专门任务成立跨职能部门的专门机构上，例如，组成一个专门的产品（项目）小组去从事新产品开发工作，在研究、设计、试验、制造各个不同阶段，由有关部门派人参加，力图做到条块结合，以协调有关部门的活动，保证任务的完成。这种组织结构形式是固定的，人员却是变动的，需要谁，谁就来，任务完成后就可以离开。项目小组和负责人也是临时组织和委任的。任务完成后就解散，有关人员回原单位工作。因此，这种组织结构非常适用于横向协作和攻关项目。矩阵型结构的优点是机动、灵活，可随项目的开发与结束进行组织或解散。

根据矩阵型结构的特点，这种组织结构适用于需要对环境变化做出迅速而一致反应的企业中使用。如咨询公司和广告代理商就经常采用，以确保每个项目按计划要求准时完成。在复杂而动荡的环境中，由于采取了人员组成灵活的产品管理小组形式，大大增强了企业对外部环境变化的适应能力。

第四节 组织中的权利设计与分配

为了实现共同的目标和任务，需要整合组织中的各种力量，协调组织不同成员之间的各种关系，使分散在不同层次、不同部门、不同岗位的组织成员的工作，朝向同一方向和目标。

一、直线与参谋的含义

直线与参谋概念可以泛指部门的设置，也可以专指职权关系。从部门的设置来看，直线部门通常被认为是对组织目标的实现直接做出贡献的单位，如制造业企业中的生产部门、销售部门或人员都被列为直线部门，而把采购、财务、人力资源管理、设备维修和质量管理等列为参谋部门。由于这些参谋部门都是发挥了某些方向的专业管理职能，习惯上又称之为职能部门。

直线与参谋本质上是一种职权关系，因而区别直线与参谋时不能依据业务来划分，应依据职权关系来划分，即直线是"自上而下的指挥系统"，而参谋则是一种"顾问的关系"。从职权关系来看，管理层次之间上下级关系都是直线关系。无论是在生产系统、销售系统内部，还是在辅助性的参谋单位内部，只要存在上下级关系，就必定有直线职权发生。也就是说，直线职权关系不仅仅存在于直线系统内，参谋机构对其内部人员的管理，本质上与直线部门对内部的管理一样，也是直线管理。生产系统中，车间主任对下一级的班组长的指挥，人事主管对人事部门中的一般员工的命令，都是发挥直线职权。

参谋关系是伴随着直线关系而产生的。管理人员在管理过程中，为了弥补知识的不足，所设置的具有专业知识的助手成为参谋人员，其主要任务是作为直线主管的助手，服务和协助直线人员，以提供某些对策建议，他们的建议只有当直线主管采纳后并向下级发布指示才有效。

二、正确处理直线与参谋的关系

在实践的组织运作过程中，直线与参谋之间会产生各种矛盾和冲突，影响组织的效率，如职责不明确，造成多头领导；观念不同；直线与参谋相互推诿责任等。

直线和参谋产生冲突与矛盾，一方面可能影响参谋人员发挥筹划、建议功能，使直线人员得不到必要的帮助；另一方面可能影响对下级的统一指挥，造成多头领导，这两种情况都影响组织效率。因此，必须正确处理直线与参谋之间的关系，必须在保证统一指挥与充分利用专业人员的知识两个方面实现平衡，合理利用参谋工作，发挥参谋的作用，因此，须注意以下几个方面：

第一，明确直线与参谋的关系，分清双方的职权范围，认识到双方的存在价值，形成相互等重和相互配合的关系，这样才能防止矛盾的产生以及以积极的态度解决出现的问题。

第二，授予参谋机构必要的职能权力，提高参谋人员的积极性。从直线与参谋的关系看，参谋是为直线主管提供信息、出谋划策、配合主管工作的。在发挥参谋的作用时，参谋应独立提出建议。参谋人员多是某一方向的专家，应当让他们根据客观情况提建议，而不应该左右他们的建议。例如，经过总经理的授权，作为参议部门的人事部门拟订劳动纪律，劳动保护政策和劳动报酬的计划，允许其直接向直接部门发布指示，各分厂或车间等下一级直接部门必须无条件地执行。

第三，直线管理人员应为参谋人员提供必要的信息条件，以便从参谋人员那里获得有价值的支持。直线部门（人员）和参谋部门（人员）之间的矛盾很大程度上是双方的信息没有进行交流，双方相互之间不了解对方关注什么，应该关注什么。作为直线人员应该及时地将本部门的活动情况向参谋部门通告，希望他们提供什么方面的建议。这样就可以避免参谋部门提出的建议不切实际。

在直线和参谋的关系中要注意：生产系统和销售系统同是直线部门，但它们是不同的直线关系，如果销售部门主管跨系统对生产部门人员提出生产什么样的产品的要求，这就不是直线关系，而是参谋关系了。将跨系统发生的非直线关系以及参谋部门对直线部门提供的辅助关系，统称为参谋职权或参谋关系。

三、集权与分权

（一）集权与分权的含义

集权是指决策权在组织系统中较高层次的在一定程度的集中；与此相对应地，绝对的集权或绝对的分权都是不可能的。如果最高主管把权力都集中在自己手里，这就意味着他没有下属，因而也就不存在组织。因此，某种程度的分权同样是组织所需要的。在组织中，集权和分权只是个程度问题。

（二）衡量集权和分权程度的标志

衡量组织中分权程度的标志主要有四个。

第一，决策的数量。组织中较低管理层次做出决策的数目或频度越大，则分权程度越高。

第二，决策的范围。组织中较低层次决策的范围越广，涉及的职能越多，则分权进度越高。

第三，决策的重要性。组织中较低层次做出的决策越重要，涉及的费用越多，则分权程度越高。

第四，决策的审核。组织中较低层次做出的决策，上级审核的程度越高，做出决策前还必须请示上级，则分权的程度就更低。

（三）影响分权程度的因素

集权与分权的程度，是随条件变化而变化的。影响分权程度的因素有以下几个：

1. 决策的代价

决策付出代价的大小，是决定分权程度的主要因素：一般来说，决策失误的代价越大，即从经济标准和信誉、士气等无形标准来看影响越大的决策，越不适宜交给下级人员处理。高层主管常常亲自负责重要的决策，而不轻易授权下属处理。这不仅是因为高层主管的经验丰富，犯错误的机会少，而是因为重要决策责任重大，不宜授权。

2. 政策的一致性

如果最高主管希望保持政策的一致性，即在整个组织采用一个统一的政策，则势必趋向于集权化，因为集权是达到政策一致性的最方便的途径。采用一致的政策便于比较各部门的绩效，以保证步调一致。如果最高主管希望政策不一致，即允许各单位根据客观情况制定各自的政策，则势必会放宽对职权的控制程度。政策不一致有利于激发下级单位的创新和竞争，提高效率。

3. 组织的规模

组织规模扩大后，集权管理不如分权管理有效和经济。组织规模越大，组织的层次和部门会因管理幅度的限制而不断增加。层次增多会使上下沟通的速度减缓，造成消息延误和失真；部门增多后，彼此间的配合工作也会迅速增加。因此，为了加快决策速度，减少失误，使最高主管能够集中精力处理重要的决策问题，也需要向下分权。

4. 组织的成长

从组织成长的阶段来看，组织成立初期绝大多数都采取和维护高度集权的管理方式。随着组织逐渐成长，规模日益扩大，则由集权的管理方式逐渐转向分权的管理方式。从组织成长的方式来看，如果组织是从内部发展起来的，由小组织逐渐发展成为大组织，则分权的压力比较小；如果组织是由合并的方式发展，则分权的压力比较大。

5. 管理哲学

管理者的个性和他们的管理哲学不同，对组织的分权程度有很大影响：专制、独裁的管理者不能容忍别人触犯他们小心戒备的权力，往往采取集权式管理；反之，则会倾向于分权。

6. 人才的数量和素质

管理人才的缺乏和素质不高会限制职权的分散；如果管理人员数量充足、经验丰富、训练有素、管理能力强，则可有较多的分权。

7. 控制的可能性

分权不可失去有效的控制。最高主管将决策权下授时，必须同时保持对下属的工作和绩效的控制。许多高层主管之所以不愿意向下分权，就是因为他们对下属的工作和绩效没有把握，担心分权之后下属无法胜任工作而承担连带责任，认为与其花更多的时间去纠正错误，不如少花一些时间自己去完成这项工作。因此，要有效地实施分权，就必须同时解决如何控制的问题。

8. 职能领域

组织的分权程度也因职能领域而不同，有些职能领域需要更大的分权程度，有些则相反。在企业的经营职能中，生产和销售业务的分权程度往往较高，原因很简单，生产和销售业务的主管要比其他人更熟悉生产和销售工作。但销售职能中的某些业务活动需要较高的集权，如定价、广告、市场研究等。财务职能更加需要高度集权，只有集权，最高层主管才能保持其对整个组织财务的控制。

四、授权

分权一般是组织最高管理层的职责，授权则是各个层次的管理者都应掌握的一门艺术；分权是授权的基础，授权以分权为前提。

（一）授权的意义

授权对于更好地开展组织工作是十分重要的。管理者授权的意义在于以下几点：

第一，管理人员能够从日常事务中解脱出来，专心处理重大问题。随着组织规模的扩大，由于受一定的时间、空间及生理条件的限制，管理人员不可能事事过问，而通过授权可使管理人员既能从日常事务中解脱出来，又能控制全局。

第二，可以提高下属的工作积极性，增强其责任心，并增进工作效率。通过授权，使下属不仅拥有一定的职权和自由，而且不必事事请示，授权还可提高下属的工作效率。

第三，可以增长下属的才干，有利于管理人员的培养。通过授权，使下属有机会独立处理问题，从实践中提高管理能力，从而为建设一支高素质的管理队伍打下基础，这对于一个组织的长期持续发展是十分重要的。

第四，可以充分发挥下属的专长，以弥补授权者自身才能的不足。随着组织的发展和环境的日趋复杂，管理人员面临的问题越来越多，越来越复杂，而每一个人由于受自身能力的限制，不可能做到样样精通。通过授权，可把一些自己不会或不精的工作委托给有相应专长的下属来做，从而可弥补授权者自身的不足。

（二）授权的过程

授权是指管理者将分内的某些工作托付给下属（或他人）代为履行，并授予被托付人完成工作所必要的权力，使被托付人有相当的自主权、行动权。授权的含义包括以下三点：

1. 分派任务

分派任务就是向被托付人交代任务。任务是指授权者希望被授权者去做的工作，它可能是要求写个报告或计划，也可能是要其担任某一职务。不管是单一的任务还是某一固定的职务，都是由组织目标分解出来的工作或一系列工作的集合。

2. 授予权力

在明确了任务之后，就要授予被托付人相应的权力，如有权调配有关人员或相应资源，使被授权者有权履行原本无权处理的工作。

3. 明确责任

当被授权者接受了任务并拥有了所必需的权力后，就有义务人完成所分派的工作。被授权者的责任主要表现为向授权者承诺保证完成指派的任务，包括向上级汇报任务的执行情况和成果，并根据任务完成情况和权力使用情况接受授权者的奖励或惩处。值得指出的是，被授权者所负的责任只是工作责任，而不是最终责任，授权者对于被授权者的行为负有最终的责任。

授权并不是职权的放弃或让渡。管理者授权与教师传授知识类似，教师将知识传授给学生，学生获得了这些知识，但教师并没有因此失去知识。同样，授权者也不会由于将职权授予别人而丧失它，授出的一切职权都可由授权者收回和重新授出。

（三）授权的原则

为使授权行为达到良好的效果，需要灵活掌握以下原则：

1. 重要原则

授予下级的权限，要使下级认为是该层次比较重要的权限。如果下级发现上级授权只是一些无关紧要的小事，就会失去积极性。

2. 明责原则

授权时，必须向被授权者明确所授事项的责任、目标及权力范围，让他们知道自己对什么资源有管辖权和使用权，对什么样的结果负责及责任大小，使之在规定的范围内有最大限度的自主权。否则，被授权者在工作中不着边际，无所适从，势必贻误工作。

3. 适度原则

评价授权效果的一个重要因素是授权的程度。授权过少，往往造成领导者的工作太多，下属的积极性受到挫伤；授权过多，又会造成工作杂乱无章，甚至失去控制。授权要做到下授的权力刚好够下属完成任务，不可无原则地放权。

参考文献

[1] 胡钧. 社会主义市场经济的理论与实践 [M]. 北京：经济日报出版社，2018.

[2] 温建宁. 宏观经济与金融风险预测及防范研究 [M]. 上海：立信会计出版社，2018.

[3] 向玉乔，周琳. 国家治理与经济伦理 [M]. 长沙：湖南大学出版社，2018.

[4] 张育洁，刘静茹. 经济全球化背景下市场营销管理的理论与应用 [M]. 长春：东北师范大学出版社，2018.

[5] 纪志宏. 金融市场创新与发展 [M]. 北京：中国金融出版社，2018.

[6] 马歆，郭福利. 循环经济理论与实践 [M]. 北京：中国经济出版社，2018.

[7] 陈宏付. 国际市场营销理论与实务 [M]. 北京：北京理工大学出版社，2018.

[8] 姜会明. 微观经济学 [M]. 上海：上海财经大学出版社，2018.

[9] 吴晓隽. 分享经济的发展与政府管制变革研究 [M]. 上海：上海交通大学出版社，2018.

[10] 周新城. 关于中国特色社会主义政治经济学的若干问题 [M]. 北京：研究出版社，2018.

[11] 阳林，李青，赖磊. 国际市场营销 [M]. 北京：中国轻工业出版社，2018.

[12] 简新华. 中国特色社会主义政治经济学重大疑难问题研究 [M]. 合肥：安徽大学出版社，2018.

[13] 赵高送. 经济学基础 [M]. 西安：西安电子科技大学出版社，2018.

[14] 陶川. 全球宏观经济分析与大类资产研究 [M]. 北京：中国金融出版社，2018.

[15] 万华，唐羽. 现代市场调查与预测 [M]. 北京：北京理工大学出版社，2018.

[16] 沈开艳，陈建华. 当代中国政治经济学 [M]. 上海：上海社会科学院出版社，2018.

[17] 朱延智. 图解经济学重要概念 [M]. 北京：企业管理出版社，2018.

[18] 李惠芹，高景海. 微观经济学 [M]. 哈尔滨：哈尔滨工业大学出版社，2018.

[19] 贾县民，潘国红，王喜莲. 经济学基础 [M]. 北京：中国铁道出版社，2018.

[20] 邓恩，刘建清，石晶. 经济学基础 [M]. 北京：中央民族大学出版社，2018.

[21] 丁任重. 当代中国马克思主义政治经济学的品质 [M]. 济南：济南出版社，2019.

[22] 谢地. 中国特色社会主义政治经济学的解释力和话语权 [M]. 济南：济南出版社，2019.

[23] 李淑清，贾祥桐，李嘉. 现代经济转型与市场发展研究 [M]. 北京：经济日报出版社，2019.

[24] 荣兆梓. 理解当代中国马克思主义政治经济学 [M]. 济南：济南出版社，2019.

[25] 杨承训. 中国特色社会主义政治经济学新飞跃 [M]. 济南：济南出版社，2019.

[26] 雷蕾. 经济社会学视域下的互联网广告市场研究 [M]. 北京：中国传媒大学出版社，2019.

[27] 戴文标，孙家良. 经济学 [M]. 杭州：浙江大学出版社，2019.

[28] 吕其镁. 新时代市场经济发展的文化向度及其建设研究 [M]. 北京：知识产权出版社，2019.

[29] 张保德. 经济崛起与社会平衡 [M]. 上海：上海人民出版社，2019.

[30] 张继亮. 环境启动经济 [M]. 北京：光明日报出版社，2019.

［31］朱顺泉. 多层次资本市场与广东经济转型研究［M］. 长春：吉林大学出版社，2019.

［32］谭光宇. 投资经济学［M］. 沈阳：辽宁大学出版社，2019.

［33］韩永全，杨琳，乔新蓉. 经济结构发展与经济法新趋势探索［M］. 长春：吉林人民出版社，2019.

［34］高松. 中国区域性股权市场研究［M］. 北京：中国经济出版社，2019.

［35］陈承明，苑睿钊，王金霞. 经济学概论［M］. 上海：上海财经大学出版社，2019.

［36］周小川. 数学规划与经济分析［M］. 北京：中国金融出版社，2019.

［37］洪银兴. 经济运行的均衡与非均衡分析［M］. 上海：格致出版社，2020.